国家社科基金后期资助项目
出版说明

后期资助项目是国家社科基金设立的一类重要项目,旨在鼓励广大社科研究者潜心治学,支持基础研究多出优秀成果。它是经过严格评审,从接近完成的科研成果中遴选立项的。为扩大后期资助项目的影响,更好地推动学术发展,促进成果转化,全国哲学社会科学工作办公室按照"统一设计、统一标识、统一版式、形成系列"的总体要求,组织出版国家社科基金后期资助项目成果。

全国哲学社会科学工作办公室

国家社科基金
GUOJIA SHEKE JIJIN HOUQI ZIZHU XIANGMU
后期资助项目

托勒密埃及
族群政策研究

戴　鑫◎著

上海三联书店

目　　录

第一章 托勒密王朝的族群问题缘起

亚历山大大帝(Alexander the Great,公元前356年—公元前323年)开创了希腊化时代,[①]他的部将托勒密一世(Ptolemy I)则在埃及建立起这个时代最强盛的王朝(公元前304—至公元前30年)。一般认为,希腊人和马其顿人是王朝的统治阶层,大量希腊人以及其他族裔群体进入埃及,这个时代的社会关系比以往各个时期都要复杂。其中,希腊人与埃及人的关系格外引人关注。

大约公元前255年,一位赶驼人写信给他的雇主芝诺(Zenon)讨薪,"……你又派遣我去菲拉德尔菲亚的伊阿宋处,在九个月里,尽管我做了你要求的一切,他(伊阿宋)没有给我你许诺的报酬,既没有油,也没有谷物,只是每两个月给我支付购置衣服的钱。我只得在夏冬之际忍受贫苦。他告知我接受葡萄酒作为报酬。但是,他们因为我是一个蛮族羞辱我。因此,我恳求你,请你让他们支付我应得报酬,并且以后按时支付酬劳,这样我不会因为不会说希腊语而饿死……"[②]

这是希腊化时代的一粒尘埃,也是当时埃及社会的一个缩影。随着移

---

① 希腊化时代一般指公元前323年至公元前30年,东部地中海三大势力:马其顿王国、西亚塞琉古王国以及埃及托勒密王国大致瓜分了亚历山大帝国。关于希腊化概念的讨论可参考:陈恒,《希腊化研究》,北京:商务印书馆,2006年,第25—26页;杨巨平,《碰撞与交融:希腊化时代的历史与文化》,北京:中国社会科学出版社,2018年,第1—4页。

② 原文为:με ἀποστείλαντος εἰς Φιλαδέλφειαν

πρὸς Ἰάσονα καὶ ποιοῦντός μου πάντα τὰ προστα\σ/σόμενα,

15ᾶ σύ μοι συνέταξας οὐθέν μοι διδωι ἤδη μηνῶν ἐννέα

\τὸ ἔλαιον/ οὐ δὲ σῖτον ἀλλὰ παρὰ δίμηνον ὅταν καὶ τὰ ἱμάτια ποδῶται.

ἐγὼ δὲ καὶ θέρος καὶ χειμῶνα ἐν τῶι πόνωι γίνομαι. ὁ δέ μοι συντάσ-

σει ὄξος λαμβάνειν εἰς ὀψώνιον. ἀλλὰ κατεγνώκασίν μου ὅτι εἰμὶ

βάρβαρος. δέομαι οὖν σου \εἴ σοι δοκεῖ/ συντάξαι αὐτοῖς ὅπως τὰ ὀφειλόμενα

20κομίσωμαι καὶ τοῦ λοιποῦ εὐτάκτωσίν μοι ἵνα μὴ τῶι λιμῶι παρα-

πόλωμαι ὅτι οὐκ ἐπίσταμαι ἑλληνίζειν.

见:*P. Col.* 4.66。

民的涌入,希腊人和埃及人不可避免地产生接触甚至冲突,类似的情景也常常上演。按赶驼人主观理解,希腊人和蛮族(非希腊人)身份有别,取决于一个人是否懂希腊语或表现得像希腊人一样(ἐπίσταμαι ἑλληνίζειν),歧视和不公也由此产生。一个长期遭到忽视的史实是,这一时期,托勒密政府颁布了新税法,对官方界定的希腊人免于征收部分人头税,并赋予免除徭役等特权。实际上,一些人在这种社会环境下改变族群身份,成为"希腊人"。威利·克拉瑞斯(Willy Clarysse)和多萝西·汤普森(Dorothy J. Thompson)将这种现象称为"变成希腊人"(go Greek)。"希腊化"(hellenize)和"变成希腊人"均被用于描述非希腊人一定程度上接受希腊文化和生活方式,改变族群身份成为"希腊人"。① 托勒密王朝留下了大量登记族群身份信息的纸草档案,②涉及职业、司法以及经济等多个领域,暗示个体族群身份的变迁绝非单纯的文化现象。材料如此混乱,怎样区分埃及的不同族群?是否存在种族或族群歧视?要回答这些问题,就需要借助不断更新的纸草文献梳理托勒密埃及的族群划分和社会变迁的关系。

第一节 希腊化时代埃及的族群

一、族群概念的引入

要探讨托勒密埃及的多元社会状况,首先需要理清种族、民族、族群等相关概念。自亚历山大东征以来,大量移民涌入埃及,19 世纪的学者用"种

---

① W. Clarysse and D. J. Thompson, *Counting the people in Hellenistic Egypt*, vol. 2, Cambridge Classical Studies. Cambridge: Cambridge University Press, 2006, pp. 138 – 147; D. J. Thompson, "Slavery in the Hellenistic World," in K. R. Bradley ed., *The Cambridge World History of Slavery*, 194 – 213, Cambridge: Cambridge University Press, 2011, pp. 208 – 210; S. Scheuble-Reiter and S. Bussi, "Social Identity and Upward Mobility: Elite Groups, Lower Classes, and Slaves," in K. Vandorpe ed., *A Companion to Greco-Roman and Late Antique Egypt*, 283 – 298, Wiley Blackwell press, 2019, pp. 285 – 287; W. Clarysse, "Ethnic Identity: Egyptians, Greeks, and Romans," in K. Vandorpe ed., *A Companion to Greco-Roman and Late Antique Egypt*, 299 – 314, Hoboken: Wiley Blackwell press, 2019, pp. 302 – 303. 书稿中的希腊化指非希腊人接受希腊文化和生活方式。

② 最重要的数据库分别是鲁汶大学的特里斯麦吉斯托斯(Trismegistos,简称 TM, http://www. trismegistos. org/)以及杜克纸草文书数据库(*The Duke Data Bank of Documentary Papyri*,简称 DDBDP, http://papyri. info/ddbdp/)。其中,鲁汶大学数据库 TM 提供在线铭文和纸草文献查询,文献索引为字母 TM 加随机数字编号的形式。

族融合"(fusion of races)模式来解释埃及人、希腊人以及其他族群的关系。① 种族这一术语常常与生物特征相关联,政治色彩也较为浓厚,逐渐在希腊化时代研究中弃用。20 世纪 30 年代,一些学者用"隔离"(segregation)或"共生"(juxtaposition)模式取代"种族融合"的解释模式,认为希腊化时代的埃及是"多元文化"(multi-cultural)或"多族群"(multi-ethnic)社会。争议仍然存在,亦有一些影响力较大的学者威廉·塔恩和沃尔班克在描述希腊人和埃及人的关系时,使用术语民族。②

在近几十年的希腊化时代研究中,西方学者多以族群替代种族,从文化角度描述埃及不同移民和本土群体,很大程度上源自人类学的影响。西方人类学界在 20 世纪 20 年代引入的术语族类(ethnos)及派生而来的族群(ethnic group),区分于欧美国家长期使用的"部落"(tribe)和"种族"(race),强调基于历史、文化、语言方面的要素的共同体而非体质特征。③ 近几十年来,族群(ethnic group)或族属(ethnicity)频繁用于描述社会文化现象,在使用这一术语的过程中,学者之间也就其定义有着不同看法。总的来说,关于族群的定义,西方学者分裂为两大派,一是客观主义者(objectivists),认为族群是社会和文化实体,其界限在于相对的孤立(isolation)以及缺少互动。另一派是主观主义者(subjectivists),认为族群是文化建构的分类,表现在社会互动和行为上。萨伊安·琼斯(Siân Jones)指出,客观主义者趋向于采取客位视角(etic perspective),基于分析者对社会文化差异的感知角度来定义族群。相比而言,主观主义者则优先主位视角,基于研究对象的主观自我划分来定位族群。④

从 20 世纪 60 年代开始,西方学者在定义族群概念和提出相关理论时,开始突出定义中的主观认同以及被他人所确认的本质。这一重要转向源自以挪威人类学家弗雷德里克·巴斯(Fredrik Barth)为代表的学者对客观论的批驳。巴斯指出,族群不应单纯以文化来定义,实际上,族群是不固定的,很大程度上是自我界定的,他强调族群是一种归属和排他的群体,只有当它被用于划分一个人依据他最基本,最普遍的认同时,是由他的出生和背景决

① P. Jouguet, *Macedonian imperialism and the Hellenization of the East*, New York: Alfred A. Knopf, 1928, pp.337 - 344.
② 威廉·塔恩:《希腊化文明》,陈恒、倪华强、李月译,上海:上海三联书店,2014 年;弗兰克·威廉·沃尔班克,《希腊化世界》,陈恒、茹倩译,上海:上海人民出版社,2009 年。
③ 郝时远:《Ethnos(民族)和 Ethnic group(族群)的早期含义与应用》,《民族研究》2002 年第 4 期。
④ S. Jones, *The Archaeology of Ethnicity*, New York: Routledge, 2003, pp.56 - 57.

定的。①

受到巴斯的影响,社会学家安东尼·史密斯(Anthony D. Smith)基于其研究《国家的族群起源》(*The Ethnic Origins of Nations*)总结了六个族群特征:第一、使用一个常用的群体名称;第二,有一个共同的起源神话;第三,拥有共同的历史;第四,有一个或更多显著的文化元素(通常为宗教或语言);第五、拥有同一家园(地域)的感受;第六、拥有作为群体内部成员的自我意识。② 史密斯的研究激发了古代史学者对族群和民族主义问题的深入探讨,他提出的标准也成为古代族群问题研究重要参考。③

在古代史的研究中,ethnos 和 ethnic group 这些术语的对译存在很大问题。徐晓旭教授曾指出,古希腊人使用的族群概念本身即缺乏严密性,并没有一个普遍通用的关于"民族"的分类学名词系统。作为现代西方族群术语来源的 ethnos 一词在希罗多德笔下就兼有"民族""部族"和"部落"等多种含义,亦有案例表明 ethnos 和 genos 经常互换使用。④ 除了定义上的不确定,族群本身并非静态统一的,会因环境和历史条件异化或同化其他群体,使学者通过有限的史料考察古代族群问题更加困难。

尽管学者们无法找到一个适用于古今各种复杂民族现象的族群定义,但是,通过确立族群的一些基本特征,族群这一术语仍被广泛应用于古代历史的研究。一些古代史学者将族属(ethnicity)定义为群体基于自我想象(self-image)的一种社会建构。⑤ 乔纳森·霍尔(Jonathan M. Hall)在考察古希腊的族群形成和发展时强调族群是一个自我归属(self-ascribing)和自我命名(self-nominating)的社会集合体(social collectivity)。他认为生物特征(biological features)、语言和宗教等文化特征(cultural traits)看起来是十分明显的认同标志,但它们并不能根本上定义族群,族群(ethnic group)基

① F. Barth ed., *Ethnic groups and boundaries: the social organization of cultural difference*, London: George Allen and Unwin, 1969, p.13.

② A. Smith, *The Ethnic Origins of Nations*, Oxford: Blackwell Pubishing, 1986; J. Hutchinson and Anthony D. Smith, eds., *Ethnicity*, Oxford and New York: Oxford University Press, 1996, pp.6-7.

③ K. Goudriaan, *Ethnicity in Ptolemaic Egypt*, Amsterdam: Gieben, 1988, pp.11-12; B.C. McGing, "Revolt in Ptolemaic Egypt: nationalism revisited." in P. Schubert ed., *Actes du 26e Congres international de papyrologie*, 505-516, Geneva: Droz, 2012.

④ 徐晓旭:《古希腊人的"民族"概念》,《世界民族》2004 年第 2 期。

⑤ J. Hall, *Ethnic Identity in Greek Antiquity*, Cambridge: Cambridge University, 1997; S. Jones, *Archaeology of Ethnicity: Constructing Identities in the Past and Present*, London: Routledge, 1997; C. Riggs, *The Beautiful Burial in Roman Egypt: Art, Identity and Funerary Religion*, Oxford: Oxford University, 2005.

于共同血统和亲缘神话的推论、特定地域以及共同历史感（a sense of shared history）区分其他社会群体。① 科恩·古德里安（Koen Goudriaan）考察了托勒密埃及族群问题，他认为，所谓族属（ethnicity）是一种社会建构（social construct），由自我归属（self-ascription）以及他者归属确立：自我认同属于某一个群体，并且为群体成员所接受。②

在托勒密埃及相关领域，一直到 20 世纪 70 年代，西方学界也没有准确定义托勒密埃及族群的标准。以威利·佩雷曼斯（Willy Peremans）为代表的研究者一度以姓名来区分希腊人与埃及人，简言之，使用希腊人名字的即为希腊人。这种族群划分方法遭到了古德里安、克拉瑞斯以及卡萨巴·拉达（Csaba A. La'da）等学者的质疑。③ 1988 年，古德里安出版专著《托勒密埃及的族属》（Ethnicity in Ptolemaic Egypt），反对从客体角度和先天特性来判断希腊人和埃及人的族属。他指出，希腊人或埃及人的族群分类标准随时间和情境的不同而变化。其中，血统、语言等都是定义族群归属的重要依据。④ 古德里安强调族群的非政治性和主观色彩，明确反对使用民族这一术语。一些学者也有意回避使用种族或民族，必要时以族群代之，或将焦点转移，侧重从文化和社会认同角度解释。⑤ 但是，术语使用的分歧从未消失。布莱恩·C.马克金（Brian C. McGing）主张从民族的角度分析和理解埃及的希腊人和埃及人。⑥ 以刘文鹏和杨巨平为代表的国内学者亦以民族区分

① J. Hall, *Ethnic Identity in Greek Antiquity*, pp. 9 – 10.

② K. Goudriaan, *Ethnicity in Ptolemaic Egypt*, Amsterdam: Gieben, 1988, pp. 8 – 13.

③ K. Goudriaan, *Ethnicity in Ptolemaic Egypt*; C. A. La'da, "Encounters with Ancient Egypt: The Hellenistic Greek Experience," in R. Matthews and C. Roemer, eds., *Ancient Perspectives on Egypt*, 157 – 170, London: University College London, 2003;［比］威利·克拉瑞斯：《托勒密时期的埃及：一个双面的社会》，颜海英译，《古代文明》，北京：文物出版社，第 452—468 页，2002 年。

④ K. Goudriaan, *Ethnicity in Ptolemaic Egypt*, Amsterdam: Gieben, 1988, pp. 8 – 9.

⑤ G. Shipley, the Greek World after Alexander 323 – 30 BC, New York: Routledge, 2000; D. J. Thompson, "Hellenistic Hellenes: the case of Ptolemaic Egypt," in I. Malkin ed., *Ancient perceptions of Greek ethnicity*, 301 – 322, Cambridge: Mass, 2001; C. A. La'da, "Encounters with Ancient Egypt: The Hellenistic Greek Experience"; C. Fischer-Bovet, *Army and Society in Ptolemaic Egypt*, Cambridge: Cambridge University press, 2014; S. Scheuble-Reiter and S. Bussi, "Social Identity and Upward Mobility: Elite Groups, Lower Classes, and Slaves," in K. Vandorpe ed., *A Companion to Greco-Roman and Late Antique Egypt*, 283 – 298, Hoboken: Wiley Blackwell press, 2019; 徐晓旭：《文化选择与希腊化时代的族群认同》，《中国社会科学》2015 年第 3 期。

⑥ B. C. McGing, "Revolt in Ptolemaic Egypt: nationalism revisited." in P. Schubert ed., *Actes du 26e Congres international de papyrologie*, 505 – 516, Geneva, Droz, 2012.

希腊人和埃及人,强调埃及人与外族统治阶层的隔阂。[①]

时至今日,无论人类学界还是历史学界,都未能就族群的定义取得一致。国内研究在译名和术语的使用上的争议也从未终止。这种情况很大程度上由族群问题本身的复杂性所决定。尽管分歧一直存在,学界基本认同族群在不同情境下的变动性,分析族群变迁和族群的互动不能脱离历史环境。正如徐晓旭在《古代希腊人的族群话语》中所分析,"定义族群可以有多种标准:血缘、语言、宗教、风俗、文化……而且,这些标准未必时刻都到场。"[②]划分族群的标准并不固定,政治、经济和文化等多种因素都可能对划分产生影响。

希腊罗马时代(公元前 332 年—公元 639 年)的埃及文献中出现了多重文化身份的个体,提供了探讨古代族群问题的重要样本。一个名叫阿皮翁(Apion)的人来埃及,参加了罗马军队。他的名字使用希腊字母(希腊语形式),词源是埃及神灵阿皮斯圣牛(Apis bull)当他在米赛努(Misenum)加入罗马海军之后,他使用了罗马名字安东尼·马克西姆斯(Antonius Maximus),期望在退役之后可以获得罗马公民权。在遭遇危险时,他祈祷希腊——埃及神灵萨拉匹斯(Serapis)的庇佑。[③] 令人困惑的问题出现了,阿皮翁究竟是埃及人还是希腊人,抑或是在拿到公民权之后是为罗马人?

始于托勒密王朝的官方族群和身份划分正是导致这种复杂现象的重要因素。这一时期埃及涉及族群名称的史料多来自各类官方文书或具有法律性质的私人文档(如婚约、商业契约、遗嘱等),恰恰映射出国家政策、司法体系在定义乃至重构埃及族群中的影响。尤其是前期希腊语文书压倒性的优势也表明国家政策对希腊人的偏向性,希腊人的出现多与特权和特殊身份关联。少数族裔在国家政策中处于极为边缘的地位,少有记录,同化的命运似乎已经注定。本土埃及人同样遭到忽视,笼统地称为人民(λαός),基本上与无权和贫穷绑定,成为沉默的大多数。王朝前期他们仿佛生活在平行时空,与王朝没有交集,那些废弃纸草中的税收清单则冰冷提示——埃及人是负责为王室输血的工具人。直到托勒密埃及对外战略收缩、国内暴动,统治

---

① 刘文鹏:《古代埃及史》,北京:商务印书馆,2000 年;杨巨平:《碰撞与交融:希腊化时代的历史与文化》,北京:中国社会科学出版社,2018 年。

② 徐晓旭:《古代希腊人的族群话语》,《古代文明》2017 年第 2 期。

③ H. Heinen, "Ägypten im römischen Reich: Beobachtungen zum Thema Akkulturation und Identität," in S. Pfeifer ed., *Ägypten unter fremden Herrschern von der persischen Satrapie bis zur römischen Provinz*, Frankfurt: Antike, 186 - 207.转引自:K. Vandorpe, "Identity in Roman Egypt," in C. Riggs ed., *The Oxford Handbook of Roman Egypt*, 260 - 276, Oxford: Oxford University Press, 2012, p.260。

集团被迫集中力量经营埃及本土,埃及人的相关史料才日益增多。另一方面,史料中大量出现的族群名称登记状况则一定程度上暗示个人的文化认同和身份选择。显然,托勒密王朝统治下的埃及更适宜从客观视角结合个体主观选择来观察族群和文化的变迁,难免需要关注国家治理方略的变化和地域差异。族群划分的易变已经是很多领域的共识,有着三百余年历史的托勒密埃及尤为如此,史料体现的族群划分变化也十分剧烈。王国政策经历了从分群而治到推动融合的转向,希腊人和埃及人成为官方主导下族群融合之路的主要两条支流。因此,有必要依据史料,就不同历史阶段和一定地域范围内具体分析官方族群划分及其影响。

二、古代埃及官方族群划分传统

关于种族或族群的讨论必须回到历史语境中,现代知识体系下的族群名称在古代既没有得到一致认同,也没有一个清晰的定义。仅从族群名称来看,托勒密埃及一国之内出现了一百多个族群或种族,影响最大、最广泛的应属希腊人和埃及人。不同群体的历史传统和相关族群划分的史料特点也各不相同。

古希腊有大量涉及族属、族群认同的文献,而埃及则不然。古代埃及的文献中,几乎找不到对应族属或族群的词汇。[①] 埃及人通常以图像指代外国人,通常以贸易、战争等题材的画面表现埃及人与非埃及人之间的差异。他们通常以埃及中心的视角来看待周边的异族,留下的相关史料也充满负面刻板印象。[②] 古埃及人显然有严格的划分异族方式,区

---

① 西亚的史料也有类似的特点,同样没有对应族群的苏美尔语和阿卡德语。比如,美索不达米亚的阿摩利特人(Amerite),在许多地方出现时仅意指西方人。没有证据表明阿摩利特人有书面语言,有宗教和神话。这里也没有列举阿摩利特人的体征。从而,所谓阿摩利特是非常模糊的。新亚述(公元前 1000 年—公元前 625 年)在年表(文字)和浮雕上区分敌我,敌人常常被描述成行为举止野蛮而且缺乏宗教信仰以及相关仪式的人。战败而生生物特征是亚述人区分他者(敌人)显著标志。见:扎拉·巴拉尼:《古代美索不达米亚的种族与族群》,唐启翠译,《马克思主义美学研究》2012 年第 1 期。

② S. Hall, *The Pharaoh Smites his Enemies: A Comparative Study*, Munich: Deutscher Kunstverlag, 1986; S. T. Smith, *Wretched Kush: Ethnic Identities and Boundries in Egypt's Nubian Empire*, London: Routledge, 2003, pp. 167 – 187; C. Booth, *The Role of Foreigners in Ancient Egypt: A study of non-stereotypical artistic representations*, Oxford: Archaeo press, 2005; Shih-Wei Hsu, *Captured, Defeated, Tied and Fallen: Images of Enemies in Ancient Egypt*, Göttinger Miszellen: Beiträge zur ägyptologischen Diskussion, 2017, 252: 71 – 87; 郭丹彤:《埃及人心中的异邦》,《东北师大学报(哲学社会科学版)》2017 年第 3 期;徐昊:《古埃及文献中的外族人及其形象建构研究》,《常熟理工学院学报(哲学社会科学)》2018 年第 3 期。

分他者是将其定义为敌人。① 作为一个中央集权的大一统国家,古埃及的自我与他者界定有明显的官方色彩,并且与埃及的宇宙观密切相连,缺少文化多样性的证据。官方划分族群的传统一直延续到希腊罗马时代的埃及。这正好与古代西亚是两个极端。② 在埃及的官方记录中,非埃及人,如,努比亚人、利比亚人以及叙利亚人等,均象征着混乱,是文明的敌人,是反叛者(bṯwn)、战败被俘,而代表秩序与和谐的法老则要打击这些外国人,恢复秩序,完成自己的使命。这也是强化法老王权的重要手段。③

大约公元前 3100,希拉孔波利斯(Hierakonpolis)第 100 号墓室墙壁上出现了打击敌人的壁画,纳尔迈调色板(Palette of King Narmer)描绘国王身上的独有象征王权的装饰,如王冠、短裙、王的胡须,纳尔迈打击敌人的形象(抓住敌人的头发用权标头击打敌人的头部造型)作为一种传统沿用至罗马统治的时代。埃斯纳(Esna)神庙南墙上浮雕描绘着法老形象的罗马皇帝提图斯殴打敌人的画面。④ 埃及人还以体貌特征来区分异族。在壁画中,埃及人通常被涂成红色,努比亚人为黑色,亚洲人(常指叙利亚人)肤色为白色或黄色。⑤ 新王国时期,在阿布·辛贝勒(Abu Simble)拉美西斯二世(Rameses II)神庙门口,雕刻着捆绑和跪状的努比亚和亚洲战俘,这些战俘的面貌清晰可辨。神庙里出现了很多异族人的描述,埃及人也注意从衣着和体貌等方面区分异族。在底比斯塞提一世(Seti I,公元前 1291—公元前 1279 年)墓室里,一副着色的浮雕表现了四种有着明显不同的面部特征、头

---

① T. Wilkinson ed., *The Egyptian World*, New York: Routledge, 2007, pp. 218 - 241.

② J. Baines, "Contextualizing Egyptian Representations of Society and Ethnicity." in J. Baines ed., *Study of the ancient Near East in the twenty-first century: William Foxwell Albright centennial conference*, 339 - 384, Winona Lake, Indiana: Eisenbrauns, 1996.

③ Mu-chou Poo, *Enemies of Civilization: Attitudes toward Foreigners in Ancient Mesopotamia, Egypt, and China*, New York: State University of New York Press, 2005, p. 148; Shih-Wei Hsu, *Captured, Defeated, Tied and Fallen: Images of Enemies in Ancient Egypt*, Göttinger Miszellen: Beiträge zur ägyptologischen Diskussion, 2017, 252: 71 - 87.

④ S. Hall, *The Pharaoh Smites his Enemies: A Comparative Study*, Munich: Deutscher Kunstverlag, 1986, Fig. 5, Fig. 8; P. A. Clayton, Chronicle of the Pharaohs, pp. 18, 24, 227.

⑤ C. Booth, *The Role of Foreigners in Ancient Egypt: A study of non-stereotypical artistic representations*, Oxford: Archaeopress, 2005.

发和肤色的人：一个埃及人、一个亚洲人、一个努比亚人和一个利比亚人。[①]

除了图像和雕塑，古埃及文献中也充满了对异族的极度鄙视和敌对。埃及人对外族人的称谓是"九弓"（psḏt；psḏt-pḏwt）、"外国人"（pḏt；mAw），或直接以地域划定界限，埃及人对自己的描述则是尼罗河谷居民，rmt（remetj），意思是人、人类。相对地，外国人（ḫAstw 住在沙漠的人）被排除在文明圈之外，对立面是亚洲人（aaAm）、努比亚人（nHsy）和利比亚人（THnw）等，分别对应了以埃及居中为视角的三个地理方位，亚洲为北部和东部、努比亚为南部、利比亚为西部和北部。[②] 中王国 12 王朝时期（公元前 1990—公元前 1785 年），塞索斯特利斯三世（Sesostris III）在象岛（Elephantine island）和第二瀑布之间立下界碑，[③]铭文如此描述努比亚人（敌人），"一个被驱逐出边境的懦夫。因为努比亚人为言词击倒（ḫr n r），用话语就能击退他。……他们不是值得尊敬的人，他们可鄙而怯懦。陛下亲眼所见，绝无虚言。"[④]在辛努海的故事（Tale of Sanehat）中，逃亡西亚的辛努海夸耀法老塞努塞瑞特（Senusret 公元前 1971 年—公元前 1926 年），"他天生要痛击叙利亚人，践踏游牧民族（贝都因人）"（ir. n. tw. f r Hw styw r ptpt nmiw-Sa）。[⑤] 新王国 18 王朝（公元前 1550 年—公元前 1352 年）的霍伦赫布（Horemheb 公元前 1319 年—公元前 1292 年）称"九弓（异国）在他脚下"（pḏwt psḏt Hr rd. wj＝f）。[⑥] 类似的表述也出现在 19 王朝拉美西斯二世（Ramesses II 公元前 1279 年—公元前 1212 年）时代，"所有国家、所有外国人在他脚下"（tAw nbw ḫAstw nbwt Hr rd. wj＝f）。[⑦] 在希腊罗马时

---

① I. Rossellini, *I monumenti dell'Egitto e della Nubia disegnati dalla Spedizione Scientifico-letteraria Toscana in Egitto*, Pisa: Capurro, 1832 – 44, Fig. 2; A. Leahy, "Ethnic diversity in ancient Egypt", in J. M. Sasson, with J. Baines, G. Beckman and K. Robinson eds., *Civilizations of the Ancient Near East*, vol. 1, 225 – 234, New York: Charles Scribner's Sons, 1995, Fig. 1.

② A. Leahy, "Ethnic diversity in ancient Egypt", in J. M. Sasson, with J. Baines, G. Beckman and K. Robinson eds., *Civilizations of the Ancient Near East*, vol. 1, New York: Charles Scribner's Sons, 1995, pp. 225 – 228; L. Ross, *Nubia and Egypt 10,000 B. C. to 400 A. D.: From Pre-History to the Meroitic Period*, Lampeter: The Edwin Mellen Press, 2012, pp. 125 – 126.

③ Berlin Museum 1157.

④ M. Lichtheim, *Ancient Egyptian Literature*, Vol. I, London: University of California, 1973, pp. 118 – 119.

⑤ pBerlin 3022, 72 – 73; J. P. Allen, *Middle Egyptian Literature: eight Literature Works of the Middle Kingdom*, Cambridge: Cambridge University Press, 2015, pp. 88 – 89.

⑥ Urk. IV, 2119:1.

⑦ KRI II, 151:15.

代,埃及的魔法传说中,努比亚依然是反面角色。在《善腾哈瓦斯历险与西-奥西瑞》(The Adventures of Setna and Si-Osire)的故事中,埃及魔术师西-奥西瑞(Si-Osire)为保护法老与努比亚魔术师进行了跨越千年的争斗。[①]

古埃及有官方划分异族、塑造自我与他者对立特征的传统。但是,在历史上,埃及并不因官方将异族设定为敌人而封闭国土。通过对族群名称以及体貌特征的考察,可判断一些异族人融入埃及社会,甚至进入国家高层。外国人以多种方式进入埃及社会。

早在第一王朝(公元前 3050 年—公元前 2890 年),已有铭文记载埃及在战争中俘获努比亚人。古王国时期的墓饰中就出现了努比亚人的名称。[②] 第六王朝(公元前 2246 年—公元前 2152 年)上埃及总督哈克胡夫(Harkhuf)负责与努比亚的贸易。据他自传铭文描述,他曾带一名会跳舞的侏儒(俾格米人)返回王宫,这名侏儒是他献给国王培比二世(Pepi II)的礼物。[③]

第一中间期(the First Intermediate Period),一些努比亚籍雇佣军在埃及南部戈贝伦(Gebelein)碑铭,将自己描绘为埃及人,仅面貌和肤色与埃及不同。[④]

中王国第一位国王蒙图霍太普二世(Mentuhotep II)的一些妻室中有黑皮肤和努比亚名字。[⑤] 努比亚人的一支——迈查伊人(Medjay)以雇佣军和警察的角色出现在埃及。中王国时期的埃及文献《伊普味陈辞》(the Admonitions of Ipuwer)提到,法老借助迈查伊人的协助击溃利比亚人。[⑥]

新王国(公元前 1550 年—公元前 1352 年)采取了积极的对外政策,除了频繁对外征战带回战俘和质子之外,许多国外的公主及随从也因外交联姻定居埃及。相比而言,这一时期,异族人名大量增加。比如,图特摩斯三世(Thutmose III,公元前 1504 年—公元前 1450 年)在位的 26、27、28 以及

---

① *P. British Museum* 604; M. Lichtheim, *Ancient Egyptian Literature*, Vol. III, London: University of California, 1980. pp. 139 - 151; W. K. Simpson ed., *the Literature of Ancient Egypt*, London: Yale University Press, 2000, pp. 470 - 489.

② D. Jones, *An Index of Ancient Egyptian Titles, Epithets and Phrases of the Old Kingdom*, 2 vols. BAR International Series 866, Oxford: Archaeo press, 2000, no. 1814.

③ M. Lichtheim, *Ancient Egyptian Literature*, Vol. I, London: University of California, 1973, pp. 23 - 27.

④ A. Loprieno, *Topos und Mimesis. zum Ausländer in der ägyptischen Literatur*, Wiesbaden: Harrassowitz, 1988, pp. 35 - 39.

⑤ T. Wilkinson ed., *The Egyptian World*, New York: Routledge, 2007, p. 230.

⑥ W. K. Simpson ed., *the Literature of Ancient Egypt*, p. 208.

36 年的文献中,法老通过对外征战共带回 5075 名外国人,其中战俘 1753 人,王子 4 人,王子的子嗣 123 人,妻妾 30 人,奴隶及其子女 2831 人等。记录残缺不全,实际人数显然远不止于此。① 王室妇女中出现了不少非埃及名字,她们可能因为外交婚姻从异乡远嫁埃及,也可能就来自埃及内部的某个族群。②

来自努比亚和近东的外国王子在埃及长大成人,他们在王室学校(kAp)长大、接受埃及式教育,如期返回故土巩固亲善关系。即便未能回国继承王位,留在埃及也有机会进入军队、宫廷或者行政领域。③ 18 王朝早期,一个名为本伊亚(Benia)的亚洲人仕途通达。他的埃及语名字是帕赫卡门(Pahekamen),字面意思是国王(统治者)长生,是王廷官吏常见名字。他的头衔"王室学校的学生(Xrd n kAp)""建筑总监(imj-rA-kA.wt)",说明他接受了埃及教育还颇受王室赏识。他的墓室壁画则完全是埃及文化主题和风格。①

据新王国《卡迭石战役铭文》(Inscription of Battle of Kadesh)记载,海上民族(Sea Peoples)中的一支——舍尔登人(Sherden)加入了法老图特摩斯三世的军队。⑤

埃及的族群名称可能只是一种描述性称谓,并不意味着经济或法律层面的区别对待。二十王朝拉美西斯十一世(Ramesses XI)当政期间,官方档案中出现了"外国人"(aAw)一词,其中许多人实际上都有常见的埃及名字,可能这种官方族群划分只是为了区分移民的后代。⑥ 官方层面的宣传之外,埃及的语言、宗教和文化是埃及人塑造自我认同的关键要素。⑦ 拉美西斯三世的石碑上记载了利比亚人被归化的过程,"俘

① J.K. Winnicki, *Late Egypt and Her Neighbouts, Foreign Population in Egypt in the First Millennum BC*, Warsaw: Warsaw University, 2009, p.14.

② G. Robins, *Women in Ancient Egypt*, Cambridge: Harvard University Press, 1993, pp.30 – 36.

③ D. B. Redford ed., *The Oxford Encyclopedia of Ancient Egypt* I, Oxford: Oxford University Press, 2001, p.546.

④ Theban Tomb 343; A. Leahy, "Ethnic diversity in ancient Egypt", p.233.

⑤ J. H. Breasted, *Ancient Records of Egypt*, Vol.3, Chicago: University of Illinois, 2001, pp.136 – 137.

⑥ A. H. Gardiner, Ramesside Texts relating to the Taxation and Transport of Corn. *Journal of Egptian Archaeology* 27(1941):19 – 73.

⑦ A. Leahy, "Ethnic diversity in ancient Egypt", p.232;徐昊:《古埃及文献中的外族人及其形象建构研究》,《常熟理工学院学报(哲学社会科学)》2018 年第 3 期。

房听到人类的语言追随法老。他使他们的语言消失,改变了他们的语言。"①希罗多德则称,"埃及人把所有说非埃及语的人都称为蛮族(βαρβάρους δὲ πάντας οἱ Αἰγύπτιοι καλέουσι τοὺς μὴ σφίσι ὁμογλώσσους.)"。②在《辛努海的故事》中,流亡叙利亚的辛努海在当地婚娶,子嗣绵延。王妃在见到辛努海之后,怀疑他不是埃及人,喊道,"看啊! 辛努海像亚洲人一样回来了,一个叙利亚人的后代(mt sA-nhAt iw m aAm qmA n styw)"。③ 失去埃及人身份的辛努海也无法得到埃及式葬礼,"异族人不会将你安葬(nn bs. k in pdtyw)"。④ 为了回到埃及,重新成为"埃及人",他放弃了在亚洲赢得的声名和财富,换取埃及式的葬礼和仪式。"一座金字塔为我而建,立于众多金字塔之中。(iw ḥwsw n. i mr m inr m qAb mrw)"⑤

　　法老时代官方的族群划分和埃及社会对异族的实际接纳形成了鲜明的反差。从现存史料来看,血缘和出身在族群认同和归属方面并未起到决定性作用。埃及社会的包容使这片土地吸纳许多族群身份各异的人长期定居,和谐共存。很多进入埃及的异族移民在经历几代人之后完全融入社会,只用埃及名字,难以追溯族群身份。⑥ 即使是在外族统治时期,族群冲突的案例也较为少见。希克索斯人(Hyksos)大约公元前 1630 年至公元前 1523 年统治埃及,他们被称为"外国统治者"(hekau-khasut)。考古证据显示,希克索斯人保持着巴勒斯坦(Palestine)地区的文化。希克索斯人在埃及的统治相对温和,采取了传统法老的头衔,甚至起埃及名字,一定程度上吸纳了埃及文化。⑦ 他们留下的圣甲虫印章中既有闪族名字,也有埃及名字。与公元前三世纪的曼涅托(Manetho)《埃及史》(Aegyptiaca)所记载不太一致。只是在希克索斯人统治的晚期,他们与底比斯展开了激烈的战争。⑧ 新王国大肆渲染他们驱逐异族统治的功绩,18 王朝的初代法老雅赫摩斯

① A. J. Peden, *Egyptian Historical Inscriptions of the Twentieth Dynasty*, Jonsered: Documenta mundi, 1994, p.65.

② Herodotus, II, 158.5.

③ pBerlin 3022,265.

④ pBerlin 3022,259 - 260,此处指包括制作木乃伊在内的古埃及丧葬仪式。

⑤ pBerlin 3022,300 - 301.

⑥ C. Booth, *The Role of Foreigners in Ancient Egypt: A study of non-stereotypical artistic representations*, Oxford: Archaeo press, 2005, p.7.

⑦ W. C. Hayes, *The Scepter of Egypt, A Background for the Study of the Egyptian Antiquities in The Metropolitan Museum of Art*. Vol.2, *The Hyksos Period and the New Kingdom* (1675 - 1080 B.C.), New York: Plantin, 1990, pp.3 - 8.

⑧ I. Shaw ed., *The Oxford History of Ancient Egypt*, Oxford: Oxford University Press, 2000, pp.185 - 186.

(Ahmose)在阿拜多斯(Abydos)神庙的墙上刻画希克索斯战士被俘。这仍是区分打击异族、维护世界秩序的传统主题,是政治宣传的产物。① 实际上,雅赫摩斯的军队中确有不少亚洲和努比亚族裔。希克索斯都城阿瓦里斯(Avaris)被攻破之后,仍有大量亚洲人留在埃及正常生活,甚至不少亚洲人还成为埃及官员。到了19王朝,阿瓦里斯一带又再度繁盛。新王朝还以尼罗河三角洲北部为据点,建立新城皮-拉美西斯(Pi-Rameses),攻伐叙利亚。② 新王国之后,埃及还经历了利比亚和努比亚王朝,外族统治者无一例外延续了古埃及统治传统。

三、希腊移民与埃及的族群划分

希腊人定居埃及的记录可追溯至公元前七世纪,他们以雇佣军的形式进入埃及。普萨美提克一世(Psamtik I)统治时期(公元前664年至公元前610年),引入希腊雇佣军,并将希腊人安置在新城瑙克拉迪斯(Naukratis)。埃及开始借助希腊人的力量打击努比亚,对抗波斯。根据希罗多德(Herodotus)记载,普萨美提克一世(Psammetichos I)曾经得到预言,"当他看到青铜人从大海那方面来的时候,他就可以进行报复。"③ 不久之后,一些身着青铜铠甲的伊奥尼亚人(Ionian)和卡里亚人(Carian)来到埃及海岸,普萨美提克一世便与他们结盟,在这些希腊人的帮助下结束了十一王统治,成为埃及法老。普萨美提克一世在东三角洲一带划出土地供这些希腊人居住,并选派了一些埃及青年前去学习希腊语,协助沟通。④ 这些希腊军人的驻地被称为军营(stratopeda),他们逐渐与当地人融合,其后代被阿玛西斯(Amasis)迁往孟菲斯。

在二十六王朝,由于报酬丰厚,希腊雇佣军源源不断来到埃及。公元前570年左右,他们的人数可能已经达到30000。⑤ 普萨美提克二世(Psammetichos II)统治时期(公元前595年—公元前589年),有军人在阿布辛拜勒(Abu Simbel)的拉美西斯二世(Ramses II)雕像上留下涂鸦,一个名为波塔西姆托(Potasimto)的埃及人(PA-di-SmA-tA. wy)被称为 *alloglossoi* 指挥官,*alloglossoi* 字面意思是,那些说外语的人。圣书体铭文

---

① C. Booth, *The Role of Foreigners in Ancient Egypt: A study of non-stereotypical artistic representations*, Oxford: Archaeo press, 2005, pp. 13-14.

② A. Leahy, "Ethnic diversity in ancient Egypt", pp. 230-231.

③ Herodotus 2.152.3.

④ Herodotus, 2.152-154.

⑤ Fischer-Bovet, *Army and society in Ptolemaic Egypt*, p. 20.

则证实，*alloglossoi* 指的是希腊人。① 普萨美提克二世之后，阿普里埃斯（Apries）在位期间（公元前 589 年—公元前 570 年），组建了一支由卡里亚人和伊奥尼亚人构成的亲卫队，人数多达三万。② 然而，阿玛西斯（Amasis）率埃及人反叛，击败了这支军队。阿玛西斯成为法老之后，也依然使用希腊雇佣军，并且将瑙克拉迪斯给予希腊人居住。除此之外，还划拨土地，供希腊人安设祭坛、修建神殿。希罗多德由此将阿玛西斯称为"爱希腊者"（*philhellene*）。③ 实际上，瑙克拉迪斯早在阿玛西斯当政之前即已存在。在普萨美提克一世统治时期，瑙克拉迪斯是唯一允许希腊人通商的港口。法老赠送城市的行为或许可以理解为进一步放宽通商限制。

公元前五世纪和公元前四世纪，希腊雇佣军依然是埃及法老麾下常客。公元前 460 年，雅典人来到埃及协助伊纳罗斯（Inaros）反抗波斯统治。为了对抗波斯国王阿塔薛西斯三世（Artaxerxes III），奈克塔涅波二世（Nektanebo II）集结了 20000 希腊人、20000 利比亚人（Libyans）和 60000 埃及人。④ 可惜，奈克塔涅波二世作战失败，埃及也失去了独立的机会。

埃及政权对希腊移民的管理大致延续了传统模式，早期希腊移民也逐渐在当地融合。比如，公元前 561 年阿玛西斯的碑文上提到一个瑙克拉迪斯人，奈菲尔伊布拉萨尼特（nfr-ib-ra-sA-nit）。⑤ 他的名字来自普萨美提克二世的王名 nfr-ib-ra，意思是（太阳神）拉神的心是美好的。他很可能是一个埃及化了的希腊人，通过埃及语转译，他的希腊语名字可能是科拉克斯（Korakos）。⑥

公元前四世纪下半叶，马其顿——希腊人建立起统治之后，移民和族群划分情况发生了一些变化。首先，托勒密王朝统治前期（公元前四世纪末至公元前三世纪末），军队的主力由雇佣军和希腊世界的移民构成，宫廷和王国行政系统使用希腊语而不是法老时代的埃及语，⑦这意味着希腊移民不再

① Bernand and Masson, "Les inscriptions grecques d'Abou-Simbel", *REG* 70(1957):1 - 46.
② Herodotus, 2.163.
③ Herodotus, 2.178.
④ Diodorus, 11.71.
⑤ TM 111051.
⑥ G. Vittmann, *Ägypten und die Fremden im ersten vorchristlichen Jahrtausend*, Mainz am Rhein: Kulturgeschichte der antiken Welt 97, 2003, p.220.
⑦ 希腊语（commen Greek）包含许多方言，一般可简略分为西部希腊语和东部希腊语，前者包括伯罗奔尼撒多利克方言（Pelop. Doric）和西北方言（NW Greek），后者包括阿提卡——伊奥尼亚方言（Attic-Ionic）和阿卡多——塞浦路斯方言（Arcado-Cypriot）。托勒密王朝统治时期，由于希腊世界各族群的频繁交流与活动，基于阿提卡方言和伊奥尼亚方言而形成的科因奈希腊语（Koine Greek）成为通用的希腊语，甚至在托勒密王廷取代了马其顿使用的多立安方言。参见：G. Horrocks, *Greek: a history of the language and its speakers*, Malden and Oxford: Wiley-Blackwell, 2010, p.16。

是辅助,而是王朝统治的支柱;其次,大量移民涌入,埃及传统的社会结构遭到较大冲击。努比亚人、亚述人以及波斯人都曾经统治过这个国家,但这些异族人是以一小支军队和官员维持国家运转。希腊移民紧随亚历山大来到埃及定居,没有回去的打算,且大多数人为军人。希腊移民来自希腊世界的广泛地区,如雅典、昔兰尼、克里特、色雷斯、马其顿等。但是军事移民多来自于马其顿、巴尔干半岛以及昔兰尼。[①] 希腊移民浪潮贯穿整个公元前三世纪。迁居埃及的希腊人职业和身份各不相同,他们不仅在希腊城市中聚居,也逐渐在乡村地区建起规模不同的定居点,甚至出现在上埃及边境遥远的象岛(Elephantine Island);第三,托勒密家族大量使用族群标签划分群体。在托勒密王朝初期,可以确认的族群约有一百七十多个。[②] 学界对托勒密埃及居民族群身份的判断主要根据明确带有族群含义的术语、地名或城市名,如以城邦为标签的雅典人(Athenian),埃及希腊城市为标签的亚历山大里亚人(Alexanderian)、托勒迈人(Ptolemaian),以国家、地域或岛屿为族群背景的马其顿人(Macedonian)、埃托利亚人(Aetolian)、色雷斯人(Thracian)和克里特人(Cretan)。非希腊族群如,阿拉伯人(Arab)、犹太人(Jew)和波斯人(Persian)。埃及人(Egyptian)几乎从未出现在官方档案中,不过,有以埃及地区或城镇为出身背景的斐莱人(Men of Philae)、底比斯人(Theban)等。尽管同样带有官方划分族群性质,托勒密官方文献中划定的族群大多并不含有法老时代文明与野蛮、秩序与混乱对立等内涵,更不强调区分敌我。不同时期,不同地域使用的族群标签可能意味着法律身份、社会地位以及职业等差异,对埃及居民的族群身份变迁产生了巨大影响。

早期学者的研究将希腊化时代的族群问题简化为希腊人与埃及人之间的关系,侧重讨论族群的融合或隔离,[③]忽视了大量次级族群标签隐藏的信息。实际上,托勒密王朝族群情况复杂,划分标准也难以统一,在三百年间变动较大,官方的族群标签并不总是严格对应居民的族群认同,主要目的也不是为追溯移民的血缘或部族提供文化上的权威判定,而是提供身份证明,使"携带"族群标签者得以顺利行使某些政治权利,享有经济优待,或按照适当的法律进行仲裁,或从事某种特定职业等。很多时候官方划分的族群身份与各种特权挂钩,携带族群标签的受益者又常常是希腊人,使这种族群划

---

① R. S. Bagnall, The origins of Ptolemaic cleruchs, *BASP* 21:7 – 20, 1984.

② C. A. La'da, *Foreign Ethnics in Hellenistic Egypt*, Leuven: Peeters, 2002, p. XXXV.

③ P. Jouguet, *Macedonian imperialism and the Hellenization of the East*; C. Préaux, *Le monde hellénistique. La Grèce et l'Orient de la mort d'Alexandre à la conquête romaine de la Grèce (323 – 146 av. J.-C.)*, Paris: Presses Universitaires de France, 1978.

分带有浓厚的希腊色彩。

希腊人的族群和认同研究也受到人类学和社会学的影响。近年来,学者多从文化上定义希腊人的身份。中外许多学者强调希腊人族群形成的"聚合"和"对立"属性。徐晓旭认为公元前七世纪初形成以"希腊人"(Hellenes)为族称的族群。若干小族群聚合成更大族群的发展机制,最终导致了说希腊语的各族群聚合成一个以"希腊人"为族称的族群。[①]

不同于法老时代的埃及的族群,"希腊人"不仅是一个人的血缘和文化认同的标签,也意味着宗教节日赛会——奥林匹克运动会的参赛资格。希罗多德记载了马其顿王室家族中亚历山大一世(Alexander I,公元前 498 年—公元前 454 年)取得参赛资格的轶事:"佩迪卡斯的这些后代,他们自称是希腊人……那些在奥林匹亚负责管理赛会的希腊裁判(Hellenodikai)也知道他们是希腊人。因为亚历山大决定参赛并为此来到赛场后,将要与他赛跑的希腊人不许他参赛,说蛮族人不能参赛,赛会只是希腊人的。但当亚历山大证明了他是阿尔戈斯人后,他被判定为希腊人,并且在一斯塔迪翁(stadion)赛跑中获得了并列第一名"。[②] 在古典时代的希腊,一些次级族群标签除了有文化方面的内涵,实际上也与公民权挂钩,这直接关系到一个人的政治、司法、经济等权利。自伯里克利时代起,一个人要确认为雅典人,其父母必须是雅典的公民。法律认定的雅典人拥有政治权利以及地产。伯里克利本人与异邦女性阿斯帕西娅之私生子成为特例。[③] 雅典还从多个方面限制外邦人(metics)。据古典作家色诺芬(Xenophon)记载,侨居雅典的外国人除了缺少参政权和司法审判权,不得进入骑兵队,也不能申请到土地建造属于自己的房屋。[④] 雅典的外邦人还必须缴纳 6 至 12 德拉克马(drachma)人头税(metoikion),服兵役。[⑤] 可见,希腊人族群划分以及次级

---

① S. Saïd, "The Discourse of Identity in Greek Rhetoric from Isocrates to Aristides," in I. Malkin ed., *Ancient Perceptions of Greek Ethnicity*, 275 - 300, Cambridge: Mass, 2001, p.282; J.M. Hall, *Hellenicity: Between Ethnicity and Culture*, pp.172 - 228;徐晓旭:《古代希腊人族群认同的形成》,《外国问题研究》2017 年第 01 期;徐晓旭:《文化选择与希腊化时代的族群认同》,《中国社会科学》2015 年第 3 期。

② Herodotus, 5.22;斯塔迪翁为奥林匹克赛会的一个赛跑项目,距离为 1 斯塔德(stade),折合 180 米。

③ 普鲁塔克:《希腊罗马名人传》,陆永庭、吴寿彭等译,北京:商务印书馆,1990 年,第 499 页。

④ 色诺芬:《经济论 雅典的收入》,张伯健、陆大年译,北京:商务印书馆,2014 年,第 75—78 页。

⑤ S. Hornblower and A. Spawforth, eds., *The Oxford Classical Dictionary*, Oxford: Oxford University Press, p.969; R. Kennedy, *Immigrant Women in Athens: Gender, Ethnicity, and Citizenship in the Classical City*, New York, Routledge, p.2.

族群标签有着实质的排他意义,来到希腊世界的异族相比而言权益受限。

在托勒密埃及,族群标签出现在社会生活各个领域,它的含义取决于行政机构或使用标签的个人。从史料情况来看,古代档案中,族群通常以官方身份或法律身份的方式记录下来,族群情况由国家掌控。官方档案中"希腊人"只是数百个族群分类中的一种。档案中的希腊人与公元前七世纪开始形成的希腊人不能直接画等号。例如,在公元前三世纪中叶的税收登记中,一些纳税者身份为希腊人(Hellenes),标识他们获得特权免于部分赋税和徭役。① 没有文献能证实这些获得免税资格的希腊人必须来自希腊世界。换言之,官方族群身份与希腊人族群身份认同不是严格对应的。实际情况是,一些埃及人、犹太人也被官方划分为希腊人,使用希腊名字,享受希腊人的免税特权。甚至税单中的阿拉伯人和波斯人的身份也未必对应主观的族群归属(ethnicity)。公元前三世纪的一份法律文献 *BGU* XIV 2367 则将人口进行了四个分类:1、军人;2、城市市民/公民;3、在军中服役的城市市民;4、城市无公民权的居民。涉及七个核心信息:姓名、父名(patris),社区(deme)、族裔(genos)、职业(occupation)、所属军队单位(tagma),职阶(epiphora)等。法律文件中的族裔似乎只影响一个人的法律身份,与免税资格并无关联。在希腊语契约中,人们必须注明族群身份。分类相对较为复杂,实际上很多法律文献并未登记全部相关信息。司法案件的审判也要核对当事人的族群身份,将案件分配给合适的法庭处理。公元前三世纪的亚历山大里亚城除了有独立的城市法庭,还存在着外邦人法庭(ξενικὰ δικαστήρια),可能主要负责特殊身份(如军人)外来居民的法律案件。法律规定,如果两个获得亚历山大里亚城公民权的军人(外籍)发生财务纠纷,则案件移交外邦人法庭审理。② 军队也大量使用族群标签,托勒密国王曾按照族群名称建立起五个骑兵队(hipparchies),分别是:马其顿人(the Macedonians)、色雷斯人(the Thracians)、米西亚人(the Mysians)、波斯人(the Persians)以及帖萨利和其他希腊人骑兵队(the hipparchy of the Thessalians and other Hellenes)。公元前二世纪的档案中提到"波斯人"(Πέρσαι)和"波斯人后裔"(Πέρσης τῆς ἐπιγονῆς),则分别指受饷军人和预备役士兵。③

---

① *UPZ* II 157.32, 242 – 241BCE; D. J. Thompson, "Hellenistic Hellenes: the case of Ptolemaic Egypt", pp.308 – 311.

② *P. Hal.* 1.155.

③ K. Vandorpe, "Persian Soldiers and Persians of the Epigone. Social Mobility of Soldiers-herdsmen in Upper Egypt." In *AfP* 54(2008):87 – 108.

官方族群划分的相关史料较为零散,但是可以看出,托勒密王朝没有统一的族群划分标准。但是,官方的族群划分确实构成国家治理的重要内容,在不同层面产生影响。传统的法老打击异族的官方宣传模式依旧出现在神庙、浮雕、石碑上。埃德夫的荷鲁斯神庙(The Temple of Horus in Edfu)为托勒密三世(Ptolemy III Euergetes,公元前 246 年—公元前 222 年)时代兴修(公元前 237 年),位置选在荷鲁斯崇拜的圣地,古王国和中王国的遗址尚存,神庙布局不仅继承了新王国的风格,也在塔门留下了法老战胜异族敌人的大型浮雕。意义很明显,承袭前制,强化托勒密统治的合法性。拉菲亚教令(Raphia Decree)孟菲斯石碑(Memphis Stele)上部描绘着托勒密四世头戴埃及王冠手举长矛刺向外邦敌人安条克三世(已损毁)的场景。[1] 画面中掺杂了希腊元素(骑马造型),但法老时代划分异族、打击敌人主题依然在延续。传统的以敌我区分族类模式有着强化王权的政治和宗教意义,对于非埃及人的生活似乎并不构成实质影响。然而,社会生活中族群身份的划分,讽刺性地凸显移民(外族)在埃及的优势。涉及社会身份、经济、职业以及法律等族群划分则与很多人的生活密切相关,甚至可能影响一个人的族群和文化认同。就希腊化时代早期的希腊移民来说,希腊人到达新土地之后,脱离了原来的部族,失去了依附于原城邦的政治、司法以及经济身份,需要在新的王国重塑社会身份。除了将移民安置在现有移民聚居地,一个解决办法是"复制"希腊城市模式建立新城,例如,亚历山大里亚城和托勒密城(Ptolemais)。一些希腊城邦移民成为了新城市的公民,转变了次级族群身份,如亚历山大里亚人。移民数量之多,城市不可能容纳所有希腊移民,自然需要分流到新的定居点,大部分人无法直接获得城市公民权。新建城市也像传统希腊城邦一样,公民世袭,要求只有父母均为城市公民或至少是埃及的希腊城市公民才有资格获得公民权,城市公民逐渐成为封闭群体,群体内部分配城市共有土地和资源。法律文献 *BGU* XIV 2367 可能是托勒密家族构建新国家、塑造居民身份认同和国家认同的一种尝试。[2] 从执行的实际情况来看,很多法律文献并未登记全部相关信息。这样的文件显然无法兼顾国内复杂的情况,甚至也无力全面推广。公元前三世纪中叶,法雍(Fayum)地区税制改革,划分族群和特殊职业群体,授之以不同特权则是国家治理策略的新手段。对比公元前二世纪下半叶的法律文献,居民身份的

---

[1]　开罗埃及博物馆,31088.

[2]　Uri Yiftach-Firanko, "Did *BGU* XIV 2367 Work?," in M. Depauw and S. Coussement eds., *Identifiers and Identification Methods in the Ancient World*, 103 – 118, Leuven: Peeters, 2014.

划分甚至直接简化为希腊人和埃及人。① 同时，大量族群标签从文献中消失，很难说这种现象与官方族群划分的变革没有关系。

官方族群标签之外，自我认定的族群（ethnic self-ascription）是二十世纪八十年代以来学界关注的一个焦点。一个突出的案例发生在公元前二世纪上半叶，公元前163年，隐修士托勒迈（Ptolemaios son of Glaukias）写信给总督狄奥尼修斯（Dionysios），投诉塞拉皮雍神庙（The Great Serapeion）的一些轮班的面包师在阿斯塔尔圣所（Astartē Shrine）对他进行了暴力袭击，他的助手哈尔迈斯（Harmais）遭到殴打。托勒迈奥斯特别强调，"我是一个希腊人"。② 他主观上认为自己遭到袭击与族群身份有关。前文中提到的赶驼人则以他者的身份界定希腊人。托勒迈没有给出定义希腊人的标准，赶驼人认为语言和文化区分了希腊人和蛮族人。无论族群的主观界定标准是什么，案例中的受害者显然认为族群差异存在且对个体造成影响。

托勒迈奥斯为什么在陈情书中一再强调他的希腊人身份？他是否在暗示自己的特权受到了侵犯？希腊人是否成为了一个特殊的群体？要解释这些问题必须追问，托勒密王室是否针对希腊移民制定了系统的族群管理政策？

第二节　希腊化与托勒密埃及的族群研究

涉及托勒密埃及族群问题的著述并不少，散见于各种学术论文和专著中。学者关注的侧重点主要在文化和身份认同层面，视为希腊化研究的一个重要分支。最初打造出"希腊化"（Hellenism）一词的是德国学者古斯塔夫·德罗伊森（Johann Gustav Droysen）。1836年，他在《希腊化历史》（*Geschichte des Hellenismus*）一书中提出，由于希腊人移民近东（Near East）等地，形成了希腊——叙利亚（Graeco-Syrians）以及希腊——埃及（Graeco-Egyptains）等希腊与东方元素相互融合的新文明形态。③ 这种融合说一度得到不少学者的支持。在讨论埃及的希腊化情况时，尤盖特指出，托勒密国王既无意恢复古埃及传统，也没有在埃及建立马其顿或希腊式王

---

① *P. Tebt*. I. 5

② *UPZ* 7,8,15; N. Lewis, *Greeks in Ptolemaic Egypt: case studies in the social history of the Hellenistic world*, Oxford: Clarendon Press, 1986, pp.84 - 86.

③ 陈恒：《希腊化研究》，北京：商务印书馆，2006年；黄洋、晏绍祥：《希腊史研究入门》，北京：北京大学出版社，2006年。

国的想法,但在希腊化的浪潮下,国王通过农业殖民的方式,推动了埃及的希腊化。① 别克曼(Bickermann)强调埃及居民族群层面的融合,他指出,埃及居民分为希腊人和埃及本地人,不同出身的移民先融合为一个群体,到了托勒密埃及的最后阶段,连埃及本地人也被融合。② "希腊化"的学说在二十世纪三十年代引发了激烈的讨论,克莱尔·普莱欧(Claire Préaux)提出文化隔绝说,③强调文化的封闭性。她认为西方文化和东方文化彼此之间并没有真正的相互影响或渗透。这种说法得到了佩雷曼斯等学者的响应。④ 此后,"希腊化"的说法基本为学界摒弃。七十年代,普莱欧专著《希腊化世界》出版,该书维持了她的原有观点,强调希腊移民和埃及人的文化隔离。⑤ 纳夫塔利·路易斯(Naphtali Lewis)和吉恩·宾根(Jean Bingen)等学者也都否定了希腊文化和埃及文化融合产生新的混合文化的说法,⑥认为两者是一种共生的关系。威利·克拉瑞斯(Willy Clarysse)则提出双面社会一说,指出希腊人和埃及人根据客观形势的需要而变换自己的身份,可能在某种程度上接受了异族的文化,但他并不认为这是一种混合文化。⑦

国内也有一些学者参与希腊化的讨论。在《古代埃及史》一书中,刘文鹏指出"希腊化"是希腊文化和埃及文化相互交融,互有影响,希腊文化也被埃及文化所同化。少数埃及人使用希腊名字,成了希腊人。⑧ 上海师范大学陈恒也认为存在以希腊文化为主导的文化融合。⑨ 也有学者强调埃及文化对希腊化的逆向影响,如北京大学的颜海英指出,"希腊化"在东方的推进伴

---

① P. Jouguet, *Macedonian imperialism and the Hellenization of the East*, p. 347.

② E. Bickermann, Beiträge zur antiken Urkundengeschichte I, *Archiv für Papyrusforschung* 8, pp. 229 – 231, 1927.

③ C. Préaux, "Politique de race ou politique royale?", *Chronique d'Égypte* 11 (1936) No. 21, pp. 111 – 138.

④ W. Peremans, *Vreemdelingen en Egyptenaren in Vroeg-Ptolemaeisch Egypte*, Leuven: Bureaux du Recueil, 1937.

⑤ C. Préaux, *Le monde hellénistique. La Grèce et l'Orient de la mort d'Alexandre à la conquête romaine de la Grèce (323 – 146 av. J.-C.)*, Paris: Presses Universitaires de France, 1978.

⑥ N. Lewis, *Greeks in Ptolemaic Egypt: case studies in the social history of the Hellenistic world*; J. Bingen, *Hellenistic Egypt. Monarchy, Society, Economy, Culture*, Berkeley-Los Angeles: University of California Press, 2007.

⑦ W. Clarysse, "Some Greeks in Egypt," in J. H. Johnson ed., *Life in a Multicultural Society*, 51 – 56, Chicago: The Oriental Institute, 1992; W. Clarysse, "Ethnic Identity: Egyptians, Greeks, and Romans", pp. 302 – 303;[比]威利·克拉瑞斯:《托勒密时期的埃及:一个双面的社会》,颜海英译,《古代文明》,北京:文物出版社,第 452—468 页,2002 年。

⑧ 刘文鹏:《古代埃及史》,北京:商务印书馆,2000 年。

⑨ 陈恒:《希腊化研究》,北京:商务印书馆,2006 年。

随着两种文化的冲击与反冲击,托勒密统治者在实行自上而下的"希腊化"的同时,也不可避免地接受了自下而上的"埃及化"。[①] 中国人民大学的徐晓旭则强调希腊化时期族群身份认同的复杂性,主张运动"文化选择"的模式来考察希腊化世界的文化、族群和认同。托勒密官方界定族群的方式则影响了个体的选择。一些人经常在文化——族群身份和社会角色上进行转换,构成了一个"双面胶"似的社会阶层,一面粘贴着希腊文化和权力,另一面粘贴着埃及传统和基层社会。[②]

研究托勒密埃及的希腊移民无法脱离希腊化时代背景的讨论,但是,学者在关注希腊化问题的同时,也展开了一些针对托勒密埃及希腊移民的专题讨论。上世纪八十年代开始,路易斯撰写专著《托勒密埃及的希腊人》,[③]介绍了早期希腊移民的基本情况,并选取了八个不同时期、不同职业纸草文书所有者作案例研究,包括工程师、银行家、总督、封地军人子嗣、骑兵军官、村书吏以及埃及军人。[④] 虽然在有些案例中,路易斯描述了希腊人的特权以及政府的态度,但他更侧重从文化角度分析托勒密统治时期希腊人和埃及人的隔离状态,而对政府相关策略则轻描淡写。几乎同一时期,科恩·古德里安(Koen Goudriaan)的专著《托勒密埃及的族群》开始重视根据文本背景分析和归纳族群名称术语,[⑤]指出族群划分是社会现象,而非法律和政府行为。他否认托勒密政府施行过族群政策。九十年代,古德里安以色雷斯人和犹太人为案例,[⑥]再次强调族群认同很大程度上关乎个体的主观选择和策略,并非国家政策对居民进行了引导。多萝西·汤普森(Dorothy J. Thompson)推测[⑦],埃及人通过接受希腊教育,参与国家行政工作,进而获得希腊人身份,享受免税特权。这一时期,以卡斯巴·拉达(Csaba A.

① 颜海英:《托勒密时期埃及与奴隶制评析》,《历史研究》1996 年 6 期,第 106—114 页;张春梅:《从托勒密埃及的统治模式看"希腊化"》,《唐都学刊》2006 年 5 期,第 114—118 页;《"希腊化"还是"埃及化"——托勒密埃及希腊移民的文化地位研究》,《史学集刊》2007 年 1 期,第 88—92 页。

② 徐晓旭:《文化选择与希腊化时代的族群认同》,《中国社会科学》2015 年第 3 期。

③ N. Lewis, *Greeks in Ptolemaic Egypt: case studies in the social history of the Hellenistic world*.

④ 封地军人(cleruch)原文为κληροῦχος,字面意思为军事份地持有者,或译为军事殖民者。

⑤ K. Goudriaan, *Ethnicity in Ptolemaic Egypt*, Amsterdam: Gieben, 1988.

⑥ K. Goudriaan, "Ethnical Strategies in Graeco-Roman Egypt," in Per Bilde, T. Engberg-Pedersen, Lise Hannestad, and J. Zahle, eds., *Ethnicity in Hellenistic Egypt*, 74-99, Aarhus: Aarhus University Press, 1992.

⑦ D. J. Thompson, "Language and Literacy in early Hellenistic Egypt," in Per Bilde, T. Engberg-Pedersen, Lise Hannestad, and J. Zahle, eds., *Ethnicity in Hellenistic Egypt*, 39-52, Aarhus: Aarhus University Press, 1992.

La'da)为代表的学者也注意到,族群身份在不同历史背景下有所变动,甚至指代的是职业身份,与真正的族群并无关联。这也意味着,真实的族群身份在社会中影响并不大,异族通婚为社会接纳,人们在多元社会生活中可以有多种选择。基于这种复杂性,拉达认为托勒密政府没有制定族群策略。[①] 本世纪初,拉达再次重申了自己的观点,[②]他相信托勒密政府不仅没有制定族群政策,甚至有意尽可能缓和族群冲突。汤普森在讨论托勒密埃及的希腊人时,[③]指出这一时期族群身份与职业和人头税免税特权相联系,而由于异族通婚和日益频繁的接触使得族群认同变得更为模糊,她的研究重心仍然放在身份认同的层面。2006 年,克拉瑞斯和汤普森合著的《计算希腊化埃及的人口》(Counting the people in Hellenistic Egypt)问世,通过对盐税税单的分析,作者更进一步明确了族群名称与职业以及免税特权的联系,强调部分职业如教师、运动员教练以及狄奥尼修斯节日演员和祭司等享受免税特权,是国王有意推广希腊文化的一个表现。作者在描述税单所反映的相关社会以及家庭面貌之后,讨论的重心最终落在希腊和埃及社会、文化互相渗透的层面。两年之后,卡特琳·范德普(Katelijn Vandorpe)关于波斯人和波斯人后裔的研究也回应了族群名称与职业联系的讨论,[④]她指出,公元前二世纪,在上埃及的帕赛里斯,波斯人指代的是埃及雇佣军人,当地的埃及人加入国王的军队,登记为波斯人,并对托勒密王室效忠,如果不在服役状态,则被称为波斯人后裔或在埃及出生的希腊人。在《托勒密埃及的军队与社会》一书中,费希尔·波维(Christelle Fischer-Bovet)全面介绍了托勒密埃及的军队状况,[⑤]她肯定了公元前三世纪封地军人为希腊移民构成,但就埃及本土军人(machimoi)的构成提出了质疑,认为该术语并不专指埃及人。她也从社会文化的角度回应了普莱欧和路易斯等学者的文化隔离说,指出希腊人和埃及人的文化隔离现象被学者夸大了。

近三十年来的研究表明,托勒密埃及文献中的族群名称已经不仅仅是一个文化和社会问题,而是和国家的管理以及文化导向有一定程度关

---

① C. A. La'da, "One Stone: Two Messages," in A. Bülow-Jacobsen ed., *Proceedings of the 20th International Congress of Pafyrologists*, Copenhagen (1994):160 - 164.

② C. A. La'da, "Encounters with Ancient Egypt: The Hellenistic Greek Experience".

③ D. J. Thompson, "Hellenistic Hellenes: the case of Ptolemaic Egypt".

④ K. Vandorpe, "Persian Soldiers and Persians of the Epigone. Social Mobility of Soldiers-herdsmen in Upper Egypt".

⑤ C. Fischer-Bovet, *Army and society in Ptolemaic Egypt*.

联。① 受国家的干涉，托勒密埃及族群的界限变得模糊。埃及妇女通过跨族婚改变社会地位，她们的子嗣可以继承父亲的希腊人地位、特权以及在军中的职位。在公元前二世纪的上埃及德吕同家族档案中，埃及妇女塞门提丝与德吕同结婚之后，改名为阿波罗尼娅（Appolonia alias Senmonthis），以希腊妇女的身份示人。② 托勒密王朝的官方族群划分和族群标签的滥用产生了深远的影响，族群界限模糊的同时，身份认同意识加强了。到了罗马时代，希腊人的认同依然留存，但杂糅了埃及色彩，希腊人成为了"埃及的希腊人"，在提升社会地位的过程中，"埃及的希腊人"又会寻求罗马认同。③ 克拉瑞斯在最新发表的论文《族群认同：埃及人，希腊人和罗马人》中指出族属（Ethnicity）构成了种族官方政策的基础，希腊人由此在经济上比埃及人更优越。通过纳税人口登记中的族群划分，托勒密政府确立了种族政策（racial policy）。④

此外，相关研究还散见于希腊罗马时期埃及相关法律和行政管理等专题性讨论。拉斐尔·陶本希拉格（Raphael Taubenschlag）的代表作《公元前332年至公元640年纸草中的希腊罗马时期埃及的法律》⑤虽然是上世纪四十年代问世，大约十年后修订再版，目前仍然是学界研究法律问题的首选参考。除了对托勒密王朝和罗马时期埃及的具体法律、法令等进行了汇编，该专著还对希腊城市公民的法律特权进行了描述，涉及希腊人和军人的一些特权则在最新的研究中得以补充。韦罗斯（M. Vierros）介绍了托勒密埃及的双语公证处，⑥其研究侧重于法律文书语言及格式分析以及语法现象所折射希腊与埃及社会文化相互影响。这些专著为本文提供了大量的参考信

① D. Kehoe, "The Economy: Graeco-Roman," in A. B. Lloyd ed., *A Companion to Ancient Egypt*, Oxford: Wiley-Blackwell, 2010, pp. 309 – 325, p. 314; C. Fischer-Bovet, *Army and Society in Ptolemaic Egypt*, p. 171; S. Coussement, *"Because I am Greek": polyonymy as an expression of ethnicity in Ptolemaic Egypt*, Leuven: Peeters, 2016; S. Scheuble-Reiter and S. Bussi, "Social Identity and Upward Mobility: Elite Groups, Lower Classes, and Slaves," in K. Vandorpe ed., *A Companion to Greco-Roman and Late Antique Egypt*, 283 – 298, Hoboken: Wiley Blackwell press, 2019, pp. 288 – 289.

② K. Vandorpe, "Apollonia, a Businesswoman in a Multicultural Society (Pathyris, 2nd – 1st centuries B. C.)." in H. Melaerts and L. Mooren, eds., *Le rôle et le statut de la femme en Egypte hellénistique, romaine et byzantine* (Studia Hellenistica 37), 325 – 336, Louvain, 2002.

③ K. Vandorpe, "Identity in Roman Egypt".

④ W. Clarysse, "Ethnic Identity: Egyptians, Greeks, and Romans".

⑤ R. Taubenschlag, *The Law of Greco-Roman Egypt in the Light of the Papyri from 332 B. C. – 640 A. D.*, Warszawa: Państwowe Wydawnictwo Naukowe, 1955.

⑥ M. Vierros, *Bilingual Notaries in Hellenistic Egypt: A Study of Language Use*, Brussels: Helsinki University Press, 2012.

息。布莱恩·马斯(Brian P. Muhs)对托勒密二世(Ptolemy II)的税收改革、王朝早期的税收形式和国家收入进行了梳理,并介绍了底比斯(Thebes)地区神庙的征税和经济收入情况。① 约瑟夫·曼宁(Joseph G. Manning)在《最后的法老》一书中,②从国家构建、经济以及立法等角度,讨论了托勒密王朝如何凝聚社会群体,维持国家统治。他指出,托勒密国王试图在希腊人和埃及传统力量中达成平衡。他引入了博弈(bargained incorporation)的模式进行讨论,强调托勒密国王的目的在于控制国家,统治者在与希腊人和埃及人两大族群的博弈中,获得收入并维持了国家稳固。此外,皮特·弗雷泽(P. M. Frazer)的《托勒密时代的亚历山大里亚城》描绘了托勒密时代的亚历山大里亚政治、人口、商贸、宗教、科技、哲学以及文学等全貌。③ 作者在第二章讨论了亚历山大里亚的人口构成和变迁,并介绍了亚历山大里亚公民的形成。

综上所述,早期的研究主要利用希腊语文献,关注的重点是文化融合或隔离。由于文献资料欠缺,过去对这类问题大多限于学理讨论,较少有具体材料佐证。在人类学和社会学的影响下,研究又一度偏重文化认同方面的研究,有意回避国家政策对族群变迁的影响。近年来纸草文献学的发展,尤其是更多双语和世俗体埃及语文献的解读,给该问题的研究提供了新的资料和推动。纸草学界也开始更加系统化地重新整理和编修文献,改变了十九世纪末以来传统纸草文献集编修模式。按照不同专题将零散分布于各地的纸草文献重新分类和集中,便于利用。同时,对原始文献的发掘、整理、解读和编辑工作也依然继续进行。尤其近十年,新史料不断出现的同时,学者们在已经编辑的纸草文献中也发现新的联系,促成了一系列专题类文献集的出版。2006 年出版的《计算埃及的人口》第一卷即按照纸草文书的内容和类型,不仅重新整理了原有出版的零散史料,还增加和补充了新的内容,其中包括大量世俗体埃及语文献。再如,帕塞里斯(Pathyris)的纸草档案也被再次编排出版。④ 纸草电子数据库的资源也不断上传、更新。纸草文献,尤其是双语文献和世俗体埃及语文献的积累和出版为研究希腊罗马时代的

---

① B. P. Muhs, *Tax Receipts, Taxpayers, and Taxes in Early Ptolemaic Thebes*, Chicago: Edwards Brothers, 2005.

② J. G. Manning, *The Last Pharaohs: Egypt Under the Ptolemies, 305－30 BC*, Princeton: Princeton University Press, 2010.

③ P. M. Fraser, *Ptolemaic Alexandria*, Oxford: Clarendon Press, 1972.

④ W. Clarysse, and D. J. Thompson, *Counting the people in Hellenistic Egypt*, vol. 1; K. Vandorpe, and S. Waebens, *Reconstructing Pathyris' Archives. A multicultural community in Hellenistic Egypt*, Brussel, 2009.

埃及社会和文化提供了重要的基础。纸草学界史料收集和整理的新进展，使我们有必要也有可能更全面的考察和了解托勒密埃及族群的划分和变迁，并以此为切口，讨论托勒密国家的管理方略。

第三节　研究材料

许多古典作家的著作都谈及托勒密埃及，可惜的是大多数原始记载都遗失了。公元前一世纪西西里的希腊人狄奥多罗斯（Diodorus Siculus）作《历史文库》（*Bibliotheca Historica*），第十八卷至二十卷（二十一卷为残篇）描述了埃及的地理、风俗和历史。狄奥多罗斯利用了公元前四世纪作家如阿布德拉的赫卡泰奥斯（Hekataios of Abdera）、公元前二世纪的作家克尼多斯的阿伽塔奇德（Agatharchides of Knidos）的著述。其中，赫卡泰奥斯曾在托勒密一世军中效力，著有《埃及史》（*Aigyptiaka*），已散轶。阿伽塔奇德大约生活在公元前 215 年至 145 年，在托勒密八世（Ptolemy VIII 公元前 145 年—公元前 116 年）治下作《厄立特里亚航海记》（*Periplous of the Erythraian Sea*）。来自阿凯亚联盟（Achaean Confederation）的希腊贵族波利比乌斯（Polybius）著有《通史》（*The Histories*），主题虽然是探讨罗马如何征服世界，但也记录了与罗马有关的希腊化埃及相关信息，是公元前 264 年至公元前 146 年间重要的史料源泉。奥古斯都（Agustus 公元前 63 年—公元 14 年）时代的作家斯特拉波（Strabo）长期生活在埃及的亚历山大里亚城，曾沿尼罗河游历埃及。他的《地理学》（*Geographika*）第十七卷讲述埃及、埃塞俄比亚和利比亚。公元二世纪，马格尼西亚的波桑尼阿斯（Pausanias of Magnesia）著《希腊志》（*Hellados Periegesis*）提供了有价值的历史和地形学信息。普鲁塔克（Plutarch）的《希腊罗马名人传》（*Parallel Lives*）记录了希腊化时代与埃及相关的一些重要人物的生平，如亚历山大（Alexander the Great）、德米特里乌斯（Demetrius）、安东尼（Antony）等。古代作家的著述为埃及社会文化史研究提供了重要的历史背景，要更准确地分析托勒密埃及的族群变迁具体状况，很大程度上还是依赖纸草文献。

本文的研究材料主要是托勒密埃及的纸草文书（documents），依其类型可分为公共文书（public documents）和私人文书（private documents），书写材料一般为纸草（papyri）和陶片（ostraca）。在纸草学家已经编辑出版的纸草文书中，大部分为希腊语写成，世俗体埃及语文献数量相对较少。早期学者主要利用的史料为希腊语文献。由于通晓世俗体埃及语的学者较少，埃及语纸草文献的解读相对缓慢,近几十年来越来越多世俗体埃及语文书解读出来,并为学者利用,埃及的多元文化现象逐渐引起更多关注,推动了对过去基于希腊语文献研究成果的修正。[①] 在埃及语文献中,单独的世俗体埃及语文献较少,仅为纸草文书的14%,希腊语和世俗体埃及语双语文书比例则达到34%。[②] 双语纸草档案大量存在与托勒密政府的司法变革有直接关系。至少公元前146年以后,王室法令明确规定,有希腊语摘要且经过公证过的世俗体埃及语的文书具有法律效力。[③] 私人契约大量保存下来,有助于研究二世纪中叶以后埃及社会中族群身份转换和文化认同。

本文涉及的公共文书类史料主要为托勒密埃及关于税收的官方记录。希腊化时代的埃及政府所使用过的档案通常被回收,用作动物或者人的木乃伊制作,被称作木乃伊盒(cartonnage)。[④] 这就造成了当今研究所利用的多数文献至少涉及两个地域,其一是文本产生地,即处理相关事件并登记的办公室,另一个是再利用制作木乃伊所在地,即墓地。而在古物流通过程中,后者常常并未得到记录。目前发现的纸草大多位于无定居点或为垦殖地区,如沙漠边缘以及古代墓葬区。其中,法雍地区出土了大量纸草文献。法雍是自托勒密王朝以来重点开发的地区,一度十分繁盛,有大量移民涌入。古代的法雍地区比现今的更大,沙漠覆盖了古代法雍的部分定居点。法雍地区也设置了新的行政机构,产生的官方文献也较多。传统富饶的尼罗河谷地区至今仍是埃及人主要的居住和活动区域,加上环境湿润,较少出现纸草文献。当然也有例外,如,孟菲斯的塞拉皮雍(Serapeion)档案以及帕塞里斯(Pathyris)的家族档案,底比斯也出土了大量世俗体埃及语的文献。[⑤] 纸草文献时间和空间分布不均匀一定程度上也反映出托勒密王室在埃及统治的强度不同。例如,在公元前二世纪早期,托勒密家族丧失对上埃及的控制,底比斯建立了独立王国,埃及语文献则大量出现,希腊语文献减少。在恢复对底比斯的统治之后,托勒密六世(Ptolemy VI Philometor,公

---

① 〔比〕威利·克拉瑞斯:《托勒密时期的埃及:一个双面的社会》,颜海英译,《古代文明》,北京:文物出版社,第452—468页,2002年。

② W. Clarysse, "Bilingual Papyrological Archives," in A. Papaconstantinou ed., *The Multilingual Experience in Egypt, from the Ptolemies to the Abbasids*, 47 – 72, Burlington: Ashgate Publishing Company, 2010.

③ *P. Par.* 65.

④ A. M. F. W. Verhoogt and S. P. Vleeming, eds., *The two faces of Graeco-Roman Egypt: Greek and Demotic and Greek — Demotic Texts and Studies presented to P. W. Pestman*, Leiden: Brill, 1998, p.15.

⑤ G. Shipley, *The Greek World After Alexander 323 – 30BC*, London: Routledge, 2000, pp.196 – 201.

元前 181 年—公元前 164 年,公元前 163 年—公元前 145 年)等君主加强了
对南方的控制,增加驻军,设置公证处,双语法律文献大量增加。帕赛里斯
作为重要的军事据点,公元前一世纪沦陷之后遭到残酷处理,当地文献则快
速消失。

在《计算托勒密埃及人口》一书中,克拉瑞斯和汤普森调查盐税所使用
的文献多得自"木乃伊纸盒",分别来自吕克波利斯(Lykopolite)、奥克西林
库斯(Oxyrhynchite)和赫拉克勒奥波利斯(Herakleopolite)等地,而以法雍
地区为最多,尤其是阿尔西诺诺姆(Arsinoite)贡献颇丰。文献所使用的语
言为世俗体埃及语或希腊语,也有少量文献兼用希腊语和埃及语。尽管希
腊语为当时的官方使用语言,而世俗体埃及语仍然在吕克波利斯以及南部
地区沿用,地方书吏则逐渐学习和掌握希腊语的使用。一般来说,村书吏还
多使用世俗体埃及语,地区行政机构中的档案仅附以希腊语概要,正文和最
后的统计仍为世俗体埃及语,到了省(诺姆)一级的机构,则必须使用希
腊语。[①]

克拉瑞斯和汤普森合编了法雍地区税收文书纸草集(*P. Count*),第一
卷集中收录了公元前三世纪中叶至公元前二世纪中叶,埃及法雍以及中部
埃及地区的双语税收类文书,按照区域和税收类型编订成 54 组,其中有不
少文本是首次出版,另有一些过去出版过的文本,编者还结合相关纸草残片
进行了修正和增补。托勒密埃及的征税官员以村庄、职业、社会群体以及家
庭户籍等标准分类,使用希腊语和世俗体埃及语记录纳税情况,除了统计纳
税成人的姓名,家畜、地产以及贸易等信息也登记在册。

对纸草学家而言,由于托勒密王朝的财政收入基本来自从埃及各地征
税,因此税单所揭示的信息可谓意义重大,最重要的作用之一即,有助于还
原托勒密埃及的行政系统。而法雍地区的纸草则是研究托勒密埃及税收体
系的最重要、最集中的史料。

二十世纪初,尤戈特(Pierre Jouguet)在法雍西北的高兰(Ghoran)、南
部的麦迪奈特·奈哈斯(Medinet Nehas)以及东部的拉罕(Illahun)等三个
地区的墓地进行考古发掘,其成果被收入巴黎和里尔纸草集,现存于索邦大
学。这些文献的发现和保存成了编辑出版《计算希腊化埃及的人口》纸草文
献集的基础。其中,文献集的第一、第三以及第六组来自高兰的纸草,第四

---

① Clarysse and Thompson, *Counting the people in Hellenistic Egypt*, vol. 2, pp. 6 - 7,
p. 70; W. Clarysse, "Egyptian Scribes Writing Greek." Chronique d'Egypte 68(1993):
186 - 201.

组来自麦迪奈特·奈哈斯,第七和第九组自拉罕,第十五组同样来自尤戈特的发掘成果,但是具体产地不明。第九至第二十一部分收入的部分皮特里纸草(Petrie papyri)则来自古洛布(Gurob)。第五十一和五十二部分来自加州大学伯克利学院收集的特布提尼斯(Tebutynis)纸草。除了阿尔西诺地区的纸草,赫拉克勒奥波利斯(Herakleopolite nome)的税收文书被收录在文献集第四十五组中,第四十六、四十七和四十八组的纸草文献来自奥克西林库斯(Oxyrhynchite nome),第五十三和第五十四组来自皮特里对吕克波利斯里斐(Rifeh in the Lykopolite nome)的发掘。另有一些通过古物市场购得,整理而成,它们分别是第八、第二十二至二十四、第四十六至四十八组,其产地和来源有时只能通过文本的具体内容来判断,例如,第二十二至第四十四组直接标明了这些为阿尔西诺省特密斯托斯(Themistos meris)地区的税收记录。通常这些官方文书被再次利用制作木乃伊时,往往只是本地流通。亚历山大里亚城的一些纸草也流通到上埃及,但这种情况则毕竟十分少见。

法律文献方面的探讨主要对象来自私人法律文书。私人文书又可分为私人通讯类文本和私人法律类文本。书信是否交由专业书吏写成常常难以判断。私人通信类文本中,业务书信(business correspondence)大多涉及大地产的管理,芝诺档案即属于此类。通常此类文书中还包含有账目以及法律契约等。官员也有官方性质的私人通信,有时也会涉及王室法令以及司法程序等内容。

目前所保存下来的比较系统的家族契约文书大多来自基波林(Gebelein),帕赛里斯(Pathyris)是它在法老时代的名字。公元前186开始,刚刚镇压了上埃及暴动的托勒密王朝,开始在帕赛里斯驻扎军队,而当地居民则获得了加入军队获得报酬的机遇,同时,也真正开启希腊化进程。帕赛里斯保存下来的大量文书和档案则使该地成为研究托勒密埃及多元文化社会一个很好的样本。相比其他纸草档案,帕赛里斯档案之中荷鲁斯档案(archive of Horos, son of Nechouthes)是目前唯一从发掘到整理仍然保存完整的系列文本集合。然而,帕赛里斯纸草多由阿德尔勋爵(Lord Adler)从古物市场购得,而非官方考古发掘。其他的帕赛里斯档案也基本都是非法挖掘所发现,这些古代文献甚至被撕成多份出售,如今分布在柏林、布鲁塞尔、开罗、科隆、弗莱堡、海德堡、莱比锡、伦敦、巴黎、费城以及斯特拉斯堡等许多地方。纸草学家把这些来自帕赛里斯的史料收集起来,汇编而成系列档案,其中包括帕赛里斯书记处的官方档案、家庭档案、军营档案(主要为通信)、哈托尔神庙档案等,最主要的内容是17组家庭档案。以档案所有者而言,家庭档案可分为四类,第一类为涉及档案所有者及其妻儿的婚姻契约,一般为女性亲属保存,主要目的是保证妻子的利益;第二类为档案所有者保存的自己家庭中父子两代人的相关文书,不包含兄弟姊妹作为首要当事人的文书;第三类包含档案所有者上代人的文书,某种程度上可称为"家族档案",通常前代的文书是由长子继承,但并非所有档案都明确提供了此类信息。最后一类是涉及多个当事人的土地转让文书。档案中最为重要的是具有法律效力的文书,其中包括买卖契约、借贷、租赁、婚约、遗嘱、陈情书和收据等。最大的一组家族档案来自佩特哈塞姆休斯(Peteharsemtheus, son of Panebchounis),共计 80 份纸草,还有 14 件陶片和 19 件木板等,最早的一份税收单据写在陶片上,可追溯至公元前 174 年,最后的文书则截止于公元前 88 年。帕赛里斯档案涉及希腊语和世俗体埃及语两种语言,比如,通常涉及神庙土地和财产的活动都以世俗体埃及语记录,而写给希腊地方官的陈情书以及希腊公证处拟写的遗嘱则需要使用希腊语。

对于居民法律身份的规范,遗嘱类法律文书是重要的参考之一。目前已经出版的遗嘱仅 11 份,均来自皮特里纸草,由法雍地区的木乃伊盒分解整理而成,皮特里纸草最初于十九世纪末首次出版。克拉瑞斯对皮特里纸草进行了整理评注,于 1991 年编辑再版了遗嘱文本部分,称为皮特里遗嘱(Petrie Wills, P. Petr. (2) I)。其中共收录公元前 238 年至 226 年的希腊语遗嘱文本残片 50 份,较为完整的遗嘱 11 份,主要内容涉及军人身份的转移、妇女(妻子)权益的保障以及财产转移等。当然,这些法律文书都按照固定模式,在正文开始如实描绘当事人基本状况,即根据王室法令详细登记当事人的姓名、籍贯、所属部落、职业、收入等信息。皮特里遗嘱目前散存于伦敦、都柏林、牛津和耶拿(Jena)各博物馆和研究机构。

当时的遗嘱格式为:首先注明在位国王和王后,当政年份,按照惯例写下亚历山大里亚大祭司及其头衔,然后具体列出订立遗嘱的具体日期以及地点和公证人。如德吕同的第二份遗嘱 *P. Dryton.* 2 记下了详细的年份和时间,托勒密六世和克莱奥巴特拉二世当政第 31 年(即公元前 150 年),*Mecheir* 月第 6 天,地点则是底比斯的拉托波利斯(Latopolis),公证人为托勒麦奥斯(Ptolemaios)。正文则首先记录当事人的信息,固定描述模式仍以德吕同的第二份遗嘱为例:以下遗嘱为德吕同订立,德吕同为潘菲罗斯之子,他的部族为斐洛特里斯(Philoteris)(第三份遗嘱中则更宽泛地记录为克里特人,标明非本土人的身份。*P. Dryton.* 3),隶属单位是狄奥多托斯(Diodotos)骑兵队,年纪为(42 岁),他的外貌特征。接下来当事人申明"希望我一直保持健康，并按照自己的意志保有我的财物，若我遭遇死亡的命运，我将把土地以及动产作如下分配"。具体内容一般为子嗣对土地和财产的继承。正文内容结束之后，是证人的签名，并附带外貌特征描述。最后由当事人署名，再次确认遗嘱有效。有时也在最后再次写下文书订立的时间。（P. Dryton. 3）一般说来，遗嘱的内容最核心的要素为时间、公证人（书吏）、当事人具体信息、详细的遗产分配内容（受益人通常为子嗣，有时妻子也是受益人之一）、证人若干。整体来看，法律文书中对于居民的身份记录较为规范，体现出居民身份的差异，印证了托勒密法律体系中居民分群而治的基本准则。

在托勒密国王的管理模式下，跨族群婚姻是突破族群和文化隔离的一个重要方式。德吕同家族档案也是帕塞里斯的重要发现之一，它是当前研究希腊人和埃及人通婚家庭的最佳范本，也是理解公元前二世纪托勒密埃及法律和文化变迁的重要参考对象。

德吕同家族档案主要为三代人的法律文书构成，时间范围为公元前174年至94年。文书为希腊语和世俗体埃及语两种语言写在纸草和陶片上，共计65份文献。1890年，冯·格里姆博格（Van Grimberghe）爵士赠送给卢浮宫一份纸草文物，是为德吕同家族档案中最早的一份文献（P. Dryton. 12）。然而最主要的文本还是来自基波林的考古发掘和古物市场。1884年，加斯顿·马斯伯乐（Gaston Maspero）在基波林主持了为期一年的第一次考古发掘活动，主要对象是沙丘一带的墓地。从1891年起，考古学家对哈托尔神庙、堡垒以及托勒密时期房屋所在的城镇山丘地带开始产生浓厚兴趣，并进行发掘。柏林博物馆代理人波尔夏特（L. Borchardt）主持了1896—1897年的发掘活动。法国人洛尔泰（L. Ch. Lortet）和助手盖拉德（Cl. Gaillard）于1908年开始发掘。1910年，都灵埃及博物馆馆长斯基亚帕雷利（E. Schiaparelli）主持了一系列的考古发掘，收获颇丰。他的继任者法里纳（G. Farina）则于1930年、1935年以及1937年多次组织基波林发掘活动。[①] 部分德吕同档案的纸草文本来自1891年考古发掘，目前被收入开罗博物馆。另有一些纸草经非法途径流落在古物市场，与1891—1912年间被各地学术机构和博物馆收藏，分散于柏林斯塔特里希博物馆（Staatliche Museen）、佛罗伦萨的劳伦提安图书馆（Bibliotheca Medicea Laurenziana）、海德堡纸草学研究院（Institut für papyrologie）、伦敦、莫斯科、纽约摩根图书馆（Pierpont Morgan Library）、牛津赛克勒图书馆（Sackler Library）以及

---

① K. Vandorpe and S. Waebens, *Reconstructing Pathyris' Archives*.

巴黎的索邦大学等。陶片则存于开罗、都灵以及苏黎世博物馆。

德吕同家族档案内容包括 10 份希腊语借贷合同、12 份世俗体埃及语借贷合同，离婚协议 3 份为世俗体埃及语签订、2 份世俗体埃及语婚约、4 份希腊语遗嘱、3 份希腊语个人清单、5 份希腊语个人账目、2 份世俗体埃及语个人账目、5 份希腊语陈情书、希腊语和世俗体埃及语书信各 1 封、1 份希腊语王室宣誓书、希腊语和世俗体埃及语协议各 1 份、希腊语残片 2 份、希腊语测量收据 1 份以及 3 份希腊语收据、4 份世俗体埃及语收据。另有详情不明文书包括审查档案文书 1 份、世俗体埃及语书信 1 封、世俗体埃及语租约和借据各 1 份也被收入德吕同家族档案。

按照文书所有者则可以将德吕同档案划分为三组。第一组家族档案所有人为德吕同，时间为公元前 174 年至 150 年。德吕同的父亲潘菲罗斯（Pamphilos）可能在托勒密三世或者托勒密四世（Ptolemy IV Philopator，公元前 222 年—公元前 205 年）在位期间从克里特（Crete）移居埃及。德吕同自称是克里特人，并且享有上埃及希腊城市托勒密城公民权。他作为骑兵曾在多个地区驻扎，其中他曾在底比斯游历法老陵墓，并留下涂鸦。[①] 公元前 164 年，他随部队驻扎在底比斯附近的迪奥斯波利斯米科拉（Diospolis Mikra），娶托勒密城公民萨拉皮娅为妻，生长子埃斯特拉达（Esthladas）。这一组文书中仅包括 1 份希腊语遗嘱以及希腊语和世俗体埃及语借据各 1 份。第二组档案的所有人为德吕同和他的第二任妻子阿波罗尼娅，时间为公元前 150 年至 126 年。公元前 150 年，42 岁的德吕同娶同僚托勒麦奥斯（Ptolemaios alias Pamenos）之女阿波罗尼娅（Appolonia alias Senmonthis）为妻，同一时期第二次立下遗嘱。后者可能出身地方埃及家庭，但她的家庭成员拥有希腊人身份，并在法律文书中登记为昔兰尼人（Cyrenaen）。这一时期，德吕同和长子移居帕赛里斯，阿波罗尼娅为丈夫生了 5 个女儿。德吕同于公元前 137 年至 130 年间晋升为骑兵指挥官，为骑兵中最高职位，公元前 126 年离世。第三组档案所有人为德吕同长女阿波罗尼娅（Appolonia）和她的丈夫卡伊斯（Kaies），时间为公元前 126 年至公元前 91 年。

在公元前 95 年德吕同孙女特波卡诺皮斯（Tbokanoupis）的婚约中，新郎法格尼斯（Phagonis）的头衔为牧人以及哈塞姆修斯神的仆人（Harsemtheus），意味着他的身份为兼职军人，并可能在官方记录中被纳入波斯人后裔并享受某种特权。

---

① J.K. Winnicki, "Der Besuch Drytons in den Königsgräbern von Theben," in M. Capasso, ed., *Papiri documentari greci* (Pap. Lup.2), Lecce, 89 – 94, 1995.

帕塞里斯的纸草文书(包括德吕同档案)是研究托勒密埃及公证机构推广和双语文献使用的核心材料之一,也是解释公元前二世纪希腊人特权变迁以及身份转移的关键所在。2009 年,范德普和索菲·维本斯(Sofie Waebens)再次重编了帕塞里斯家族档案,①方便了本文对帕塞里斯资料的利用。

需要再次指出的是,克拉瑞斯和汤普森合力编纂的《计算托勒密埃及的人口》共两卷,第一卷为文献集,编辑和整理了大量的税收文书。第二卷则首次以详实的信息和统计数据,向学界展示了托勒密埃及法雍地区的人口以及社会文化状况。纸草文献零散的特性长期以来一直困扰着历史学家。想要在零散的纸草文本中建立起联系,不仅受制于出土时的纸草的状态,即出土地点很可能与纸草产生的地点不同,其二,由于种种历史原因,纸草文本分散于世界各地的博物馆、大学或为私人收藏,很多只能单片编辑出版。故而往往难以有效利用于解释历史问题。克拉瑞斯和汤普森通过十多年的努力将托勒密埃及的人头税纸草文书收集并编辑,很大程度上帮助学者克服了上述困难,也使我们重新梳理托勒密埃及希腊人的特权和身份有了新的必要和可能。

除此之外,麦克·奥斯丁(M. M. Austin)编订的《希腊化世界》②以及罗杰·巴格纳尔(Roger S. Bagnall)和彼得·德劳(Peter Derow)合编的《希腊化时代》收录了大量托勒密埃及官方铭文和纸草文书,这些史料为本研究提供了有益的补充。拉达对于托勒密埃及族群术语的整理也是族群问题研究的重要参考。③ 近年来,专题性质的纸草文献集陆续出版使得本文更全面、系统地探讨托勒密埃及的族群划分政策及影响成为可能。

网络资源方面,最重要的数据库分别是鲁汶大学的特里斯麦吉斯托斯(Trismegistos,简称 TM)④以及杜克纸草文书数据库(The Duke Data Bank of Documentary Papyri,简称 DDBDP)。⑤ Trismegistos(TM)提供了一个公元前 800 年至公元 800 年的后期埃及历史文献的数据库,可进行联网搜索。其中收录了已出版的和半出版(semi-published)的纸草文本 121004

---

① K. Vandorpe and S. Waebens, *Reconstructing Pathyris' Archives*.

② M. M. Austin, *The Hellenistic World from Alexander to the Roman Conquest: a selection of ancient sources in translation*, Cambridge University Press, 2006; R. S. Roger and P. Derow, *The Hellenistic Period: Historical Sources in Translation*, Oxford: Blackwell, 2004.

③ C. A. La'da, *Foreign Ethnics in Hellenistic Egypt*.

④ http://www.trismegistos.org/

⑤ http://papyri.info/ddbdp/

份,每一份都有独立的编号,目前仍在继续收录纸草文本。除了传统最受纸草学家重视的希腊语和拉丁语文本,还有多种古埃及语(世俗埃及语、圣书埃及语以及科普特语)以及麦罗埃语(Meroitic)、阿拉伯语、阿拉米语、纳巴泰语(Nabataean)、卡里亚语(Carian)等多种语言的文本。杜克纸草文书数据库则主要收录已经出版的希腊语和拉丁语纸草、陶片以及木板上的文书。杜克大学和密歇根大学联合成立了高级纸草学信息系统(Advanced Papyrological Information System),简称 APIS,通过互联网建立起世界范围的纸草档案,收录各种书写材料的文本、数码图片以及英文翻译,其中包括出版和未出版的文本。这些在线网络资源方便了查询和搜索纸草文本原文。

第四节 纸草文献中的族群名称

世俗体埃及语和希腊语纸草文献中个体的族群标签是族群认同最重要的外在表现形式之一。直接涉及族群名称的文献有两种:一是官方文档;二是非官方文献,如私人信件,文学,以及宗教和魔法文本。第一类的资料可以界定国家层面上族群在行政和法律方面的概念,第二类资料则揭示非官方的个人层面的族群认同看法。官方手段和非官方的方法在考察族群的标准方面并不保持一致,不能直接将两者直接画等号。本文涉及到希腊人身份辨别的问题,主要研究的对象是官方文献中的族群术语。

在官方档案中使用族群标签并不是托勒密王朝首创,很可能是沿用了法老时代和波斯统治者的行政惯例。早在二十九王朝哈科里斯(Hakoris,393—380BC)统治时期,埃及就已经出现了官方族群划分的记录。公元前五世纪的阿拉米语纸草文献(Aramaic Papyri)也有类似的族群标签记录。不过,大多数的希腊族群分类都于罗马时代绝迹。

由于大量移民涌入,托勒密王国要求居民登记来源地,城市公民则须登记德莫(demo)。城市或城邦也可以用来指示居民的来源地,并演化为族群身份的标签。上述做法并非埃及传统。对于本土居民,托勒密王室要求埃及人在希腊语档案中标注地域,采用的形式一般为τῶν ἀπό+toponym,即一个人来自 xx(地名)。世俗体文书中似乎没有这种现象。[1]

---

① M. Depauw, "Elements of Identification in Egypt," in M. Depauw and S. Coussement, eds., *Identifiers and Identification Methods in the Ancient World*, 75–110, Leuven: Peeters, 2014.

文献中的族群名称可分为两种形式:第一类族群名称是以复数形式出现,指某人或某一群人,并冠以非特定名称,例如 nA a (. wy). w nA Wynn. w,字面翻译是"希腊人的房子"。① 另一类族群称谓以单数形式出现,直接关联个人姓名,多出现于世俗体官方档案中,最为常见的标准分类是从希腊语直译而来,如:叙利亚人(*ISwr*)②、库希特人(*IgS*)③、希腊人(*Wynn*),初指伊奥尼亚人(Ionian),后泛指希腊人④、波斯人(*Mdy*)⑤以及努比亚人(*NHs*)⑥。

还有一些较为复杂情况,即族群名称加上"出生于埃及"(ms n Kmy)的后缀。如,Wynn ms n Kmy,字面含义为,出生在埃及的希腊人,或译为希腊人后裔。⑦ 另有生于埃及的布莱米人(Blhm ms n Kmy)⑧、生于埃及的麦加巴人(Mxbr ms n Kmy)⑨以及生于埃及的波斯人(Mdy ms n Kmy)等。⑩

另一种组合形式是 rmT+(n)+地名,某地之人,如 rmT Pr-iy-lq,斐莱人。⑪ 在这种形式的基础上,发展出一种更为复杂的表达,rmT+(n)+地名+ms n Kmy,如生于埃及的斐莱人(Rmt Pr-iy-lq ms n Kmy)。⑫ 目前所知唯一表述妇女族群的范例为希腊妇女(sHm. t Wynn)。⑬

在使用希腊化时代埃及的名字来辨别族群时,需要十分小心,通过姓名学验证的族群可能并不具有普遍代表性。托勒密统治时期的埃及,在许多族群分类的案例中出现了字面意义与所属族群完全不符的情况。从这些名字和特定族群字面意思相反的现象也不断变化。例如,18 个被称为"出生在埃及的希腊人"(Wynn ms n Kmy)中,仅有 4 例为希腊人,⑭2 例为希腊语

① *P. dem. BM* 10750.5;*Lexikon der Agyptologie* IV (1982)750 – 898.
② *P. dem. Louvre* E 3266.5Q.
③ *P. dem. BM* 10425.6.
④ *P. dem. BM* 10828.2.
⑤ *P. dem. Cair* 50099.1.
⑥ *P. dem. Ryl.* 26.4.
⑦ *P. dem. Adl* 6.4 – 5.
⑧ *P. dem. Ryl* 16.5.
⑨ *P. dem. Hausw* 15.1.
⑩ *P. dem. Lille* 3 script. Ext. 4.
⑪ *P. dem. Heide* 778a.5.
⑫ *P. dem. Ryl* 23.2.
⑬ *P. dem. Heide* 739a.5.
⑭ *P. dem. BM* 10721.2 and 10727.2 (Andrews no.9);*P. dem. Lille* 2 script. Ext. 2;*P. dem. Hausw* 18a.2 and b.2 and the unpublished *P. dem. Sorb. Inv.* 1396a.

和埃及语双语名字,^①其他均为埃及人。^②

一般来说,判断族群身份的一个重要标准是参考希腊人或埃及人的父名(patronymics)。所有希腊人名和希腊人父名一起出现的情况均出现在公元前 150 年之前,而埃及人名和埃及人父名一起出现的惯例则是在这一时期之后。文献反映了姓名记录使用方式的变迁,这些明显与字面理解族群划分的标签"生于埃及的希腊人"(Wynn ms n Kmy)字面意思无法对应。同样,我们也发现了明显的非希腊名字以及共同出现的父名被冠以希腊人(Wynn)族群标签。^③ 有着传统的埃及名以及父名却被记录为斐莱人(rmT Pr-iy-lq),^④埃及出生的波斯人(Mdy ms n Kmy),^⑤或是努比亚人(NHs)等。^⑥

哈尔帕伊(Hr-pa-is. t, son of PA-wr-tyw)在公元前 102 年一份世俗体文献中登记为努比亚人(NHs),^⑦而他在希腊文档案中的头衔为波斯人后裔(Persian of the descent, Πέρσης τῆς ἐπιγονῆς)。^⑧ 另有一例,赫尔马博(Hr-m-Hb)在一份文书中被称为生于埃及的布莱米人(Blhm ms n Kmy),^⑨数十年后,他的儿子则被冠以生于埃及的麦加巴人称谓(Mhbr ms n Kmy)。^⑩ 汉苏杰乌提(Hnsw-DHwty)在一份纸草档案中族群是布莱米人(Blhm ms n Kmy),^⑪但他的儿子则在希腊文档案中被称为波斯人(Πέρσης)。^⑫ 范德普通过考察帕塞里斯档案证实,至少从公元前二世纪开始,波斯人指代的是王室受饷军人(新雇佣军),而波斯人后裔则是有未服役的受饷军人。

官方族群的划分一度对学者造成了很大的困扰,目前许多学者已经不再单纯以官方族群名称为标准判断族群身份。换言之,对于坚持从文化角

---

① *P. dem. Berl* 3111.2 and 3141.2 - 3, *P. dem. Sorb. Inv.* 567.5 - 6.
② *P. dem. Adl* 5.6,6.4 - 5; *P. dem. Berlin* 3103.5,9069.5; *P. dem. Cairo* 30650+30688+30800.4; *P. Cair* 2 30650; *P. dem. Heide* 762+770+774.4; *P. dem. Ryl* 21.7 - 9; *P. dem. Stras.* 7.6,9.6,43.3.
③ *P. dem. Lille* 05 script. ext. 3.
④ *P. dem. BM* 10463.2,10464.2.
⑤ *P. dem. Lille* 35 script. ext. 4.
⑥ *P. dem. Ryl* 26.4 - 5.
⑦ *P. dem. Ryl* 26.4 - 5.
⑧ *P. Grenf* I. 23.5 - 6.
⑨ *P. dem. Hausw* 6.1.
⑩ *P. dem. Hausw* 15.1,6.
⑪ *P. dem. Ryl* 16.5.
⑫ *P. Grenf* I. 27. Ii. 7.

度考察托勒密埃及希腊人的学者来说,这种带有官方性质的族群身份不具备参考价值。然而,由于政府的政策导向,官方族群划分本身已经意味着族群身份带来了政治、司法、经济等方面的藩篱,甚至影响到了文化选择,造成了埃及社会新的分层,王朝早期的"族群"逐渐消失。实际上,公元前三世纪,大量希腊移民在描述族群身份时,都采用了地名或城市名的方式。但这种模式逐渐被官方族群名称希腊人(*Hellenes*)所替代,生活在埃及的人或主动或被动选择了官方族群身份。

第二章　移民潮与族群隔离策略的形成

第一节　托勒密王朝的建立与埃及移民潮

公元前 323 年 10 月，亚历山大大帝（Alexander the Great）在巴比伦（Babylon）病逝，留下一个动摇不定的帝国。托勒密（Ptolemy son of Lagus）匆匆离开巴比伦，赶回埃及，建立起自己的独立王国。托勒密一世无疑是亚历山大众多将领中的佼佼者，在剑桥古代史中，特纳（E. G. Turner）将托勒密一世在埃及的成功归结为其个人品质，年富力强。"那时，他大约四十五岁，精神和体力都很旺盛（六十岁时还生下继承人），他是一个实干家，善于运用聪明的外交手段和策略⋯⋯他知道如何吸引男性女性朋友，并使他们保持忠诚⋯⋯他的成功基于吸引富才干完成工作并抓住机遇的人，基于奖励和保护他们，并且不断就新的策略咨询他们的意见。"①托勒密一世建立的王朝在地中海东部屹立近三百年，不仅超过其他几个希腊化王国，也是古埃及历史上最长寿、稳定的王朝。王朝的根基正是在托勒密一世统治时期奠定，其内外政策影响更是长达百年。

公元前 305 年，托勒密在埃及称王（basileus），是为托勒密一世（Ptolemy I，公元前 305 年至公元前 285 年在位）。这一时期的埃及广纳移民，形成多语言、多元文化社会。一些西方学者认为，托勒密政府没有采取偏向希腊移民的政策，甚至根本不在意区分"族群"。路易斯描述道，"实际上，亚历山大征服波斯帝国为希腊人定居点的建立开辟了广阔地域，以叙利亚和埃及最为突出。⋯⋯到公元前四世纪末，格局已定——托勒密统治埃及，塞琉古（Seleukos）统治叙利亚（Syria），安提柯（Antigonos）统治马其顿，

---

① F. W. Walbank et al., eds., *The Cambridge Ancient History*, vol. vii, pt. 1, Cambridge: Cambridge University Press, 2000, p.122

移民开始蜂拥而至。东地中海的新世界有充足的土地满足所有渴望它的希腊人。"①希腊人为了财富、土地穿越辽阔的大海来到埃及,移民浪潮似乎接续古典时代自然形成。②这似乎印证了古典作家的描述。公元前三世纪,在诗人赫隆达斯(Herondas)的戏剧中,一个老鸨劝慰思念丈夫(或情人)的年轻妇女,"曼德里斯(Mandris)去埃及已十月有余,音讯全无。此时,他正沉醉于心爱,早把你忘记。那里是爱神阿佛洛狄忒的寓所。在埃及,他们拥有一切:财富、运动、权势、好的气候、名声、景观、哲学家、黄金、年轻人、兄妹神的圣殿、一个开明的国王,博物馆、美酒——一言以蔽之,他所渴望的一切都在埃及。……"③

是否真的如古今学者所言,亚历山大以及托勒密家族在埃及开辟了自由移民的世界?虽然没有文献能够直接证实托勒密政府曾经颁布过相关法令,但托勒密埃及的纸草档案表明,迁居埃及的移民主要来自希腊世界,而军人占多数。据波利比乌斯记载,公元前 217 年拉菲亚之战(battle of Raphia)中,托勒密国王投入了 33000 希腊军人。④弗兰克·威廉·沃尔班克(Frank William Walbank)认为,托勒密埃及的希腊军人数目为 12000人,大约符合公元前 310 年的状况。⑤参考其他学者的统计,沃尔班克很可能低估了希腊人的数量。根据多米尼克·拉斯邦(Dominic Rathbone)的统计,公元前三世纪中叶,希腊军事移民多达 50000 人,大约占到希腊人成年男性移民的 63%。⑥费希尔-波维则推算,埃及的希腊人总数为 184000 人,其中希腊军人,包括其希腊家庭成员在内,共计 116000 人,约为总人数的63%。⑦弗里茨·尤贝尔(Fritz Uebel)和巴格纳尔对托勒密王朝统治期间封地军人的统计则说明,公元前三世纪是希腊军人移民埃及的高峰,其中近四分之一的军事移民活动在托勒密王朝前两任君主任内完成。⑧显然,托勒

① N. Lewis, *Greeks in Ptolemaic Egypt: case studies in the social history of the Hellenistic world*, p.3.

② 类似的观点见:K. Goudriaan, *Ethnicity in Ptolemaic Egypt*, pp.9-13.

③ Herondas, *Mimes* 1.23-6,转引自:N. Lewis, *Greeks in Ptolemaic Egypt: case studies in the social history of the Hellenistic world*, pp.10-11.

④ Polybius, 5.65.

⑤ F.W. Walbank, *A historical commentary on Polybius*, Oxford: Clarendon Press, 1957.

⑥ D. Rathbone, "Villages, Land and Population in Graeco-Roman Egypt", *PCPhS* 216＝N.S., 36(1990):103-42.

⑦ C. Fischer-Bovet, *Counting the Greeks in Egypt: Immigration in the First Century of Ptolemaic Rule*, Princeton/Stanford Working Papers in Classics Paper No. 100701, Stanford University, 2007.

⑧ F. Uebel, *Die Kleruchen Ägyptens unter den ersten sechs Ptolemäern*, Abh. Berlin, 1968; R.S. Bagnall, The origins of Ptolemaic cleruchs.

密政府并非盲目地接纳自由移民,至少曾经有计划、有目的地对移民进行了引导,以满足军事需求。托勒密的对外战略很大程度上左右了其国内族群政策的制定和推行。

一、托勒密一世的对外战略

托勒密一世的对外战略一直存在争议。一些学者认为,托勒密一世是个孤立主义者,在所谓亚历山大的继承者中满足于自保。[①] 究其根源,在亚历山大逝世之后,当将军们聚集在巴比伦商议王位继承问题时,作为亚历山大生前最亲密得力的干将托勒密一世提出将帝国分为松散的行省联盟,由行省总督组成的委员拥有最高决策权。[②] 这或许可以视为托勒密支持分裂帝国的第一步。然而,托勒密一世无法觊觎王位,却可借助将军议会制衡实力强劲的对手,防止其他野心家大权独揽。[③] 实际上,当时的情况对托勒密一世十分不利:亚历山大弥留之际将象征最高权威的戒指交给了佩迪卡斯(Perdikkas),却没有指定继承人。亚历山大的兄弟阿西戴奥(Arrhidaios)神志衰弱难堪大任,罗姗娜(Roxane)怀着国王唯一的孩子尚在家乡待产。佩迪卡斯很可能成为亚历山大之后执掌帝国大权的人。托勒密一世的提议多少可以暂时避免自己向佩迪卡斯屈服。经过长达一个月的混乱之后,继承者们(Diadochoi)终于达成一致,即,维持帝国形式上的统一,划分势力范围,分割帝国统治权。托勒密一世扭转了局势,占据埃及之后,他开始有资本对抗佩迪卡斯。

且不论托勒密一世是否打算分裂帝国、长期割据埃及,他的野心却在当时已引人注意。有史料记载,第一次继承者战争(Diadoch War)之前,摄政王佩迪卡斯曾担心托勒密并不满足于占有埃及,可能要进攻亚细亚。[④] 托勒密一世此后的行为表明,他谨慎地开始构建自己王国的计划,但是也不会放弃对帝国的野心。托勒密一世到达埃及之后,迅速行动,杀死佩迪卡斯任命的总督克莱奥美尼(Kleomenes),[⑤]并采取一系列措施巩固自己在埃及的独立地位。托勒密一世打破亚历山大的禁令,[⑥]率先动用埃及财库私自招募军

---

① G. Hölbel, *A History of the Ptolemaic Empire*, p. 28.

② Just. III. 2.12; G. Hölbel, *A History of the Ptolemaic Empire*, pp. 12 - 13.

③ A. Meeus, "The Territorial Ambitions of Ptolemy I," in H. Hauben and A. Meeus, eds., *The Age of the Successors And The Greation Of The Hellenistic Kingdoms (323 - 267 B. C.)*, Leuven: Peeters, 2014, p. 270.

④ Just. XIII 6.11 - 3.

⑤ Pausanias, 1.6.3

⑥ Diodorus, 17.106.3.

队,借机扩大势力范围,控制了昔兰尼(Cyrene)。他还控制铸币厂,擅自发行新亚历山大币。继承者们原本商定遵照亚历山大的遗愿,将国王葬在埃及的西瓦(Siwah),但佩迪卡斯却改变主意,要将亚历山大改葬在埃盖(Aigai)。托勒密一世说服阿西戴奥(Arrhidaios),得到亚历山大的遗体并将其安葬于孟菲斯,后移至亚历山大里亚城。①

毫无疑问,托勒密一世将国王遗体安葬于埃及的举动具有非比寻常的意义,相比其他割据一方的总督,托勒密一世似乎更有资格继承亚历山大的衣钵。除了政治上的重大意义,抢夺亚历山大的遗体还有利于托勒密招揽马其顿士兵。在这一事件之后,大量士兵加入托勒密的阵营。②尽管雇佣军往往追随出价更高的雇主,但亚历山大本人的传奇色彩可能很大程度上影响了士兵的忠诚和阵营选择。亚历山大·迈欧(Alexander Meeus)则推测托勒密可能有进军马其顿的计划,因而能获得在外征战多年的马其顿士兵热情支持。③

托勒密一世的种种僭越活动引发了第一次继承者战争(the First War of the Successors)。公元前 320 年夏,佩迪卡斯遇刺身亡,托勒密一世有机会成为帝国新摄政。④但帝国早已很难对各地总督将军进行约束,他却不愿接过这烫手的山芋,而是决定巩固在埃及的统治。托勒密派遣军队进攻叙利亚和腓尼基。阿庇安指出,攻占叙利亚有利于埃及的防御以及攻击塞浦路斯。⑤这一举动可以看做托勒密一世建立缓冲地带,构筑防御体系的重要一步,也可以理解为托勒密有以埃及为基地对外扩张的野心。⑥

托勒密一世和塞琉古(Seleukos)于公元前 312 年冬在加沙(Gaza)附近击败了德米特里奥斯(Demetrios),他试图入侵叙利亚北部,但是未能如愿。⑦随后他的大将基勒斯(Killes)被击败,托勒密一世在撤离前,下令洗劫叙利亚一带的重要城市。⑧然而,托勒密一世并不打算真正放弃叙利亚,恰恰相反,这一番大肆破坏可能有助于之后再次攻克叙利亚。⑨公元前 301

---

① Diodorus, 17.28.2,3.

② E.M. Anson, "Alexander's Hypaspists and the Argyraspids." *Historia* 30:117 - 20.

③ A. Meeus, "The Territorial Ambitions of Ptolemy I," in H. Hauben and A. Meeus, eds., *The Age of the Successors And The Greation Of The Hellenistic Kingdoms (323 - 267 B.C.)*, Leuven: Peeters, 2014, p.227.

④ Diodorus, 18.36.6.

⑤ App. syr. 52.

⑥ A. Meeus, "The Territorial Ambitions of Ptolemy I." p.279.

⑦ Diodorus, 19.93.2.

⑧ Diodorus, 19.93.7.

⑨ J. D. Grainger, *The Syrian Wars*, Leiden and Boston: Brill, 2010, p.28.

年,托勒密一世再度开展了夺取叙利亚和腓尼基的行动。①

公元前311年,第三次继承者战争结束,亚历山大的将军们最终以妥协换取了和平。卡桑德(Kassandros)成为欧洲将军,直至罗珊娜的儿子亚历山大成人;吕希马库斯(Lysimachos)得到了色雷斯的统治权,而托勒密合法占有埃及和毗邻利比亚和阿拉伯的城市;安提贡(Antigonos)则在亚洲有最高统治权。② 然而,和平很快就结束了,继承者们根本无意遵守协议。它的价值仅在于让继承者们获得喘息之机,巩固各自辖区。

这一时期,托勒密一世成功联合了卡桑德和吕希马库斯,共同对付安提贡,对希腊和小亚细亚的野心暴露出来。根据狄奥多罗斯的记录,公元前310年,托勒密就开始了打击对手的活动。他派遣使者联合卡桑德和吕希马库斯治下的城市共同限制安提贡的力量,此举既可以削弱对手,又可以增强自己在帝国的影响力。托勒密还出兵小亚细亚西南部的西里西亚(Cilicia),但指挥官利奥尼达(Leonides)的军队被德米特里奥斯(Demetrios)击败。③ 公元前309年,托勒密亲自发起对吕西亚(Lykia)和卡里亚(Karia)的进攻,并夺取法赛里斯(Phaselis)、克桑多斯(Xanthos)以及考诺斯(Kaunos)等许多重要城市。④ 随后,他又继续发起对小亚细亚的攻势,剑指明多斯(Myndos),将伊阿索斯(Iasos)纳入势力范围。⑤ 托勒密的军队还出攻哈利卡那索斯(Halikarnasos),因德米特里奥斯的增援而未能攻克。⑥ 种种迹象表明,托勒密有控制小亚细亚、染指希腊的野心和计划。他拉拢安提贡的部将托勒迈(Polemaios)或许也是计划的一部分。托勒迈被杀之后,军队冲入托勒密的阵营。⑦ 接下来,托勒密进军希腊,攻占科林斯(Corinth)和西居昂(Sikyon),并留下驻军。但是,对伯罗奔尼撒的战役因盟友支持不力而失败。⑧ 尽管托勒密以解放希腊、恢复其自由的名义进行战争,当托勒密与卡桑德议和之后,仍在希腊留下驻军,说明控制希腊确实是他战略的一个重要部分。⑨ 值得注意的是,对埃及本土战略地位更为重要的叙利亚此时为安提贡所占据,然而,托勒密一世将希腊和小亚细亚置于战略

---

① Diodorus, 20.113.1.

② Diodorus, 19.105.1.

③ Diodorus, 20.19.3 - 4.

④ Diodorus, 20.27.1 - 2.

⑤ Diodorus, 20.37.1; *IGSK*, 28.1,2.

⑥ Plu. Demetr. 7.5.

⑦ Diodorus, 20.27.3.

⑧ Diodorus, 20.37.1 - 2.

⑨ W. Huß, *Ägypten in hellenisticsher Zeit, 332 - 30 v. Chr.*, Munich, 2001, p.178.

优先地位,直至公元前 301 年,托勒密一世才再度开展夺取叙利亚的行动。①

在公元前 308 年的希腊攻略过程中,托勒密一世与亚历山大妹妹克勒奥巴特拉(Kleopatra)商议缔结婚约,这桩婚事有可能将托勒密推上帝国最高权力舞台。② 狄奥多罗斯称克勒奥巴特拉收到了多个求婚,"因为她(克勒奥巴特拉)的卡桑德和吕西马库斯之后的特殊身份,安提贡和托勒密,以及亚历山大死后最重要的领袖(将军)均寻求与她缔结婚约;每个(求婚者)都期望马其顿人将会因这婚姻关系而效忠,他们试图与王室联盟,并以此在整个王国谋得权势。"③这里可以看出,托勒密一世与其他"继承者"一样,对帝国充满野心。

此外,公元前 306 年,他的军队在萨拉米斯海战中惨败,安提贡攻占萨拉米斯岛,乘势戴上了王冠。④ 然而,近年来出版的纸草文献表明,实力严重受损的托勒密一世却紧随安提贡之后称王,表明他也不甘居于安提贡下位,有着同样继承亚历山大帝国的雄心。⑤

此后,托勒密一世还加入了反安提贡同盟,但是他并未参与公元前 302 年的伊普苏斯战役(Ipsos Campaign),反倒是乘机攻陷科勒叙利亚(Koile Syria)并重新夺取了除推罗(Tyre)和西顿(Sidon)之外的腓尼基地区。⑥ 塞琉古和吕希马库斯的联军终于在公元前 301 年的伊普苏斯战役中击败安提贡,后者战死疆场,其帝国随之瓦解。伊普苏斯战役也成为继承者战争的一个重要分水岭,此战之后,继承者们都无意继续维持亚历山大留下的希腊帝国,各自维持自己的王国,分裂已成定局。

托勒密一世还用联姻的方式维持局势稳定,他将女儿阿尔西诺(Arsinoe)嫁于吕希马库斯,又与德米特里奥斯结盟。尽管这种战略性的同盟看起来并不稳固,继承者们之间很难有真正的信任,但托勒密与盘踞在色雷斯一带的吕希马库斯却基本能够维持同盟状态。然而,托勒密并不打算固守疆土,维持割据局面。公元前 295 年和公元前 287 年,他两次插足希腊事务。⑦ 托勒密一世终于在公元前 294 年重新夺取战略和商贸要地塞浦路

---

① Diodorus, 20.113.1.

② Diodorus, 20.37.3 - 4.

③ Diodorus, 20.37.4.

④ Diodorus, 20.49 - 52; Plu. Demetr. 15 - 16.

⑤ A.B. Bosworth, "Ptolemy and the Will of Alexander," in A. B. Bosworth and E. J. Baynham, eds., *Alexander the Great in Fact and Fiction*, 207 - 241, Oxford: Oxford University Press, 2000, pp.236 - 238; H. Hauben, "Ptolemy's Grand Tour.", p.259.

⑥ Diodorus, 21.1.5.

⑦ Plu. Demetr. 33.8; *SEG* XXVIII 60, 1.11 - 43.

斯。他还攻占推罗和西顿，巩固了在腓尼基的统治。[1]基克拉底(Cyclades)也被纳入托勒密王朝的势力范围。[2]

托勒密一世攻占叙利亚可能只是埃及法老时代以来的传统战略，或只是为建立缓冲地带，保障埃及本土安全，那么，夺取亚历山大遗体、出兵希腊就难说是单纯的自保了。当托勒密一世离世时，他留给后继者的不仅仅是埃及、叙利亚、小亚细亚南部的辽阔领土，还有掌控希腊世界的野心。很显然，托勒密一世处心积虑地要成为亚历山大的继承人。宾根指出，托勒密一世之所以选择占据埃及而不是继承者们争夺激烈的巴比伦尼亚、小亚细亚以及马其顿，除了唾手可得的财富、黄金尤其是谷物，亚历山大大帝所建立的最为耀眼城市，使他能够直接获得与这位征服者的回忆联系起来的荣耀。"[3]因此，托勒密一世采取了包括夺取亚历山大遗体、将亚历山大里亚城设为对亚历山大祭祀的中心、设立名年祭司、亲自书写亚历山大传记等许多活动来加强自己与亚历山大的联系。公元前304年本是托勒密一世称王第一年，然而其官方纪年却追溯至公元前323年(即亚历山大逝世之年)，更是直接表达了托勒密一世是亚历山大继承者的含义，以此确立王权的合法性。他并不满足于偏安埃及，其战略重心仍在希腊世界。从这个角度来看，无论是对外宣传还是对内巩固统治，托勒密一世需要利用和引导希腊人为自己效忠，有必要采取积极的移民政策策略。

二、托勒密王国移民策略的制定

托勒密一世的对外战略不可避免地带了沉重的战争负担。在其统治之初即先后卷入三次继承者战争(War of the Successors)，战争几乎持续了整整十年(公元前321年至公元前311年)。前两次的对手是在亚历山大大帝去世后勉力维持帝国完整的佩迪卡斯(Perdikkas)。第三次继承者战争，托勒密则联合了塞琉古(Seleukos)、卡桑德(Kassandros)以及吕西马库斯(Lysimachos)对抗安提柯。随着塞琉古势力不断膨胀，昔日的盟友变成敌人。他们从亚历山大大帝的将军变成各自领地的国王，在地中海东部地区四处点燃战火。托勒密王朝的开国君主人部分时间都活跃在战场上。从公元前277年开始，塞琉古和安提柯结盟，托勒密埃及不得不开始面对安提柯(Antigonid Empire)和塞琉古(Seleucid Empire)两个帝国的威胁。[4]尤其

---

[1]　Plu. Demetr. 35.5.

[2]　*SEG* XXVIII 60,1.18 – 23.

[3]　J. Bingen, *Hellenistic Egypt. Monarchy, Society, Economy, Culture*, pp.18 – 30.

[4]　[美]威廉·弗格森：《希腊帝国主义》，晏绍祥译，上海三联书店，2005年，第119—124页。

是后者与埃及的敌对状态延续百年，叙利亚战争（Syrian War）让双方精疲力竭。[①] 战争消耗巨大，长期处于备战状态对托勒密王朝造成了严重的军力和财力负担。参见下表：

表 1　托勒密埃及的收入

文献出处	时代	收入
St. Jerome, Daniel, 11.5	托勒密二世	14800 银塔兰特
		1500000 阿尔塔巴谷物
Appian, Praef. 10	托勒密二世	740000 银塔兰特
Josephus, AJ 12.175[②]	托勒密五世	8000 银塔兰特
Strabo, 18.1.13	托勒密十二世	12500 银塔兰特

表 2　托勒密埃及的军费开支[③]

战争期间（talent）	和平时期（talent）	开支类型
4—6000	2.5—4000	舰队
5—6000	2.5—3000	陆军
9—12000	5—7000	总额
70%	40%	比例

由上表对比可见，即使在和平时期，托勒密埃及近半数货币收入都将被用于维持军队。而一旦战争爆发，或可能耗尽全年的货币收入。

很显然，对托勒密国王来说，迫在眉睫的问题有两个：一是保证兵源，二是聚敛财富养兵备战。

接受过严格训练、熟悉马其顿作战方式的马其顿——希腊军人显然最容易形成即时战力。然而托勒密统治的是一个非希腊人国家，要获得足够数量的士兵与军人，只能把目光投向海外。实际上，在希腊世界招募雇佣兵也是解决兵源问题最直接、见效最快的举措。据狄奥多罗斯记载，托勒密一

①　G. Hölbel, *A History of the Ptolemaic Empire*, pp. 16 - 45, 48 - 54, 128 - 148, 305 - 307.

②　M. M. Austin, *The Hellenistic World from Alexander to the Roman Conquest*, pp. 487 - 489.

③　C. Fischer-Bovet, *Army and Society in Ptolemaic Egypt*, p.150.

世曾经从埃及国库里拿出了 8000 塔兰特募集雇佣军，①依靠这支军队在埃及建国。此后，托勒密国王不断从势力范围内的希腊世界征招士兵，并收编战俘，建立起一支 50000—60000 人规模的马其顿——希腊军队，稳固了统治。② 在托勒密王朝统治前期的前两位国王统治时期（公元前 322 年—公元前 246 年），埃及本土士兵显得相当沉寂。这表明，托勒密王朝早期很可能主要依赖马其顿和希腊人作战。

其次，托勒密国王需要更积极的财政政策和稳定的收入。国王的收入主要来自对王田的经营和各种税收。维持一个王国，不仅需要军队，还需要一个成熟完善的行政和征税系统。这些无疑都需要大量的希腊人来协助完成。

托勒密政府对商贸活动也有所鼓励。许多希腊人以酒商、银行家、包税商、进出口转运商、船商以及货币信贷商等身份出现在埃及。虽然托勒密政府对国家经济进行严格的控制，但也向商人开放了部分商贸和银行经营领域，后者以投标的方式获得一定期限内的专营权。③ 其中，放贷、货物转运以及包税等行业获利最为丰厚。

高利贷本身意味着高风险，以船舶抵押类的货币信贷收益和风险为最高。但对于大多数人来说，一般只是进行短期的私人借贷，风险和收入不一。希腊化世界的年利率一般为 8%—10%，托勒密政府的法令则规定，月利率不得超过 2%，年利率必须低于 24%。一般四至五年之内，高利贷商人的收入就要翻倍。很明显，在埃及放贷的收益要高出不少。问题在于，货币在埃及的普及程度低于希腊世界，农民大多保持着以物易物的传统习俗。因此，托勒密政府不得不铸造本国货币，以满足征税、商贸以及信贷流通等需要。尽管投机商人的到来为埃及注入了更多的货币，频繁的战争使托勒密政府财政依然吃紧。到了公元前二世纪，银币退出市场流通，铜币成为主要流通货币。④

法雍地区保存下来的纸草文献表明，托勒密王朝还在科拉（chora）划分税区，⑤设立官员登记居民身份、职业、家庭情况，并据此征税，形成了复杂、

---

① Diodorus, 18.14.1.

② C. Fischer-Bovet, *Army and society in Ptolemaic Egypt*, p.133.

③ N. Lewis, *Greeks in Ptolemaic Egypt: case studies in the social history of the Hellenistic world*, p.16.

④ *P. Ent.* 34; J.G. Manning, "Coinage as 'code' in Ptolemaic Egypt," in W. Harris ed., *The Monetary Systems of the Greeks and Romans*, 84 - 111, Oxford: Oxford University Press, pp.84 - 111.

⑤ 科拉（chora）指的是三座希腊城市以外的广大乡村地区。

精密的行政系统。① 王室每年将税区分块拍卖,出价最高的包税商获得税区的税款,并一次全额付清承包价或分期支付。一般来说,包税商在投标成功之后,只需检查地方官员和银行的记录,确保各地纳税情况无误即可。实际上,对于托勒密国王来说,包税商的作用是提前保证定额税收,国王另有代理人负责具体的征税工作。换言之,国王通过出让部分利益,最大限度降低风险,保证国库收入的稳定。而包税商承担一定的风险,尽量从税区中攫取利益。

公元前 203/2 年的官方文书为我们提供了一些包税规则。在奥克西林切特诺姆(Oxyrhynchite nome),投标成功的包税商,将依据合约获得承包税区里国家规定的赋税。在征税过程中,任何人不得减少或延迟缴纳税款,包税商必须遵循相关法律、法规、王室法令以及地方修正法案。取得包税合约者需在 30 天之内向诺姆财政官和王室书吏缴纳保证金,数额为包税金的十分之一。如果逾期未能缴纳,则王室收回包税权,另行拍卖。银行每个月结算包税商收入,收据在证人签字后生效,否则包税商将不能获得税款。王国也保障包税商的专有权,并规定任何人不得在包税合同生效之后擅自加入合同。如果暴力抗法则须缴纳 12 塔兰特(talents)罚金。希腊移民的积极投资与合作,保证了国王税收体系的正常运转和收入的稳定。②

要解决军事和财政压力,巩固新王朝的统治,大力招揽希腊世界的移民是最快捷、有效的途径。在这种客观需求下,托勒密一世在文化建设、城市管理、移民定居地扩展等方面采取了一系列有利于希腊移民的措施,吸引和安置了大量外来人口。

如果单纯考虑托勒密一世追求希腊世界领导权的对外战略以及军事和财政上的需求,国王理应大力支持希腊文化在埃及的发展,为引入希腊移民铺路。然而,托勒密王朝内在的隐忧又如何解决? 埃及的黑土地上有三百万本土居民,③马其顿——希腊人统治者在亚历山大里亚城犹如被大海包围的孤岛。这些异族统治者又将采取什么策略?

---

① 托勒密王朝统治下,地方行政区诺姆(nome)被划为三级税区。其中,村庄为最基本单元,为一级税区。根据规模和人口分布,将村庄划入不同区域,构成二级税区(tax-district)。由托帕克(Toparchy)地方官承包给个体包税人(telones)负责清查、征税。最新整理的纸草档案揭示了托勒密埃及基层征税情况,如赫拉克雷德斯迈里斯税区(Herakleides meris),参见 W. Clarysse and D. J. Thompson, *Counting the people in Hellenistic Egypt*, vol 2, pp.104,114。

② UPZ 112; N. Lewis, *Greeks in Ptolemaic Egypt: case studies in the social history of the Hellenistic world*, pp.19 - 20。

③ Diodorus, 17.52.6。

第二节 希腊移民的族群划分

一、希腊移民的特权概况及其分类

面对凶险的国内国外环境,托勒密国王的应对策略是尽可能多地招徕希腊移民。在托勒密王朝统治的前一百年间,从希腊世界涌入埃及移民近184000 人。[1] 大部分来自昔兰尼、小亚细亚(Asia Minor),尤其是伊奥尼亚(Ionia)、卡利亚(Caria)以及庞菲利亚(Pamphylia),克里特(Crete)以及阿提卡(Attica)等地区,另有叙利亚人(Syrians)、犹太人(Jews)以及阿拉伯人(Arabs)等也加入了新定居者的行列。[2] 根据拉达的统计,公元前三世纪初期,希腊语和世俗体埃及语文献中出现的族群名称超过 170 个。[3] 在希腊移民中,军人是最主要的群体,他们大约占希腊移民总人数的六成。另有包括城市公民、商人、诗人、演员、教师、教练、运动员等不同身份和职业的希腊人不约而同前来埃及谋生。

托勒密国王用族群标签的形式划分群体,授予种种特权,吸引更多移民。托勒密王室进行了军事、税收、司法等方面的改革,希腊人在特殊职业、税收身份以及司法身份方面获得特权。

希腊人的特权大致可分为两种类型,一是城市公民权,二是职业特权,三是身份特权。

一般来说,只有希腊移民及后代才有资格获得城市公民权。托勒密埃及的希腊城市以希腊城邦为模板,有独立的议会和司法机构,公民受城市法律的约束和保护。城市公民须在部落和德莫中登记,方有资格参与城市行政、司法活动、占有城市所属土地。托勒密王朝早期,城市公民多与希腊世界有着血缘联系,并且也像希腊城邦公民一样构成一个较为封闭的既得利益群体,排斥与非公民的婚姻,避免后代丧失公民权。城市公民较为特殊,尤其是亚历山大里亚城公民,具有较强的自治性,在王权不够强大时甚至能够动摇王国政权。托勒密六世和托勒密八世先后遭到过亚历山大里亚城驱逐。

---

[1] Fischer-Bovet, *Counting the Greeks in Egypt*.

[2] Mueller, *Settlements of the Ptolemies*, pp.168 – 173.

[3] La'da, *Foreign Ethnics in Hellenistic Egypt*.

职业特权对象包括军人、教师、教练。一些军人按军阶被授予大小不等的王田,成为封地军人,不仅如此,他们所耕作的王田可减税甚至免税。教师、教练、获得赛会优胜的运动员、演员、希腊医生以及希腊漂洗匠等职业先后被授予免盐税特权,这些职业特权是国家阶段性策略的产物,主要目的在于引导希腊人内迁定居。封地军人特权的阶段性主要体现在他们受封耕作的王田上。国王根据实际情况调整王田的租税,没有固定的标准。封地份额相对稳定,但到了公元前二世纪下半叶,可能受到国力下滑的影响,国家政策也发生改变,恢复和保障地方生产为第一优先。这一时期的希腊移民人数锐减,国王授予军人的封地也大幅度减少。封地军人制度也濒临瓦解。军人的重要性无可置疑,托勒密国王需要他们在埃及内部扼守战略要冲,开发新土地,而其他被授予免税权的职业则在希腊人的文化和生活上可能都有着无可取代的作用。国家移民策略的针对性十分明显。

身份特权主要体现在税收和司法领域。托勒密二世统治时期开始的税收改革和司法改革则以官方登记希腊人族群身份为基本前提,授予登记的希腊人免税和司法特权。这些特权直接与希腊人族群身份挂钩,希腊人的身份一旦通过官方审核确定,则永久获得相应特权。免税特权和司法特权是否采用同一套认证体系尚不能确定。因此,需要区分考察。实际上,希腊人免税权指的是成年男子可免除奥波尔税(obol tax)和徭役,这种资格的认定是在人口普查和征税过程中完成。完成认证的纳税者登记希腊人族群身份,记为希腊语 *Hellenes*,或世俗体埃及语 *Wynn*。而司法体系中,当事人登记自己的族群身份为 *patris*,即祖籍所在地区或城市,而非税收体系中的术语希腊人(*Hellenes*)。军人和普通希腊人在司法体系中的特权并不十分清晰。但相对埃及人而言,希腊人具有明显的优势已是当时社会共识。[1] 希腊人的案件由王室法庭或其他希腊人的法庭审理,他们不在埃及地方法庭(*laokritai*)接受审判。即使在处理跨族群的争端时,也有对应的共同法庭(*koinodikion*)。在托勒密王朝统治的前半期,埃及语法律契约并未得到官方认可,这很可能成为希腊人的一项隐性司法利益。较为特殊的群体是城市公民。他们身份通过在德莫中的注册,获得合法性并享有特权。得益于城市的自治,城市公民享有更大的司法独立地位。

实际上,希腊人的种种特权都体现出托勒密统治者对移民的引导和鼓励,具有明显的策略性。那么,这是否意味着托勒密王国制定了系统的族群特权以满足统治阶层对希腊移民的需要?问题还是要从托勒密国家的居民

---

[1]　徐晓旭:《文化选择与希腊化时代的族群认同》,第189页。

管理策略开始讨论。

二、官方族群划分的文化隔离因素

托勒密一世不仅作为马其顿——希腊人的国王继承了亚历山大帝国的埃及部分,同时也像亚历山大一样继承了埃及的法老称号,在公元前305年举行了加冕典礼。随后,他还将前任法老亚历山大大帝尊为神灵,进而自己在世时也完成了神化。托勒密一世有意塑造了神圣的出身,他声称自己为宙斯后裔,腓力二世(Philip II)之子,[①]奠定自己作为亚历山大继承者的合法地位。另一方面,在托勒密王室治下,传统的埃及特征十分突出,而王室捐修的埃及神庙也是整个国家保存最好的建筑,表现出重视埃及本土文化的一面,也得到了埃及高等祭司阶层的支持。在文化层面,官方不仅无意贬低埃及元素,恰恰相反,国王对埃及传统文化采取了继承和支持的态度。这样,托勒密打造了马其顿君主和埃及法老双面国王的形象,针对不同群体采取了不同的表达。[②]

这似乎预示着,托勒密国王要在尊重两种文化的基础上,区别管理希腊移民和本土埃及人,这也是由埃及社会现状所决定。国王本身需要充当社会的粘合剂,把不同的文化群体统合在王权之下,以维持国家稳定。在这个过程中,国王很可能要面对来自希腊和埃及两方面的反对。普莱欧推测,托勒密政府并未制定系统的族群政策区别对待希腊人和埃及人,"种族"(race)不对国家行政产生影响。[③]佩雷曼斯也支持普莱欧的说法,认为政府没有区分希腊人和埃及人,但由于王室在军事、行政、技术等层面依赖希腊人,使得这些领域希腊人的地位相比埃及人突出很多。[④]普莱欧的观点产生了很大的学术影响。在二十世纪七十年代,她再次强调希腊文化和埃及文化本身具有封闭性,认为这种封闭性造成了希腊人和埃及人之间的差距越

---

① Pausanias, 1.6.2.

② 托勒密国王在王权以及宗教文化等方面都表现出两面性,而希腊和埃及的两面并不截然对立。国王通过神话和仪式巩固王权的合法性,隐藏着统一的理念。关于双面国王的论述,参见 L. Koenen, "The Ptolemaic King as a Religious Figure," in A. W. Bulloch, E. S. Gruen, A. A. Long and A. Stewart, eds., *Image and Ideologies: Self-Definition in the Hellenistic World*, 25-115, Berkeley: University of California Press, 1993。

③ C. Préaux, "Politique de race ou politique royale", *Chronique d'Égypte* 11(1936) No. 21, 111-138.

④ W. Peremans, *Vreemdelingen en Egyptenaren in Vroeg-Ptolemaeisch Egypte*, Leuven: Bureaux du Recueil, 1937.

来越大。① 从文化层面上来说,托勒密国王区分对待希腊人和埃及人,但并无贬低埃及人的政策。正如佩雷曼斯提到的,马其顿——希腊人统治阶层所建立的国家机构要维持运转,客观上更需要希腊人的支持,托勒密国王显然不可能对此无动于衷。据普鲁塔克记载,在托勒密历代王室成员中,只有末代女王克勒奥巴特拉七世学习过埃及语,②招徕希腊移民或者聘用掌握希腊语、熟悉希腊文化的非希腊人也成了理所当然的选择。

然而,这种客观需求恰恰导致了托勒密王朝在文化上策略上的偏向性。亚历山大亲自为亚历山大里亚城选址、命名,而托勒密一世则进一步开发了这座城市,建立起王宫、还将亚历山大的遗体从孟菲斯迁移而来,使之成为王朝首府,祭祀中心,地中海最繁荣的贸易港,希腊文化的重镇。这些举措无不昭示托勒密一世战略重心的外向性。托勒密一世主导建立了缪斯宫(Mouseion),是为希腊人文研究院,并资助了大量优秀希腊学者。托勒密一世仿效雅典的亚里士多德逍遥学派(Peripatetic school)建立图书馆。国王还不惜重金购买希腊人文著作,填充王室图书馆,到托勒密二世统治时期,图书馆已经有 200,000 卷藏书。这种文化上的资助在彼得·弗雷泽(Peter M. Fraser)等学者看来并不罕见,"希腊僭主和国王都曾经以艺术和诗歌的恩主形象示人,如叙拉古的希耶隆(Hieron of Syracuse)、萨摩斯的波律克拉特(Polycrates of Samos)以及后来的马其顿腓力二世(Philip II of Macedonia)"。③ 托勒密似乎对其他文化则毫无兴趣,更谈不上支持。埃及元素被摒弃在缪斯宫、图书馆以外,在公元前三世纪的学生课本中,列出了希腊神祇和河流,埃及几乎完全被排除在外。因神话中伊娥(Io)在尼罗河岸生子艾帕弗斯(Epaphus),孕育了埃及文明的这条河流才成为一个例外。赫维希·迈勒(Herwig Maehler)认为托勒密一世有意将亚历山大里亚城打造成"一座希腊城市、希腊文学、艺术以及科学的中心",以此维持其希腊性(Greekness),保持希腊认同(Hellenic identiy),故而采取了"文化隔离"(cultural apartheid)策略。④ 托勒密一世对希腊文化的严重偏向在教育方

① C. Préaux, *Le monde hellénistique*, *La Grèce et l'Orient de la mort d'Alexandre à la conquête romaine de la Grèce* (323 - 146 av. J.-C.), Paris: Presses Universitaires de France, 1978, pp. 545 - 683.

② Plutarchos, *Antonius* 27, 4 - 5.

③ P.M. Fraser, *Ptolemaic Alexandria*, pp. 305 - 306; P. Green, The Politics of Royal Patronage: Early Ptolemaic Alexandria, in *Grand Street*, Vol. 5, No. 1, 1985, pp. 151 - 163.

④ H. Maehler, "The Mouseion and Cutural Identity," in Anthony Hirst and Michael Silk, eds., *Alexandria*, *Real and Imagined*, 1 - 14, London: Routledge, 2004, p. 7.

面更明显。他为继承人托勒密二世（Philadelphos）高薪聘请的第一位导师是希腊语地区的菲勒塔斯（Philetas of Cos），托勒密二世的导师中不乏大名鼎鼎的希腊人文学者，如，继承亚里士多德吕克昂（Lyceum）学院的塞奥弗拉斯图（Theophrastus）、以弗所的芝诺多图斯（Zenodotus of Ephesus），后者还被任命为首任图书馆馆长。托勒密埃及的学校教育则专注于希腊文化，忽视埃及文化，这种情况直到公元一世纪罗马统治埃及时才改变。

公元前 259 年，托勒密二世（Ptolemy II Philadelphus）的内务大臣（*dioiketes*）阿波罗尼奥斯（Apollonios）给多伊奥斯（Zoilos）写了一封信，强调教师、体育教练（*paidotribai*）、狄奥尼索斯（Dionysus）等相关工作者、亚历山大里亚城竞技冠军等免于缴纳盐税，不仅如此，他们的家人也享受同等待遇。[1] 托勒密王朝对希腊文化的严重偏向，还直接体现为授予相关职业者及家属免税特权。托勒密二世的法令显然是其父亲文化策略的延续。

托勒密国王的文化策略客观上维持了希腊移民和埃及人的文化差异，国王对希腊文化的态度有利于吸引希腊移民，这也成为希腊移民在公元前三世纪源源不断涌入埃及的一个理由。不过，纯粹的文化优势恐怕还是难以吸引希腊人千里迢迢定居埃及，更何谈深入希腊城市以外的埃及腹地。托勒密一世又通过规划发展希腊城市进一步吸引希腊移民。

第三节　希腊人城市嵌入埃及

一、托勒密埃及的希腊城市

对于希腊人来说，维持原有生活的最重要条件之一，即生活在城市中。实际上，托勒密王国范围即有一些希腊城市在一定程度上享受着自治权。国王对希腊城市和公民进行保护，为希腊移民迁居埃及提供了优良土壤。

在埃及本土，三座希腊人城市声名显赫。伊奥尼亚人（Ionian）城市瑙克拉迪斯早在亚历山大大帝在埃及建立统治之前就已经存在，是早期希腊人移民聚居的地方；另外两座都是新建立的城市，一是王国都城亚历山大里亚城（Alexandria），另一座是托勒密城，为托勒密一世所建。瑙克拉迪斯可能还保存着城市宪制，而且发行自己的货币。亚历山大里亚城和托勒密城似乎更受重视。前者是亚历山大大帝的遗产，也是托勒密埃及的希腊元素最

---

① *P. Hal.* 1, 1 260 - 265.

集中的地方,或者说吸引移民的一块金字招牌。后者则是托勒密国王设在上埃及制衡底比斯的重要据点,在政治、战略和商贸方面都有着重要意义。

这两座城市以希腊城市为模板,取得了基本的自治权。城市里设有公民大会、议事会。托勒密国王治下的希腊城市保障了希腊人传统生活模式的延续,成为吸引移民的基本条件。国王授予城市自治权,使它们更具有吸引力。当然,埃及的希腊人城市也在很大程度上为国王权威所覆盖。从形式上来说,城市的文书一般都标注国王纪年,并且各个城市每年为国王举行庆典和仪式活动,城市的货币上也印上国王头像。托勒密的国王和王后们作为神灵被市民祭拜。更重要的是,国王的命令可以轻易通过城市议会和公民大会的讨论和投票,成为法律。此外,国王的官员还被安插在城市行政体系中,直接干预城市管理。而亚历山大里亚城既是一个希腊城市,还是托勒密埃及的都城,国王和他的王廷所在。当国王不在城中时,则他所指派的亚历山大里亚将军(strategos)负责代理监管城市。① 托勒密城也设有以城市命名的将军作为负责城市治安和行政的最高长官。国王的权威保证了他能够对移民进行引导,他能够通过授予城市公民权获得希腊市民的支持,甚至许以重要的职位可吸引优秀人才前来投奔。

希腊城市的重要性不言而喻,国王也不遗余力加强城市建设,提高其吸引力。亚历山大里亚城面朝法罗斯岛(Pharos)而建。公元前 280 年,索斯特拉托斯(Sostratos of Knidos)主持修建的灯塔完工,成了它的一个重要标志,即使在黑夜中,船舶也能进港。亚历山大里亚城的设计者为德诺克拉特斯(Deinokrates of Rhodes),城市东西长 6 千米,南北仅 2 千米。② 城市三分之一的面积为国王宫殿所占据,并直接控制东部的大港口。缪斯宫、图书馆以及亚历山大和托勒密国王们的陵墓也都在宫殿范围内修建。宫殿的一些花园则在节日对公众开放。③ 城市中央集中了市政建筑,如体育馆和法庭。可能是受到国王权势的影响,城市政治活动被削弱,议会显得相对沉寂,后来甚至连同议事大厅直接被国王从城市中抹去。④

亚历山大里亚城人口众多,在泰奥克利图斯(Theocritus)笔下,公元前

---

① Plutarch, *Cleomemes*, 37.15.

② Strabo, *The Geography of Strabo*. 3 vols. Hamilton, H. C. and Falconer, W. (literally trans, with notes), London: Henry G. Bohn, 1912,17.1.8.

③ Theocritus, *Theocritus*, edited with a translation and commentary by A. S. F. Gow, London: Kingprint Ltd., 1973, *Idyll* 15.

④ J. Rowlandson, "Town and country in Ptolemaic Egypt," in A. Erskine ed., *A Companion to the Hellenistic World*, 249 - 263, Oxford: Blackwell, 2003, pp. 252 - 253.

三世纪的亚历山大里亚城在节日期间十分拥挤。两个妇女抱怨道,无尽的人群如同蚂蚁,使得道路难以通行。[1] 狄奥多罗斯则记录公元前 58 年,大约有 300000 自由人在城中定居。[2]

随着亚历山大里亚城的建立,瑙克拉迪斯不再是埃及和希腊贸易最重要的港口。但它仍然是一个重要港口,且保持了半自治状态。国王则派遣内务官员(oikonomos)总理地方王室财产并监督城市财务。[3]

托勒密城则与瑙克拉迪斯不同,它的建立标志着国王在上埃及的影响,而这种影响一直持续到托勒密王朝末期。希腊人大约于公元前三世纪初迁居底比斯地区。这里留下了一些希腊文纸草,但多数的相关文献都是世俗体埃及语(Demotic)文本。[4] 从史料的保存情况来看,当地神庙和祭司的势力和影响仍十分强大。显然,加强国王在南方的影响对于巩固王朝统治是有必要的。

托勒密城对移民有着强大的吸引力,犹如南方的亚历山大里亚城。国王不仅提供免税的土地,还修建神庙、剧院,设有狄奥尼索斯(Dionysiac)演员行会,也举行建城者托勒密一世的祭祀活动。从公元前 215/214 年开始,托勒密城和亚历山大里亚城同时举行年度的王朝祭祀。[5] 托勒密城也是希腊人在上埃及的商贸要地,其作用类似于亚历山大里亚城和瑙克拉迪斯。托勒密国王固然也有开发和保障南部埃及利益的战略考虑。即,一方面保障从东部沙漠到西部红海的商贸交通,另一方面控制南部埃及,维持治安。尽管现存文献无法准确勾勒出托勒密在尼罗河谷的军事部署图,但战略要地多少都留下了不少驻军的相关证据:中部的咽喉——法雍地区有大量希腊文纸草出土,底比斯南部的小镇帕赛里斯保存了希腊军人的档案。[6] 希腊人的影响到达了王朝的南部边境。有文献显示,远至象岛(阿斯旺附近)的

---

[1]　Theocritus *Idyll* 15.

[2]　Diodorus 17.52.6.

[3]　R.K. Sherk, The eponymous officials of Greek cities IV. *ZPE* 93(1992):223 – 72, pp.268 – 269.

[4]　W. Clarysse, "Demotic for papyrologists. A first acquaintance." In *Atti del V seminario internazionale di papirologia, Lecce 27 – 29 giugno 1994 = Papyrologica Lupiensia* 4, pp.87 – 114; M. Depauw, *The archive of Teos and Thabis from early Ptolemaic Thebes*, Turnhout: Brepols, 2000, p.52.

[5]　R.K. Sherk, The eponymous officials of Greek cities IV, *ZPE* 93(1992):223 – 72, pp.263 – 264.

[6]　K. Vandorpe and S. Waebens, *Reconstructing Pathyris' Archives.*

地区都很可能安置有驻军或移民。① 此外，这里也是底比斯地区的行政和司法中心，接受各地的陈情书，并设有王室巡回法庭（chrêmatistai）。公元前一世纪，斯特拉波（Strabo）在造访此地之后，写道，"托勒密城是底比斯最大的城市，规模并不比孟菲斯小，它也有着希腊的政府形式。"②曼宁也承认，"托勒密王朝的君主们或许无意平衡底比斯，……但希腊文化在该地区确实加强了。"③实际上，托勒密一世在底比斯地区建立起托勒密城，鼓励希腊人深入埃及腹地定居，同时也通过新的希腊城市平衡地方政治和宗教影响。

为了引导希腊移民迁居埃及腹地，巩固王朝统治，托勒密一世还初步设立封地军人体系，以土地换取希腊军官的军事服役，在城市以外的乡村地区驻军、建立移民定居点，并且开垦土地。④ 这一措施在托勒密二世统治时期得到大力推广，以法雍地区为最。

二、亚历山大里亚城公民权等级划分

对于希腊人来说，维持原有生活的最重要条件之一，即生活在城市中。托勒密一世将希腊城市嵌入埃及，并给予希腊城市一定程度的自治权，使招募的海外人才移居埃及成为可能。这些城市以希腊城市为模板，为希腊移民迁居埃及提供了优良土壤。

托勒密一世在埃及新建立的希腊城市中，以亚历山大里亚城和上埃及底比斯附近的托勒密城最为繁荣、影响力也最大，也具有一定的代表性。城市里设有公民大会、议事会。如，亚历山大里亚有六人担任执行市政官（Prytanes），还有警察、治安官（Astynomi）、法警（Nomophylax）等人员负责司法和治安工作。作为自治城市，亚历山大里亚还有独立的陪审团（dicasts），引导官（eisagogeus）则负责向法庭提交案件，由公共仲裁者（diaitetai）主持审理。公民在部落和公社德莫（deme）中注册，具有参政权以及经济和法律上的特权。次等公民和妇女不在德莫中注册，也缺乏相应的特权及法律保护。

---

① 如，象岛留下了希腊人缔结的婚约，参见 P. Elph. I，公元前 310 年；关于托勒密王朝在底比斯地区安置驻军和移民的影响参见 J.G. Manning, The Last Pharaohs, pp.104 – 110。

② Strabo, 17.1.42.

③ J.G. Manning, The Last Pharaohs, p.110.

④ W. Clarysse, "A Royal Visit to Memphis and the End of the Second Syrian War," in D. J. Crawford, J. Quaegebeur, J. and W. Clarysse, eds., Studies on Ptolemaic Memphis, Studia Hellenistica 24, 83 – 89, Leuven, 1980; D.J. Crawford, Kerkeosiris: an Egyptian Village in the Ptolemaic Period, New York: Cambridge University Press, 1971, p.55.

托勒密埃及的希腊人城市固然为希腊世界的移民提供了便利,但这些城市绝非对传统希腊城邦模式的简单复制。城市公民很大程度上受控于国王,但是,相比于城市以外的其他移民定居地,他们有着更强的独立地位。城市公民集体被划分为不同层级,获得公民权的新旧移民构成不同的特权群体,在君主制度下独享一定的自治权。国王则高高在上,监控城市,并利用城市资源延揽海外人才。

在讨论相关问题时,由于受到史料较少的限制,学者们莫衷一是。在较为重要的专著中,古恩瑟·霍伯尔(Günther Hölbel)的《托勒密帝国史》(*A History of the Ptolemaic Empire*)偏重于梳理托勒密王朝的政治军事史,对亚历山大里亚城的公民权问题着墨不多。[①] 路易斯忽视托勒密君主的移民措施,强调希腊移民奔赴埃及的原因在于财富、机遇甚至君主的个人魅力,对亚历山大里亚城的公民状况几乎只字不提。[②] 但是,对研究托勒密王朝移民政策而言,亚历山大里亚城公民的地位至关重要。亚历山大里亚城是托勒密王朝的统治中心,也是希腊移民最为重要的集聚地。亚历山大里亚城混居了大量不同族群、不同身份的居民,而城市公民特权和等级的设立情况在一定程度上是希腊移民在埃及优势地位的缩影。下文以亚历山大里亚城为主要探索对象,利用近年来纸草学资料的编辑和整理成果,结合较长时段的政治和法律情况,重新梳理亚历山大里亚城公民权问题,以管窥托勒密王朝前期利用希腊城市招纳、安置移民的策略。

通过考察公民的相关术语,可以看到托勒密国王赋予城市居民不同的身份和特权。在官方文献中,描述亚历山大里亚特殊居民的术语一共有五个,公民(*polites*)、亚历山大里亚人(*Alexandreus*)或阴性名词(*Alexandris*)、准亚历山大里亚人(*Alexandreus tēs epigonēs*)以及男女市民(*astos* 和 *aste*)。[③] 由于相关史料较少,亚历山大里亚城的公民身份问题一直存在争议。威海姆·舒巴特(Wihelm Schubart)指出,这些术语标志着公民不同的身份和权利。亚历山大里亚人实际上没有参政权。而尚未在德莫注册的准亚历山大里亚人,则是有待晋升为亚历山大里亚人的非公

---

① G. Hölbel, *A History of the Ptolemaic Empire*, 2000.

② N. Lewis, *Greeks in Ptolemaic Egypt: case studies in the social history of the Hellenistic world*, p.16.

③ *P. Hamb*. 168; *P. Eleph*. 3, 285/284BCE; *P. Mich. Zen*. 66, 245/244BCE, 准亚历山大里亚人的全称是Ἀλεξανδρεὺς τῆς ἐπιγονῆς τῶνοὔπω ἐπηγμένων εἰς δῆμον τὸν δεῖνα,直译为:尚未在德莫注册的准亚历山大里亚人;*SB* 2097,托勒密王朝早期,具体时间不详。

民。① 但是,穆斯塔法·阿巴蒂(Mostafa A. H. El-Abbadi)提出了反对意见,他认为亚历山大里亚人这一术语一般用于非正式文书中,而公民(*polites*)则主要用于法律文书,同样指的都是亚历山大里亚城公民。理由是,在希腊语中公民 *polites* 没有阴性,故而立法者另外区分出男性公民 *Alexandreus* 和女性公民 *Alexandris*。② 陶本希拉格则认为亚历山大里亚人并非真正的公民,该术语仅仅表明他们出生在亚历山大里亚城。③ 更多研究表明,这些术语指代的群体在多个方面存在差异。

首先,托勒密统治者对城市居民的身份有着较为严格的监控和限制,不同的群体定居资格和登记身份均不同。对城市公民资格以及权利的限制衍生出不同的特权群体,从而产生在法律文书中准确记录居民信息的需要,这或许是托勒密官方登记一些军人、市民身份信息的重要原因。这在托勒密王朝统治前期的法令以及档案中已得到证实。公元前 275 年,一份官方法令规定:"士兵必须写下姓名、出身、所属部队以及军阶;城市公民需要登记他们父亲的名字,德莫,如果他们在军中注册,则登记所属部队和收入来源;其他人登记父亲名字、族群出身以及职业。"④公元前三世纪中叶,有城市法令重申这一登记原则,内容几乎一致:士兵登记姓名、籍贯或族群(patris)、所属部队和军阶。非市民须登记父亲的名字、族群以及职业(genos)。⑤ 毋庸置疑,长期以来,官方掌握着军队、市民以及其他居民的身份信息。

具体而言,亚历山大里亚城公民,必须在部落和德莫中注册。部落和德莫分别构成公民共同体的两个层级。但这座新诞生的希腊城市很可能按照地域来划分部落,对居民进行登记管理。亚历山大里亚城共有 5 个部落,已知三个部落的名字分别是贝莱尼克(Berenike)、托勒迈(Ptolemais)和狄奥尼西亚(Dionysia),五个部落可能也按照次序命名,从第一部落至第五部落,对应城市的五个区域。除了部落和德莫,胞族(phratry)构成了德莫之下第三层居民共同体组织,并且作为当事人信息录入在法律文书中。胞族的名

---

① W. Schubart, "Alexandrinische Urkunden aus der Zeit des Augustus," in *Archiv Pap*. 5 (1909 – 1913):35 – 131.

② M. A. H. El-Abbadi, "The Alexandrian Citizenship." *JEA* 48(1962):106 – 123.

③ R. Taubenschlag, *The Law of Greco-Roman Egypt in the Light of the Papyri from 332 B.C. - 640 A.D.*, p.585.

④ 原文为: [οἱ μὲ]ν στρατιῶται ἀπογραφέσθωσαν τά τε ὀνόματα [αὐτ]ῶν καὶ τὰς πατρίδας καὶ ἐξ ὧν ἂν ταγμάτων ὦσιν [καὶ ἃ]ς ἂν ἔχωσιν ἐπιφοράς· οἱ δὲ πολῖται τούς τε πατέρα[ς] [καὶ το]ὺς δήμους, ἂν δὲ καὶ ἐν τῶι στρατιωτικῶι ὦσιν [καὶ τὰτ]άγματα καὶ τὰς ἐπιφοράς· οἱ δ᾽ ἄλλοι τοὺς [πατέρας] καὶ τὰς πατρίδας καὶ ἐν ὧι ἂν γένει ὦσιν· *P. Hamb*. II 168, I. 5–10。

⑤ *P. Hal*. I, 259BCE.

称更是简单，按照次序命名。德莫不同于部落和胞族，名称多样，但大多数来自神灵、英雄或者其他人的名字，尤其是来自马其顿王室谱系中英雄人物的名字，本身即带有明显的马其顿——希腊文化色彩。一些德莫的名称则暗示它们的设立与托勒密一世有关。[①] 德莫在亚历山大里亚城被赋予了更重要的作用，既是一个公民的官方标记，政府也以此区分管理居民。公元前三世纪的官方法令明确规定，城市公民必须登记自己所注册的德莫，非公民则没有此项要求。[②] 在公元前三世纪上半叶，德莫甚至可以直接作为区分公民和非公民的标志。[③]

亚历山大里亚人与城市公民注册在不同部落或德莫。遗憾的是，现存文献无法清楚地重现他们登记的具体区别，仅能提供一些政府对其进行区分管理的线索。文献中多个亚历山大里亚城公民相关术语的出现以及德莫的登记可能暗示，在不同部落或德莫注册的居民司法和政治地位应有一定差异。有市民在档案中登记为亚历山大里亚人，却并未提及自己的部族或德莫。在托勒密王朝的纸草文书中仅出现两例，一份来自上埃及南部的象岛，另一份来自赫尔墨波利特诺姆的阿克里斯（Acoris）。[④] 其中，在阿克里斯遗嘱文书中，两个亚历山大里亚城证人，一个登记了德莫，而另一个记录的信息是亚历山大里亚人，没有登记德莫。[⑤] 在同一份法律文书中出现不同术语来描述同一种公民身份，很难想象托勒密政府的官方书记处能够接受如此不严谨的记录，这里更有可能指明了两者不同的身份。在象岛的法律文书中，阿泰纳格拉斯（Athenagoras）作为遗嘱的六位证人之一，特别注明其身份为亚历山大里亚人，其他五人则是希腊城市公民，[⑥]暗示亚历山大里亚人和公民应该在身份或权利等方面有所不同。*Alexandreus* 这一术语还多次在奥古斯都时代的纸草和铭文中出现，[⑦]在罗马人统治之初，新政府沿袭旧制，亚历山大里亚城公民的身份差异仍然存在。

准亚历山大里亚人的身份更加模糊，疑为未能在德莫中注册的预备役军人。他们的出现或许是托勒密政府限制特权群体人数的结果。舒巴特指

---

① P. M. Fraser, *Ptolemaic Alexandria*, p.43.

② *P. Hamb.* II 168, I. 5 - 10, 275BCE.

③ P. M. Fraser, *Ptolemaic Alexandria*, p.43.

④ *P. Eleph* 3, 285/284BCE; *P. Rein.* 9, 112BCE.

⑤ *P. Rein.* 9, 112BCE.

⑥ *P. Eleph.* 3, 285/284BCE.

⑦ *BGU* IV 1101, 13BCE; *BGU* IV 1119, 6 - 5BCE; *BGU* IV 1140, 4BCE; *BGU* IV 1165, 14 - 13BCE; *BGU* IV 1167, 12BCE; *BGU* IV 1176, 14 - 13BCE; P. M. Fraser, *Ptolemaic Alexandria*, p.48.

出,亚历山大里亚城的德莫应有固定的人数,这支所谓的准亚历山大里亚人是在德莫人数已满,等待空缺晋级的次等公民。① 基恩·莱斯奎尔(Jean Lesquier)也认为这个群体应为全权公民的子嗣(*epigone*),他们正处于等待空缺注册的状态,或者由于不具备注册条件而居住在乡村地区,并等待继承封地军人身份和地产。② 实际上,在托勒密埃及的官方文书中,子嗣一词多指没有公民权或者军事职位的人,③ 到了公元前二世纪,这种用法更为普遍,如所谓波斯人后裔(Persēs tēs epigonēs),指未编入军队的预备役士兵。④ 但是,无论这些所谓的子嗣是等待晋级空缺还是因故失去全权公民资格或者军职,特权群体的人数和规模显然受到了国王控制。

政治方面,作为城市,亚历山大里亚具有一定程度的自治性,某种程度上是国中之国。在部落中登记是公民参与城市政治活动的前提,公民可以通过公民大会行使政治权利。但国王对公民的政治权利也有所限制,因此,大多数时期,城市公民难以对国家政治产生影响。不过,在托勒密王朝历史上,亚历山大里亚城居民也曾显示出他们的力量。公元前 204 年,托勒密四世死后,王后阿尔西诺三世(Arsinoe III)很快死于宫廷阴谋。愤怒的亚历山大里亚人(包括上层妇女)将阴谋策划者阿加托克蕾(Agathokleia)和她的亲属们游街羞辱之后肢解。⑤ 公元前 164 年,托勒密八世当政,亚历山大里亚城人不满其独断专行,将国王放逐,转而支持托勒密六世。⑥

亚历山大里亚人虽然也在城市的部落或德莫中注册,可能无权参与城市议会,至少与公民的政治权利有一定差异。在文献中,亚历山大里亚人通常和希腊世界的异邦人一起出现,被授予亚历山大里亚人身份的居民很可能有异邦背景。托勒密王朝前期的文献中,当事人登记的母邦(城市)是判定其移民身份的一个重要参考依据。与托勒密埃及关系紧密的罗德岛即一个典型代表。"罗德岛人"(Rhodians)一般指外邦人或外邦人后裔,他们不为城市的德莫接纳,但是可在行政机构供职,疑为次等公民,似乎与亚历山

---

① W. Schubart, "Alexandrinische Urkunden aus der Zeit des Augustus." pp.106 - 108.

② J. Lesquier, *Les institutions militaires de l'Égypte sous les Lagides*, Paris: Leroux, 1911, pp.157 - 158.

③ J. F. Oates, "The Status Designation: Πέρσης, Τῆς Ἐπιγονῆς." In Yale Classical Studies 18(1963):130.

④ Vandorpe, K. "Persian Soldiers and Persians of the Epigone. Social Mobility of Soldiers-herdsmen in Upper Egypt", p.87.

⑤ Ploybius, 15.25 - 35; J. Rowlandson, *Women and society in Greek and Roman Egypt*, New York: Cambridge University Press, 1998, no.7, pp.33 - 34.

⑥ Diodorus, 31.17c; Polybius, 31,18.14.

大里亚城的公民权情况有些相似。[①] 他们或在军中任职、或身处行政机构。公元前 322/1 年,托勒密一世曾经在附庸城邦昔兰尼大规模扩大公民人数,昔兰尼人与异族通婚的子嗣以及异乡人被纳入公民群体。同时,区分于普通公民,10000 移民被授予市民身份,称 politeuma,获得在政府中供职的资格。托勒密通过这次政治干涉,安置了大量流亡埃及的人。此后,昔兰尼沦为托勒密王国的附庸。托勒密国王打破公民血缘身份传统的"改革"或可说是一次实验,成为埃及的希腊城市公民群体革新的前兆,而亚历山大里亚人的政治地位或许与昔兰尼的市民相近。[②] 从现存史料来看,在能够追溯身份信息的高层官员中,亚历山大里亚城公民、马其顿人以及本土埃及人三大群体人数最多,亚历山大里亚城公民共 17 人,其中 6 人在海外出任总督。相比而言,埃及人的名字直到公元前三世纪中叶才出现在高官名单中。拥有异邦公民权的高官则多达 49 人,占官员总数的 13%。[③] 显然,希腊移民和城市公民在托勒密政府中扮演着重要角色。

准亚历山大里亚人出现的时间相对晚很多,可能是公民或亚历山大里亚的后代,只有基本的市民权。市民权主要体现在婚姻和公民资格继承等方面。[④] 他们的地位相当于希腊城邦中的妇女,不能直接参与城邦政治,但却是城邦公民身份的必备前提条件之一,即,只有父母双方均为城市公民的男性才有资格注册为公民,进而参与城邦政治。换言之,这实际上是对于参与城市政治进行的一项重要限制,目的是保证这一特权群体的封闭性,避免权利和资源外移或者分流。

经济方面,公民的优势非常突出,他们享有免税、免徭役等特权。[⑤] 可惜,我们无法得知具体免税的金额。不过,在托勒密二世统治进行的税制改革为我们提供了参考。在官方档案中登记为"希腊人"(Hellenes)的居民被免除了奥波尔税(Obol Tax),金额仅为一个奥波尔(obol),相当于工人一天的工资。免税的金额几乎可以忽略不计,或许只是特殊身份的象征。[⑥] 城市

---

① P. M. Fraser, *Ptolemaic Alexandria*, p. 47.

② Diodorus, 18. 19 - 21; M. M. Austin, *The Hellenistic World from Alexander to the Roman Conquest*, pp. 69 - 71.

③ L. O'Neil, Places and Origin of the Officials of Ptolemaic Egypt, *Historia: Zeitschrift fur Alte Geschichte*, Bd. 55, H. 1(2006), pp. 16 - 25.

④ P. Jouguet, "*La vie municipale dans l'Égypte romaine.*" BEFAR 104, Paris, 1911, p. 11 ff.

⑤ R. Taubenschlag, *The Law of Greco-Roman Egypt in the Light of the Papyri from 332 B. C. - 640 A. D.*, pp. 596 - 597.

⑥ W. Clarysse and D. J. Thompson, *Counting the people in Hellenistic Egypt*, vol. 2, pp. 138 - 147.

公民被授予免税特权可能也是同样的意义。最具经济意义的特权是亚历山大里亚城公民还能够在城市之外拥有地产（oikos），且免于缴纳土地税。① 一些地产被划为小块份地，租给农民耕种。到了王朝末期，甚至罗马统治初期，亚历山大里亚城公民的私有地产遍布埃及。② 其他身份的居民未能享有这种恩惠。

司法方面，城市公民作为托勒密王朝治下的一个特殊群体，有独立的司法地位，只接受登记城市法律的约束和法庭审判。亚历山大里亚人的司法身份并不明晰，但是，他们和公民一样，有一些基本保障。在公元前三世纪中叶的法令中，官方书吏即同时使用了术语 *polites* 和 *Alexandreus*，明文禁止将城市公民和亚历山大里亚人卖为奴隶。这项法令具体内容为：

Περὶ τ[ῶν] πολιτῶν ὅπως μὴ δ[ο]υλεύωσιν. ὁ Ἀλεξανδρεὺς τῶι Ἀλεξα[ν]δρεῖ μὴ δουλευέτω μηδὲ ἡ Ἀλεξανδρὶς τῶι Ἀλεξα[ν]δρεῖ, μηδὲ τῆι Ἀλ[ε]ξανδρίδι.

所有公民（polites）不得被卖做奴隶。男性亚历山大里亚城公民（Alexandreus）不得被卖做男性公民（Alexandreus）的奴隶，女性亚历山大里亚城公民（Alexandris）也不得被卖做男性公民（Alexandreus）或女性公民（Alexandris）的奴隶。③

值得注意的是，军人因其职业优势而获得定居国家首府或其他希腊城市的机会，与既得利益者分享城市资源。托勒密国王常常授予雇佣军希腊城市公民权，一些现役军人因此得以在亚历山大里亚城注册为公民。亚历山大里亚城的军人享有独立的司法地位。注册为亚历山大里亚城公民的现役军人与其他公民发生冲突，那么案件将移交外邦人法庭审理。④

此外，托勒密国王还授予一些流亡埃及的移民城市居住权。亚历山大里亚城的一些犹太人也被授予类似昔兰尼迁入者的市民身份，他们并不享有公民的政治和司法权利。阿里耶·卡希尔（Aryeh Kasher）也指出，犹太人在亚历山大里亚城虽然是被作为希腊人对待，但是，其公民身份为 *politeumata*，与希腊人公民 *polieis* 有所差异，并不是全权公民。⑤ 犹太人

① L. Capponi, "The Oikos of Alexandria," in W. V. Harris and G. Ruffini, eds., *Ancient Alexandria between Egypt and Greece*, 115 - 124, Leiden: Brill, 2004, p.116.
② L. Capponi, "The Oikos of Alexandria", p.122.
③ *P. Hal*. I.219,259BCE.
④ *P. Hal.* I, 155,259BCE.
⑤ A. Kasher, "The Civic Status of the Jews in Ptolemaic Egypt," in P. Bilde, T. Engberg-Pedersen, L. Hannestad, and J. Zahle eds., *Ethnicity in Hellenistic Egypt*, 100 - 121, Aarhus: Aarhus University Press, 1992, p.117.

逐渐发展出一个半自治的共同体,也称为 *politeuma*,内部则沿用犹太人的法律,某种意义上构成"城中之城"。有些犹太人地位逐渐上升,甚至取得了一些公民的特权。有证据表明,在公元前一世纪晚期,甚至获得了亚历山大里亚城公民的经济特权,在亚历山大里亚城以外拥有田产。[1] 也有犹太人因军功而地位提高。[2] 亚历山大里亚的族群问题虽然复杂,但似乎并未影响托勒密王室划分城市居民群体,给予他们不同的政治、经济以及司法地位,区分管理。

托勒密王朝治下的亚历山大里亚城对公民身份进行分级,并严格限制公民资格的获得条件,使之成为封闭群体,这很可能是极少出现城市公民与其他群体通婚现象的重要原因。分配城市公民权成为国王吸引移民效忠的一个重要手段,亚历山大里亚男性公民分层的制度在托勒密王朝初期,已经确立下来。象岛的纸草档案中出现术语亚历山大里亚人(公元前285/284年),意味着这种等级早在托勒密一世统治时期就已存在。[3] 全权公民身份受到严格限制,德莫的注册人数可能也有一定限额,导致一些公民子嗣无法继承全权公民身份。从某种意义上来说,公民群体,尤其是亚历山大里亚城的全权公民代表着托勒密埃及最为传统的希腊人,他们隔绝于埃及本土,是城市希腊文化的标签之一,一定程度上也得到了希腊世界的认可。公元前二世纪下半叶,波利比乌斯曾经把亚历山大里亚城的居民划分为三类,一是难以控制的埃及人;二是雇佣军,人数众多,但是由于国王软弱而不服管束;三是亚历山大里亚人,尽管已经不是真正的文明人了,但仍然比另外两个群体高尚。波利比乌斯对亚历山大里亚城的没落感到惋惜,称亚历山大里亚人"最初毕竟是希腊人,有一般希腊人具有的传统"。波利比乌斯造访亚历山大里亚城时,正值埃及内乱,而此时埃及国力衰微,今非昔比。[4] 在希腊化时代,托勒密埃及仅有亚历山大里亚城公民有资格参加泛希腊运动会。然而,城市公民群体并非完全封闭,次等公民亚历山大里亚人都在某种程度上具有开放性。实际上,城市公民权也确实吸引了希腊人来投,也是托勒密国王在希腊世界网罗逸才的重要措施。

---

[1] Ibid., p.120.

[2] Ibid., pp.114 - 115.

[3] *P. Eleph.* 3.

[4] Polybius, 34.14.1 - 5.

第四节　移民科拉

除了建立新城,托勒密国王还在城市以外的广大科拉(乡村)兴建希腊人定居点,主要集中于尼罗河河谷的北部以及法雍地区。托勒密国王并未对埃及人已经占有的土地进行重新分配,而是选择开发新地,很可能是出于缓和族群冲突的考虑。① 考古证据表明,三角洲东部地区在托勒密国王统治时期得到了新的开垦,图米拉特河谷(Wadi Tumilat)出现了大量的托勒密定居点,有些定居点一直到拜占庭时期仍然繁盛。大约公元前160年左右,托勒密六世在莱昂托波利斯(Leontopolis)新设一个定居点,安置犹太人。在布巴斯提斯(Bubastis)和特木伊斯(Thmuis)也分别发现了公元前三世纪的希腊语纸草。②

这一时期,新旧定居点遍布适宜农业耕作的地区,主要集中于莫埃利斯湖(Lake Moeris)的南部、东部和西部。这些定居点现今多已经消失。而法雍地区中部的定居点和尼罗河三角洲地区的情况相近,相关考古证据在当今的村子偶有发现。不过,该地区最大的城镇,也是当时阿尔西诺省(Arsinoite Nome)的首府克罗克狄洛波利斯(Krokodilopolis)仍有很大一部分地区残存至十九世纪。克罗克狄洛波利斯位于法雍地区的中部,城镇位于一片高地之上。八条水渠从高地流过,由南至北注入莫埃利斯湖。克罗克狄洛波利斯不仅是地理意义上的中心城镇,而且由于大量希腊移民迁入,也成为该地区希腊文化和教育中心。

法雍西北部的菲拉德尔菲亚(Philadelphia)更具有明显的希腊色彩,它以托勒密二世的王后爱兄弟者·阿尔西诺(Arsinoe Philadelphia)命名。国王将10000阿鲁拉(aroura)③土地赐予内务大臣(*dioiketes*)阿波罗尼奥斯(Apollonios),芝诺(Zenon of Kaunos)则协助他管理土地。政府组织挖掘水渠,兴建灌溉工程。这里大量种植希腊人的传统农作物葡萄和橄榄,还引

---

① C. A. La'da, "Encounters with Ancient Egypt: The Hellenistic Greek Experience", p. 164.

② P. Davoli, "Graeco-Roman Settlements," in A. B. Lloyd, ed., *A Companion to Ancient Egypt*, 350 - 369, Oxford: Wiley-Blackwell, 2010.

③ 阿鲁拉(aroura)为古希腊面积单位,相当于2,756平方米。

入经济农作物罂粟。① 菲拉德尔菲亚有着棋盘式的严格城镇规划，但它没有自治机构，或应算作村庄（kome）。不过，菲拉德尔菲亚也建有体育馆和剧场，神庙里供奉着希腊的神祇，如宙斯（Zeus）、德墨忒尔（Demeter）和航海保护神迪奥斯库里（Dioskouroi），也有埃及神祇受到供奉，如鳄鱼神索贝克（Souchos）、图特神（Thoeris）等，伊西斯（Isis）和萨拉皮斯（Sarapis）则为希腊人和埃及人共同崇拜的神祇。此外，托勒密的历代国王和王后也和众多神祇一起被供奉在神庙中。由于高度的城镇化，它仍然被希腊人称为"波利斯"（polis），吸引大批移民前往定居。在芝诺档案中，有工匠写信给芝诺，称菲拉德尔菲亚声名远播，芝诺本人是一位优秀而正直的领袖，他们愿意携母亲和妻子前往投奔。②

　　法雍地区其他许多村落可能同样和王室联系密切，如泰阿德尔菲亚（Theadelphia）、托勒迈（Ptolemais）、以托勒密二世妹妹命名的菲罗特拉（Philotera）、狄奥尼西亚（Dionysias）或巴奇亚（Baccias）等。公元前三世纪中叶新建的定居点，都有着明显的规划模式。移民点甚至出现在较为偏远的莫埃利斯湖北岸，如，索科诺帕乌·奈索斯（Soknopaiou Nesos）也是在棋盘式格局上修建石屋。③

　　法雍地区集中了包括普通市民、军人及其家属在内的大量移民。其中，大约16.5％的居民在人口普查中登记为希腊人。军人及家属在总人口比例约为15.5％。在一些村落，希腊人甚至占当地人口一半以上。④

　　除此之外，希贝赫（El Hibeh）的墓地则出现了托勒密政府在赫拉克勒奥波利特诺姆（Herakleopolite nome）和奥克西林切特诺姆（Oxyrhynchite nome）安置封地军人的证据。封地军人在多大程度上参与了土地开垦活动尚无定论。移居埃及中部和南部地区的希腊人则相对少得多。托勒密王朝较晚时期的证据显示，封地军人分布范围较广。一些希腊人早在托勒密一世和托勒密二世当政时期，就已经移居底比斯（Thebaid）和象岛。例如，象岛的一份典型的希腊语婚姻契约可追溯至公元前311年，⑤证实希腊移民在

---

①　D. J. Thompson, "New and Old in the Ptolemaic Fayyum," in A. K. Bowman and E. Rogan, eds., *Agriculture in Egypt: From Pharaonic to Modern Times*, Oxford: Oxford University Press, 1999: pp. 123 – 138.

②　*PSI* IV 341; Rowlandson, *Women and society in Greek and Roman Egypt*, no. 201.

③　J. Rowlandson, "Administration and law: Graeco-Roman", in A. B. Lloyd ed., *A Companion to Ancient Egypt*, Oxford: Wiley-Blackwell, 2010, pp. 237 – 254.

④　W. Clarysse and D. J. Thompson, *Counting the people in Hellenistic Egypt*, vol. 2, p. 140.

⑤　*P. Eleph.* 1.

此地活动。在阿波罗波利特诺姆（Apollonopolite nome）的首府埃德夫（Edfu）也出现了希腊人的婚姻契约，①而该诺姆也有部分封地军人定居。然而，即使到了公元前 119/8 年，这里的封地军人规模和影响也很有限，他们一共占据 657 阿鲁拉土地。相比而言，其他私人占地多达 20000 阿鲁拉。②

人口普查情况显示，希腊移民和埃及人比邻而居，而双方冲突也常见于报送地方总督的陈情书中。现存有超过 125 件纸草记录了阿尔西诺诺姆（Arsinoite nome）的总督（strategos）狄奥法奈（Diophanes）的公文，也是目前 200 多位已知总督中，文本保存情况最好的一位。相关纸草文献分别保存在伦敦大英图书馆、开罗博物馆、里尔大学和巴黎大学，时间为公元前 222 年至公元前 218 年期间。

在涉及希腊人和埃及人争端的 25 份陈情书中，18 份为希腊人投诉埃及人，内容多为经济纠纷、军事寄宿等问题，暴力冲突为 10 例，另有 7 例则是埃及人投诉希腊人。如，公元前 221 年 2 月 26 日，埃及人帕西斯（Pasis）投诉一个拥有 70 阿鲁拉土地的希腊人格罗洛斯（Geroros）强占他的房屋。后者强行将他赶出自己的居所，并导致了他的牲畜丢失。③ 希腊军人骄横跋扈可见一斑。有时，希腊人也被卷入纠纷成为受害者。公元前 218 年，卡米诺村（Kaminoi）的希腊人伊多门努斯（Idomeneus）投诉同村的两个埃及人派托巴斯提斯（Petobastis）和荷洛斯（Hōros），他们在灌溉时用水冲走了他田里的种子。④ 信中并未提及埃及人的动机，而当事人除了追讨损失外也没有额外的要求，很可能就是一件纯粹的意外财产损失。公元前 221 年 2 月 26 或 27 日，埃及妇女泰托斯里斯（Tetosiris）控诉希腊人阿波罗多罗斯（Apollodoros）在一起涉及双方的法律诉讼中以暴力威胁控方证人。埃及证人在恐吓之下纷纷拒绝给控方作证。她在信中提到另一个受到威胁的证人是一个希腊人，"他（阿波罗多罗斯）甚至侮辱了比乌（Biou）——一个拥有上百阿鲁拉土地准备为我作证的希腊地产者，但是他说他也将打他，因此他不会给我作证。"

托勒密国王对军人的安置措施正是导致军民关系紧张的重要的原因。托勒密家族从海外征召的士兵中，小部分驻守亚历山大里亚城，主要负责保护宫殿和上层精英。大多数则被分派至科拉各地。他们在国王许可下，行

---

① *Sel. Pap.* II 207.
② *P. Haun.* inv. 407.
③ *P. Ent.* 11.
④ *P. Ent.* 60.

使军宿权,以合法身份入住在当地埃及家庭。

这种粗暴的安置措施让埃及居民被迫在生活中直面希腊移民,传统生活被打乱,私有财产遭到侵犯。纸草文献也显示,军宿权的执行给地方埃及家庭带来了严重的困扰,为平息抗议,托勒密二世下令约束士兵的行为。在公元前276年至公元前261年之间,国王至少六次颁布法令,对滥用军宿权的士兵进行惩罚。如,禁止已经行使过军宿权的军人额外索求第二间房屋。如果造成既定事实,则该士兵将被剥夺军宿权,并退还所得房屋。国王还要求士兵只能占据房主一半房屋,必须将剩下一半房屋留给房主。

尽管托勒密国王对滥用军宿权的行为予以严酷的惩罚,[①]却并未能有效限制暴行的发生。心生憎恶的埃及人也采取了激烈的行为来抗拒外来的军人。他们或是将屋顶掀掉,或是在房间里修建祭坛,将房屋伪装成无法入住的样子。面对埃及人的抵制,希腊人也只得报告上级管理者,请求许可拆除祭坛,为新来的军官清理军宿房。[②]

寄宿的军人为了保护家庭私产,在宿主家筑墙隔离双方的生活空间。这种筑墙成为军人寄宿埃及家庭的一个惯例,似乎也得到了官方的许可。然而,这种自我保护也并非总能如愿。公元前222年的一份陈情书中,一个军人遗孀向国王抱怨丈夫死后,宿主埃及人鲍里斯(Poōris)阻止她筑墙。[③]

希腊军人滥用军宿权也导致了军人之间矛盾重重,抢夺房屋的事件时有发生。公元前259年,一个名为阿鲁斯(Areus)的军人向国王投诉同僚凯法隆(Kephalon),要求惩治恶行。阿鲁斯声称对方在自己早已入住的情况下,使用暴力强行夺屋。因为四邻见证者纷纷谴责,凯法隆才未能得逞。[④] 公元前254年,由于问题严重,国王也写信敦促地方官员,杜绝暴力抢占房屋的现象。妥善安置士兵,保证他们的寄宿房屋不被侵占。[⑤]

许多信件虽然是写给国王,但实际受理投诉的官员则是地方总督。一般来说,下属职员会为总督阅读信件,并记录将军给出的处理意见。一些常规事件,职员可获得授权处理,总督无需事必躬亲。一份申诉书完成批示后就存在办公室,另做一个副本送交地方相关机构——通常是村治安官处理。一般的处理意见都是协调矛盾,批示常常有一些套语,如"尽可能协调。如

---

① *P. Petrie* III 20.

② *P. Ent*. 11.

③ *P. Ent*. 13.

④ *P. Lond*. 106.

⑤ *P. Hal*. 1,166－179.

若不能,则交由我来处理。"或"调查此事保证他(她)获得公正。"等。① 熟悉了这些程式的职员往往在抄写时潦草处理。地方政府息事宁人的态度也可能是滥用军宿权现象屡禁不止的原因之一。

可见,为了安置移民而授予希腊军人特权也是一柄双刃剑。迁居埃及腹地的希腊军人在得到特权之后更加难以约束,尤其军宿权是直接以牺牲埃及本地人利益为代价来安置希腊军人,地方关系紧张自然难以避免。另一方面,一些埃及居民和希腊移民因军宿制度的推行,必须应对彼此文化和生活习俗的差异,交流日益频繁。

小　结

托勒密国王在埃及建立起统治以来,采取了一系列措施巩固统治,其中最重要的一项是推行族群特权政策,吸引和安置希腊移民。尽管在招募雇佣军时,国王并未强调希腊人身份,但根据时势,托勒密国王兵源仅限于希腊世界。整体而言,希腊移民依据身份和职业不同,获得不同特权。相比埃及人,他们获得的特权更为普遍。在托勒密国王的族群特权政策中,最大的赢家应属城市公民和封地军人。希腊移民获得的特权复杂多样,分为不同类型和层级,也起到了聚贤纳才、激励属民的作用。很显然,将居民分群、分级而治是托勒密政府精心设计而制定的策略。

传统观点否认托勒密国王在埃及推行了族群政策,认为托勒密王室有理由担心族群冲突带来的动荡。但事实是,以希腊传统方式生活在城市中的公民和希腊雇佣军人都被授予明显的特权,希腊人还广泛享有免税特权和一定的司法特权。托勒密家族在使用族群标签上也没有丝毫忌惮。托勒密国王很可能以这些特权为条件,吸引大量希腊人迁居埃及。前提是,托勒密国王有意打造了双面国王的形象。国王巧妙地维持埃及人和希腊人之间的平衡。一面拉拢和安抚埃及人,另一面在推行族群特权策略时,通过开发新地安置军人和其他移民,避免激化矛盾。而在城市和乡间移民,驻军威慑,也起到平衡地方势力的作用。

从整体情况来看,托勒密一世为巩固在埃及的统治,通过支持希腊文化以及营造特权群体等方式,吸引和安置希腊移民。托勒密王朝以军人为主要招募对象,兵源也主要限于希腊世界。希腊移民依据身份和职业不同,获

---

① *UPZ* 106; Lewis, *Greeks in Ptolemaic Egypt*, pp. 59 - 60.

得不同特权。在托勒密国王的族群特权政策中,城市公民和封地军人受益最大。希腊移民获得的特权复杂多样,分为不同类型和层级,也起到了聚贤纳才、激励属民的作用。

托勒密一世将托勒密城嵌入传统势力强大的底比斯地区,该城的长期繁荣证明了国王策略的成功。亚历山大里亚城更是成为吸引移民的巨大磁石。埃及的希腊城市相对和平安定,似乎对国王的管理方式并无不满,至少在托勒密王朝统治的前一个世纪对君主保持着忠诚。据波利比乌斯记载,托勒密四世统治时期(公元前 221 年—公元前 204 年),流亡埃及的斯巴达国王克里奥美尼(Cleomemes)因禁城市总督,在占据优势的情况下煽动亚历山大里亚城市民反叛,竟无一人响应,甚至没有丝毫动摇。[①] 托勒密一世称王之前,曾惨败于德米特里乌斯(Demetrius)和安提贡(Antigonus),折损数万希腊军士。公元前 306 年,托勒密一世在萨拉米斯(Salamis of Cyprus)战败,8,000 步兵和 40 艘战舰被俘,同年,托勒密一世共损失 16,000 步兵和800 骑兵,近半数军队蒸发,被迫放弃塞浦路斯和叙利亚地区。[②] 尽管同样依赖希腊军人的希腊化王国竞争激烈,自由移民却大量涌入埃及,使托勒密国王即使在经历惨败之后,仍能够维持一支 30,000 至 40,000 的陆军,常备100 艘战舰,一举扭转颓势,还将小亚细亚南部、叙利亚纳入王国势力范围。托勒密的策略为继承者沿用,在近半个世纪的时间里,王国保持着在地中海东部的强势地位,迫使塞琉古王国与马其顿结盟对抗,足可见托勒密移民策略的成效。

托勒密王朝早期扩张战略以及对希腊移民的依赖决定了王国的治理策略仍然是围绕希腊人的迁居和安置进行。托勒密二世即进行改革,确立"希腊人"身份,还依据不同的情况,授予希腊移民多重特权,同时也在司法上对希腊移民予以隔离保护。

---

① Polybius, 5.39.

② Diodorus 20.46,47,51; C. Fischer-Bovet, *Army and society in Ptolemaic Egypt*, p.53.

第三章　托勒密二世的税制改革与
特权族群的形成

托勒密一世的对外战略在托勒密二世(Ptolemy II Philadelphus)统治时期得以延续,而其族群策略则被进一步发展,官方在法雍地区划分的族群和税收特权挂钩,打破了原族群藩篱,甚至带来了行政机构的变革。

公元前264年,是托勒密二世(Ptolemy II Philadelphus)执政的第二十一年。是年,托勒密二世以埃及法雍为重点开发地区,建立起新税收体系。过去,西方学者侧重从推动经济发展的角度讨论,将新税制看作"王室经济"的重要一环。[①]

结合最新出版的史料以及数据库成果综合来看,早期研究忽视了税制改革中的族群因素。税单显示,希腊人(Hellenes,世俗体埃及语 Wynn)拥有免税、免徭役等多种特权。[②] 由于官方定义的希腊人是开放性的,一定程度上吸引了非希腊人接受希腊文化教育,加入这个特权"族群",向王室效忠。近年来,受到克拉瑞斯和汤普森研究的影响,一些学者开始留意族群身份变化带来的社会影响。[③]

---

① M. Rostovtzeff, *the Social and Economic History of the Hellenistic World*, Oxford: Oxford University Press, 1998; D, J. Thompson, "Economic Reforms in the Mid-Reign of Ptolemy Philadelphus," in P. Mckechnie and P. Guillaume, eds., *Ptolemy II Philadelphus and his World*, 27 – 38, Leiden and Boston: Brill, 2008; J. G. Manning, "Networks, Hierarchies, and Markets in the Ptolemaic Economy," in Z. H. Archibald, J. K. Davies and V. Gabrielsen, eds., *The Economies of Hellenistic Societies, Third to First Centuries BC*, 296 – 323, Oxford: Oxford University Press, 2011.

② W. Clarysse and D. J. Thompson, *Counting the people in Hellenistic Egypt*, vol. 2, pp. 124 – 157.

③ D. Kehoe, "The Economy: Graeco-Roman," in A. B. Lloyd ed., *A Companion to Ancient Egypt*, Oxford: Wiley-Blackwell, 2010, pp. 309 – 325, p. 314; C. Fischer-Bovet, *Army and Society in Ptolemaic Egypt*, p. 171; S. Scheuble-Reiter and S. Bussi, "Social Identity and Upward Mobility: Elite Groups, Lower Classes, and Slaves," in K. Vandorpe ed., *A Companion to Greco-Roman and Late Antique Egypt*, 283 – 298, Hoboken: Wiley Blackwell press, 2019, pp. 288 – 289.

然而,脱离税制改革研究托勒密埃及的族群,就无法充分解释"变成希腊人"的现象以及族群划分对社会结构的影响。阿兰·鲍曼(Alan Bowman)曾指出,"希腊人的到来给埃及社会增加了一个新的统治阶层,引发了一场社会革命。"①托勒密二世为降低行政和军事成本,通过自上而下的税制改革制造出跨越血缘界限的"希腊人",以官方身份、特权和职业为区分他者的要素。新政策固然也为埃及人打开了希腊化之门,资源分配的天秤无疑更向着希腊人倾斜,成为社会阶层变革之根本原因,产生了长达百年的影响。公元前三世纪晚期的埃及军人反叛正是在这种历史背景下发生。下文将借助新整理的纸草文献,具体探讨特权希腊人群体的构成以及对社会结构变化产生的影响。

第一节 托勒密二世的扩张倾向与税制体系改革原因

推动经济改革最直接的目的即增加收入,而追求财富的背后则有深层次的原因。其中涉及到托勒密二世的对外扩张战略、兵源补充、国内交通线的保障以及土地开发等问题。托勒密王朝是依靠希腊雇佣兵建立起来的,②对财富和希腊兵源的需求自然首当其冲。托勒密二世继位之后,王国依赖希腊雇佣兵的情况并没有多少改善。泰奥克利图斯在夸耀君主托勒密二世的慷慨时留下了这样的诗句:"托勒密是自由人最好的雇主",③国王的"身边总是簇拥着青铜铠甲武装的骑士和持盾的重装步兵"。④ 王国兵源多来自埃及以外的希腊世界,直到托勒密四世统治时期才开始将本土士兵编入方阵参战。⑤ 即是说,托勒密王室不仅要竭力从属地扩大收入,还须注意保护海外领地,甚至进一步扩张,以维持军力。

托勒密王朝的对外扩张战略让兵源和财政问题变得更为严重。托勒密二世以其对希腊文化的慷慨赞助蜚声于世,埃及首府亚历山大里亚城在希

---

① A. K. Bowman, *Egypt after the Pharaohs: 332 BC–AD 642: from Alexander to the Arab Conquest*, Berkeley: University of California Press, 1986, p.122.

② Diodorus, 18.14.1; C. Fischer-Bovet, *Army and Society in Ptolemaic Egypt*, p.133.

③ Theocritus, *Idyll*, 14.59.

④ Theocritus, *Idyll*, 17.93–94.

⑤ Diodorus, 18.14.1; Polybius, 5.87.1–2; G. Hölbl, *A History of the Ptolemaic Empire*, p.184; C. Fischer-Bovet, *Army and society in Ptolemaic Egypt*, pp.88–91.

腊化时代齐名雅典与他的支持密不可分,①以致有学者认为他重文治、轻武功,并不好战。② 实际上,托勒密二世执政后,将大部分时间都投入到了对外战事。他所经营的是一个西起爱琴海、昔兰尼,东北至安纳托利亚东南部,南包括古埃及至努比亚,并红海沿岸的庞大帝国。为此,他先后与塞琉古和马其顿王国开战,托勒密二世当时控制了潘菲利亚(Pamphylia)、西里西亚(Cilicia)、吕西亚(Lycia)和卡利亚(Caria)等地区,③还派遣海军大将帕特罗克洛斯(Patroklos)积极进军爱琴海,在克里特的伊塔诺斯(Itanos)、泰拉(Thera)以及梅萨拉-阿尔西诺(Methana-Arsinoe)等岛屿建立海军基地,以维持海上的优势。

在执政之初,托勒密二世的兄弟凯劳诺斯(Ptolemy Keraunos)于色雷斯崛起,在马其顿称王,还宣称对埃及王位的继承权。尽管凯劳诺斯的强势不过昙花一现,但从他手中逃脱的阿尔西诺(Arsinoe II)到达埃及后成为托勒密二世的新王后,从此埃及和马其顿的对立日益严重。直至托勒密二世辞世,这位叱咤风云的君主一直积极煽动和组织各种反马其顿活动。面对安提贡(Antigonos Gonatas)在马其顿的崛起,托勒密开始积极协助希腊各城邦"自治"。公元前273年,以普拉提亚(Plataea)为基地的反马其顿希腊联盟形成,背后的支持者正是托勒密。随后,托勒密又与雅典和斯巴达结成同盟,支持希腊城邦反马其顿的克莱蒙尼底战争(Chremonidean war)。战争爆发后,托勒密二世的目的逐渐暴露,他追求的是政治影响力,而并非实际的军事收益。托勒密的军队并未参与陆战,自然也没有什么值得称道的军事成就,得不到支援的雅典和斯巴达战败。此后,托勒密转而支持希腊中部的埃托利亚同盟(Aetolian League)和伯罗奔尼撒北部的阿凯亚同盟(Achaean League),与他们在反对马其顿的问题上达成一致。实际上,托勒密只想保持在希腊世界的影响,在战略方面,他把制海权看得更为重要。马其顿与希腊城邦剑拔弩张,托勒密的海军大将帕特洛克罗斯(Patroklos)却乘机在爱琴海中部地区建立许多海军基地,稳固基克拉底群岛的防御,影响力甚至扩及克里特南部。另一方面,来自塞琉古的威胁也与日俱增。公元

---

① O. Murray, "Ptolemaic Royal Patronage," in P. Mckechnie and P. Guillaume, eds., *Ptolemy II Philadelphus and his World*, 9 – 24, Leiden and Boston, 2008; G. Shipley, *The Greek World after Alexander*, 323 – 330 BC, New York: Routledge Press, 2014, p.202.

② Alan E. Samuel, "The Ptolemies and the Ideology of Kingship," in P. Green ed., *Hellenistic History and Culture*, 168 – 192, Berkeley: University of California press, 1993, p.183.

③ Theocritus, *Idyll*, 17.86 – 90.

前 278 年,安条克一世和马其顿的安提贡建立起同盟关系,托勒密不得不在前线面对两大强敌。更糟糕的是,这一时期,托勒密二世的同父异母兄弟玛伽斯(Magas)在昔兰尼称王,同样有托勒密王朝继承权的玛伽斯在塞琉古王国的支持下兴兵讨伐,试图将亲兄弟赶下王座。因利比亚游民暴动功败垂成,但玛伽斯在昔兰尼的地位依然稳固,还发行自己的货币。昔兰尼与托勒密埃及由此紧张对峙长达二十余年。

纵观托勒密二世在位期间的对外攻略,其打击的主要敌人和拉拢扶植的盟友均来自希腊世界。托勒密可能担忧日益崛起的塞琉古王国,不愿意在希腊投入太多军力。受制于东方战线的压力,他采取了较为保守的战略,但他始终想遏制马其顿,只得在外交上多做文章,必须保持甚至增进在希腊城邦中的影响。

托勒密王国虽远在埃及,却必须维系与希腊世界的文化纽带。托勒密的扩张不止于军事和外交行动,也表现在希腊文化竞争上。托勒密二世在希腊文化上倾注颇多,积极参加泛希腊赛会,并且留下了辉煌的记录。

从赛会优胜者名单看,来自埃及的托勒密王室成员与大臣几乎只出现在最具影响力的赛会和赛事上,他们在奥林匹亚赛会的驷马赛车项目上有着压倒性优势,体现出在希腊世界对声誉的追求。参见奥林匹亚赛会驷马赛车项目优胜者列表(时间存疑,但可以确认获胜者名单):[1]

年代(公元前)	获胜者	获胜者(推测)	其他可能的获胜者
288		Berenike I	Ptolemy I, Ptolemy II, Lampos, Telemachos, Eu..., Theochrestos
284		Ptolemy II	Ptolemy I, Berenike, Lampos, Telemachos, Eu..., Theochrestos
280		Dios	Ptolemy II, Berenike, Lampos, Telemachos, Eu..., Theochrestos
276		Dios	Ptolemy II, Glaukon, Telemachos, Theochrestos
272	Arsinoe II		
268	Karteros		
264			Dios, Glaukon, Telemachos, Eu..., Theochrestos

[1] S. Remijsen, "challenged by egyptians: Greek Sports in the third century bc." *International Journal of the History of Sport* 26:246 - 271,2011.

续　表

年代(公元前)	获胜者	获胜者(推测)	其他可能的获胜者
260		Glaukon	Berenike Syra, Dios, Telemachos, Eu…, Theochrestos
256		Berenike Syra	Glaukon, Dios, Telemachos, Eu…, Theochrestos
252		Dios	Glaukon, Telemachos, Eu…, Theochrestos
248		Dios	Telemachos, Eu…, Theochrestos
244			Berenike II, Telemachos, Theochrestos

在公元前三世纪上半叶的十四届奥林匹亚赛会纪录中,来自埃及的参赛者至少拿到了五次或者六次驷马赛车优胜。

在上表中,除了国王,奥林匹亚赛会获胜者名单中还出现了托勒密王室的廷臣特勒波勒摩斯(Tlepolemos son of Artapates of Lycia)和托勒密二世的情妇贝利斯特克(Belistiche)。前者曾经于公元前 246 年和公元前 245 年出任名年祭司(eponymous priest)。[1] 托勒密二世的海军大臣卡里克拉特斯(Kallikrates of Samos),在皮提亚驷马赛车中获胜,时间可能为公元前 274 年。卡里克拉特斯出任海军大臣的时间约为公元前三世纪七十年代至五十年代,这次赛会冠军大致与他政治生涯的巅峰时期相吻合。[2] 在奥林匹亚赛会、尼米亚赛会(Nemean games)和伊斯特米亚赛会(Isthmian games)都赢得过优胜的艾特阿克斯(Etearchos, son of Kleon)注册为亚历山大里亚公民,并出任过阿尔西诺省的总督。[3]

这些辉煌的记录背后自然是托勒密王廷对泛希腊赛会积极的态度和大量人力和财力投入,或许正因为如此,托勒密二世在法雍进行的所谓税收改革中也明确表现出对希腊赛会的重视和希腊化倾向。这也成为托勒密二世能够引导希腊移民迁入埃及,安居乐业的重要原因之一。

---

[1] Clarysse, W. and Van der Veken, *The Eponymous Priests of Ptolemaic Egypt (P. L. Bat.* 24). Leiden: Brill, 1983, pp. 8 - 10.

[2] P. Bing, "Posidippus and the Admiral: Kallikrates of Samos in the Milan Epigrams," *Greek, Roman and Byzantine Studies* 43（2002 - 2003）: 243 - 266; H. Hauben, *Callicrates of Samos: A Contribution to the Study of the Ptolemaic Admiralty*, Leuven: Leuvense Universitaire Uitgaven, 1970.

[3] D. J. Thompson, "Posidippus, Poet of the Ptolemies," in K. Gutzwiller ed., *The New Posidippus: A Hellenistic Poetry Book*, 269 - 283, Oxford: Oxford University Press, 2005.

意识形态之外,改革的目标可能是开发土地、招徕移民,尤其是军事移民。要在希腊化王国的激烈竞争中归化移民,托勒密必须开出足够优越的条件。三大希腊城市对移民的容纳能力有限,需要更多土地安置海外移民。

新税制尤其有利于以男性为主的军队或劳动力迁入,他们的纳税金额较之前大幅度减少。在沿用前朝税制的基础上,[1]托勒密一世增设新的税种——人头税,称牛轭税。这种税区别于传统埃及税收,不以神庙为单位,而以单独的成年男子为征税对象,也可能是按户征收。牛轭税的年税额为4基特(kite),折合8德拉克马(drachmas)。[2] 牛轭税最后一次在文献中出现,是托勒密二世第21年。托勒密二世第22年,即公元前264年,王室推行税制改革,此后人头税的形式为盐税(Salt Tax)和奥波尔税(Obol Tax)。盐税的年税额仅为成年男子¾基特,约合1德拉克马3奥波尔,成年女子½基特,约1德拉克马。分别相当于一个普通工人劳作9天和6天的最低收入。奥波尔税的额度则仅仅只有1奥波尔。而通常一个普通家庭约4至5个家庭成员,[3]假如以家庭为单位征税,盐税的税额明显低于牛轭税。

军官有资格分得大片土地,特权惠及子嗣。这便使希腊人愿意脱离故土,在埃及定居。托勒密可获得相对稳定的军力,也有利于增强埃及腹地的防御。另一方面,在农业上,这些士兵成了国王的"拓荒者","稳定地扩大着国家的可耕地"。[4] 例如,公元前三世纪中叶,阿尔西诺地区的税单显示,[5]在3472个成年男子中,3418人只缴纳1德拉克马盐税,仅54人缴纳奥波尔税,意味着大多数人获得了免税权。这份税单极有可能记录着一支

① 新王国(公元前1550年—公元前1069年)时期,埃及政府的税收形式主要为收成税和强制徭役两项。神庙和王室每年征收一次收成税,通常为谷物。征收的部分谷物被制成面包和啤酒,用于支付大量神职人员、依附民、雇农以及工匠的报酬,参见:J. Janssen, *Commodity Prices from the Ramessid Period*,Leiden,1975,pp. 455 - 493;威尔伯纸草(Wilbour papyrus)中保留了埃及中部地区相关税收记录:根据土地类型和产量的不同,神庙和王室机构分别每1阿罗拉高地、次高地以及新地征收5袋、7½袋以及10袋谷物的收成税,官员和士兵耕种的土地则享受一定程度的减税特权,他们仅需缴纳1½袋谷物,见:B. Haring, *Divine Households: Administrative and Economic Aspects of the New Kingdom Royal Memorial Temples in Western Thebes*, pp. 283 - 315。依附民和农民是徭役的主要征召对象,他们被组织起来进行耕作、收割以及采石等工作,具体徭役时间不明,但一些神庙和机构的依附民可以免于徭役。新王国结束之后,后继的舍易斯王朝(公元前664年—公元前525年)以及波斯人基本延续了这些传统税收,而托勒密王朝也不例外。
② B. P. Muhs, *Tax Receipts, Taxpayers, and Taxes in Early Ptolemaic Thebes*, Oriental Institute Publications, vol. 126, Chicago, p. 8.
③ W. Clarysse and D. J. Thompson, *Counting the people in Hellenistic Egypt*,vol. 2, pp. 241 - 246.
④ [美]威廉·弗格森著:《希腊帝国主义》,第94页。
⑤ *P. Count*. 1. 40 - 45.

军队的税赋缴纳情况,而免税者的压倒性数量优势则证实该地军事殖民的性质。希腊雇佣军是国王统治的支柱,也有税单将他们单独列出,体现出其特殊身份。①

移民人数增加,土地垦殖面积扩大,赋税和租金等也自然提升,可解决财政问题。托勒密王朝统治初期,在埃及的主要三大农耕地区中,河谷地区和三角洲一带早已开发成熟,耕地面积分别为 10000 平方千米和 16000 平方千米,而法雍则有更大的开发潜力,仅开发 1300 平方千米。② 根据鲍曼推算,如果法雍地区土地全部开发为耕地,可以养活 9,000,000 人口,需要 1,500,000 农民。③ 自托勒密一世统治时期已开始对法雍地区进行排水和灌溉工程,依然在有序进行。④ 托勒密王室树立了安置移民的典范,获得更多可支配土地。这也有助于增强托勒密王国的军事和经济实力,赢取地中海世界的霸权。⑤

在推行税制改革过程中,托勒密王室以族群标签为区分,希腊人或希腊文化和技术为基础的特权群体在埃及中部地区形成了。

第二节　新税收体系中"希腊人"身份的建构

希腊移民获得经济特权在托勒密二世的税收改革中得以确立,这种特权成为官方划分族群的一个重要特征。托勒密王朝并没有在埃及建立全新体系,前期基本沿袭了新王国以来的结构。⑥ 但完成以税收改革为前提的族群划分则借用了希腊的管理模式,其中人口普查与登记、税区的划分多少有希腊世界的印记。

一、人口普查、盐税与族群划分的行政基础

统计人口是国家的控制手段之一,也是人头税推行的前提条件。托勒密王朝初立之时,居民构成状况复杂,人口普查与籍录对于国家的安定和巩固意义重大。新移民和原埃及本地居民都应在政府主持下登记注册。全国

① P. Count. 1,32－58.

② A.K. Bowman, *Egypt after the Pharaohs: 332 BC－AD 642: from Alexander to the Arab Conquest*, Berkeley: University of California Press, 1986, p.13.

③ Ibid., p.17.

④ D.J. Thompson, "Economic Reforms in the Mid-Reign of Ptolemy Philadelphus", p.30.

⑤ 郭子林:《古埃及托勒密王朝对法尤姆地区的农业开发》,《世界历史》2011 年第 5 期。

⑥ J.G. Manning, *The Last Pharaohs*, pp.75－76.

范围的人口调查和身份登记在古代世界并不少见。雅典公民等级的划分以及斯巴达的公餐制，都建立在国家掌握个体公民身份和财产信息的基础上，埃及则在新王国时期就建立了较为完整的人口普查和税收制度。公元前15世纪的维西尔（vizier）拉克赫米尔（Rekhmirê）的碑铭传记称他主管人民登记注册。另一碑铭描述了公元前14世纪早期，书吏查诺乌尼（Tjanouni）曾经跟随法老图特摩斯四世（Thutmosis IV）对全国人口进行调查，包括士兵、祭司、王室工人以及所有工匠，家禽家畜，无论大小也都在统计之列。①

　　由于缺乏相关史料，学者们无法得知托勒密王朝的人口调查全貌，也没有发现任何王室法令标志人口调查的开端，但是部分征税形式则有着相对详尽的记录。如，盐税的征收是在人口普查基础上，列出税单。地方官员须按照官方注册的居民身份，对全国各个税区所有成年人进行归类，即使免税者也需登记在列。托勒密政府对书面记录十分重视。在人口调查和征税过程中，各地官员须以纸草和陶片为载体记录个人身份信息和财产等细节，列出税单和纳税人，并发放征税收据，体现出新政府与之前期政府行政操作不同之处。以目前的史料来看，托勒密王国的人口籍录系统并不完善，而且也缺乏常规性和周期性，不过其重要性却无可置疑。托勒密王国对于居民的经济特权身份以及法律身份的认定很可能正是基于人口普查和身份籍录制度。

　　托勒密王朝进行人口普查的直接证据，最早出现在托勒密二世在位的第三十五年，即公元前251年。② 不过，实际的人口普查可能早已实施。基于人口登记情况而征收的盐税则可以追溯至公元前263年，另有260年牲畜和奴隶的登记记录。③ 出于征税的考虑，具体信息都被详细登记，买卖声明和官方登记记录一共两份，方便核对，档案的建立和收存由村长（komarchs）负责。这些记录表明可能此前税收系统已经在埃及建立起来。

　　托勒密王朝似乎并没有建立定期调查人口的机构，收税官需要统计的是纳税人的姓名以及数量，如果遇到纳税人死亡或是迁移等情况，则需对照以前的税单做出调整。税单通常每年都要更新，至于全国范围的人口普查周期尚不得而知。托勒密埃及的人口普查与分类主要基于家庭和"族群"（ethnos）两个方面，分别被称为家庭登记（kat' oikian）和"族群"登记（kat'

① D. Valbelle, Les recensements dans l'Egypte pharaonique des troisième et deuxième millénaires. *CRIPEL*, 9(1987):33-49.

② *P. Count*. 9.18.

③ S. V. Wangstedt, "Demotische Quittungen über Salzsteuer", *Orientalia Suecana* 27-28, 1978-9:5-27.

ethnos）。

在人口普查过程中,首先登记家庭住户,在此基础上记录家庭成员的身份和职业。两者分开记录,家庭记录不包含住户的职业信息,很可能两份记录应该有不同的用途。这种居民双重登记系统,为托勒密时代首次开创,也是这一时期的独特之处。通过人口普查,明确希腊人和埃及人的身份,并以此为基础进行盐税登记,国家授予希腊人相应的经济特权。

在人口普查的基础上,盐税的征收和登记即依据家庭和"族群"进行。具体而言,家庭登记(*kat' oikian*),主要挨家挨户登记家庭信息,记录成年男子数量、家庭关系、盐税以及奥波尔税的缴纳情况,[①]有一些还登记家庭成员职业情况,[②]有时甚至会记录地理状况。[③]

以 *P. Count*. 4(*P. Lille dem*. III 101)为例,这份纸草文献以木乃伊板的形式发现于马哥多纳(Magdola),保存的内容较为完整。文本内容显示这些税收文书来自法雍地区阿尔西诺诺姆(Arsinoite nome),很可能属于诺姆首府克罗克狄隆波利斯(Krokodilon polis)。文书使用世俗体埃及语,以户 *awy* 为单位,记录了公元前 254 年至公元前 231 年期间的税收情况。这一时期,普通埃及男性居民须缴纳 1 德拉克马盐税和 1 奥波尔的奥波尔税,女性居民缴纳 3 奥波尔的盐税。尽管没有登记族群信息,但是可以通过纳税金额来判断哪些居民享受了免税特权。由于这类经济特权直接与族群身份挂钩,它意味着,很可能在制定纳税者名单时,托勒密行政机构已经掌握或者另行登记了居民的族群状况。税单一共 10 列,由上至下登记户主和家庭成员信息,以及纳税金额。具体登记模式如正面第 2 列,税单第 32 行,记录帕森诺巴斯提斯之子帕森伊阿赫(Psen-IaH son of Psenobastis)家,登记职业信息为裁缝,户主缴纳 1 德拉克马,另 1 奥波尔税金,接下来第 33 行,记录他的妻子哈特莱提斯(Hatheretis)缴纳 3 奥波尔税金。第 60 行出现女性户主泰奥菲罗斯之女泰墨提斯(Taimouthis daughter of Theophilos),应为希腊名字,文书中只记录下她一人缴纳 3 奥波尔的记录。除了上述"希腊妇女",税单中实际上还登记了其他"希腊人",税单第 3 列,税单第 61 行至第64 行分别记录克莱安德罗斯之子摩尼莫斯(Monimos son of Kleandros)纳税 1 德拉克马,他的妻子埃索艾莉丝(Esoeris)纳税 3 奥波尔,他的女佣索斯特拉特(Sostrate)纳税 3 奥波尔,他的女儿德墨特丽雅(Demetria)纳税 3 奥

---

① *P. Count*. 4,7,9,10,18,19,21,52, *P. Mon. inv*. 344+346.

② *P. Count*. 9,10,18,19,21.

③ *P. Mon. inv*. 344+346.

波尔。尽管摩尼莫斯的名字使用世俗体埃及语登记为 Mnymws sA QlAntrs,他的父亲被证实为亚历山大里亚公民,属于安德罗马凯奥斯部族(the deme Adromacheios),他可能娶埃及人为妻,但仍以"希腊人"的身份,享受免奥波尔税的特权,第 61 行记录他仅缴纳 1 德拉克马盐税。(P. Petrie I 1.55 - 56)税单的第 8 列则改用希腊语记录,但大多数内容难以辨认,仅第 191 行的一位女性姓名 Nempnophris 被完整读出。希腊语书写的内容仅此一列。

"族群"登记(kat' ethnos)实际较为复杂,这一类税收文书中除了记录家庭信息,男性数量。如果没有男性,则记录下女性的数量。此外,这类文书的登记内容还包括居民身份、族群背景和职业信息。[1] 在埃斯诺斯登记文书中,包含了族群身份和职业不同的许多免税者,他们在托勒密政府的管理下,成为经济特权群体。根据税单的内容,可以推定,"族群"登记中,ethnos 并不等同于严格族群,更不宜直接与民族认同挂钩。在托勒密的税收体系中,这一术语应作"群体"理解。实际上,托勒密三世统治早期曾规定"神圣群体免于赋税"。[2] 这里神圣群体,使用了 hiera ethne 一词。[3] 这份档案列出了祭司 hiereis,神职助手 nothoi,以及书吏 hierogrammateis 几个职业群体的名单,在公元前 229 年的一系列文献提供了更详细的祭司群体信息,记录鳄鱼神索贝克(Souchos)、盖伯(Geb)和塔沃里斯(Thoeris)、荷鲁斯(Horus)、库努姆(Chnoum)以及伊比斯(Ibis)等相关神职人员免于盐税。[4] 在这部分文献中,除了神职人员,还有希腊教师、医生、运动员教练等按照职业划分的群体,还有注册为希腊人而免税的名单表,包括:希腊人医生、教师以及漂洗匠都可免于缴纳奥波尔税;另有一类记录为"象岛人"(men of Elephantine)和"菲莱人"(men of Philae),可能是南部边境警察,也在免税者之列。[5] 接下来,波斯人(Persians)和阿拉伯人(Arabs)也属于免税的群体。可见,在托勒密新税收体系中,特殊职业者和官方划分的族群构成了两个主要的经济特权群体。

以 P. Count. 26(即 CPR XIII 4 - 7)为例,这份税单来自一具木乃伊的盒子,共计三份纸草残片(A 和 B+C),宽度相等,长度各异,分别为 17 *

---

① P. Count. 2.1 - 194, 5, 6, 10, 20, 23, 26, 48, 49, 50, 51, 53, P. Mon. inv. 343, P. Mon. inv. 345.

② P. Count. 16.3 - 7.

③ W. Clarysse and D. J. Thompson, Counting the people in Hellenistic Egypt, vol. 2, p.56.

④ P. Count. 2.516 - 537.

⑤ P. Count. 2.478 - 505.

32cm，17 * 43.5cm，17 * 11cm。纸草正面和背面都使用希腊语记录税收情况。税单共计 21 列(347 行)，正面内容为 14 列，背面有 7 列。其中残片 A 正面为开端，1 至 5 列(cols. i - v)，背面为 17 至 21 列(cols. xvii - xxi)；残片 B 和 C 内容连续，应为同一片纸草，拼接起来之后，正面为 6 至 14 列(cols. vi-xiv)，背面为 15 至 16 列(cols. xv-xvi)。这份文献记录了公元前 254 年至 231 年，阿尔西诺诺姆特米斯托斯迈里斯区(Arsinoite nome, *meris* of Themistos)的一个村庄特里克米亚(Trikomia)的税收情况。残片 A 的正面首行写下了征税地区的名称 Trikomia，但此税单用途未明，或为尚未征收的名册，或为征税已完成的记录。第二行开始逐一记录纳税者姓名和信息，仍然单独列出盐税和奥波尔税。从第 5 行开始，纳税者情况和纳税金额较为完整，如第 5 行，特奥斯之子昂诺佛里斯(Onnophris son of Teos)纳税 3 奥波尔。第 6 行，多利昂(Dorion)，酿酒师(ζυτοποιός)，纳税 1 德拉克马。第 7 行，他的妻子特奈芙(Tneph)，纳税 3.5 奥波尔。第 8 行和第 9 行 Tebteis…a，菲利亚斯(Pyrrias)的妻子，纳税 3.5 奥波尔。第 10 行，Pho..s，漂洗工γναφεύς，纳税 1 德拉克马和 1 奥波尔。第 4 列还在名单最后统计了纳税者总人数，该列共计 15 人。残片 B 正面第 6 列，文书第 107 行则分别统计了男性居民和女性居民的总数量(男性 15 人，女性 13 人)。残片 B 正面第 7 列，文书第 109 行至 202 行，登记了希腊人以及他们家庭成员的名单。残片 B 正面第 12 列，文书第 212 行至 216 行分性别统计了总的人数，纠正了前面归类的错误(ἄδικα)。需要说明的是，这份名单中的希腊人大多为犹太人。[①] 针对这种现象，有学者认为这种族群划分是一种"虚拟族群"，[②]实际上托勒密政府对居民群体的划分和登记主要依据其职业，称之为"职业划分"更为合理。在这种理解下，他指出，托勒密政府对居民的族群身份毫不在意。这种说法是否低估了族群身份的影响？这里暂不作深入讨论。

实际上两种形式的居民登记很可能内容有重叠。王室法令则揭示了统计内容的不断扩大：托勒密二世时期登记土地等相关财产，到了托勒密三世在位期间，新的政府机构大致建立完善起来，雇用了相当数量的希腊语书吏对统计内容进行文字记录，内容扩大至土地以外的其他财产。所有形式的

---

① W. Clarysse, "Jews in Trikomia," in *Proceedings of the XXth International Congress of Papyrologists*, 193 - 203. Copenhagen, 1994.

② C. A. La'da, "Ethnicity, Occupation, and Tax-Status in Ptolemaic Egypt," in *Acta Demotica: Acts of the Fifth International Conference for Demotists, Pisa, 4ᵗʰ - 8ᵗʰ September* 1993,183 - 189, Pisa: Giardini, 1994.

人口调查记录都与经济紧密相连,而早期的统计操作经验也不断积累下来。不过,托勒密埃及并没有常规的登记活动,证据显示这些活动为间歇性的。除此之外,托勒密埃及的税收也没有标准格式。不同时期和不同地域的情况多有不同,术语的使用也常有区别。如,"妻子"或"妇女"一词,即出现了多种不同的世俗体埃及语和希腊语词汇来表达。公元前三世纪中叶和公元前二世纪,都曾经使用过 rmt. t,[①]Hm. t 则出现在公元前 230 年的文本中,[②]公元前 217 年,文书中使用过 s. Hm. t。[③] 希腊语描述妇女多使用 θηλυκά,不过,公元前二世纪也有使用 gy(γυναικεῖα)的案例。[④] 这说明居民管理和登记在不同时期、不同地区的具体操作中有差异,而政府则可能无力将登记进一步标准化。由于登记居民身份、确立免税特权群体并分类征税才是最核心的目标,税单记录的格式规范问题也显得微不足道。

以土地登记和人口普查为基础征税,一方面是出于增加国库收入的需要,另一方面也彰显国王权威和国家强制力。而在人口普查和征税身份审查的过程中,居民的身份和职业等信息也在官方注册,成为划分群体的依据。同时,官方文书上对于居民身份的认定也意味着一部分人被纳入了托勒密政府所构建的特权体系。当然,前提仍然是,托勒密政府必须建立起相应的行政和管理体系,以完成人口普查和居民登记以及税收。

推行新税收体系、划分族群及免税群体可能是通过军事强制力保障。托勒密王室在税区"空降"了一个希腊式行政体系,各级官员名称带有浓厚的军事色彩。公元前 263 年的一份来自国王的官方文书显示,[⑤]地方上的行政长官主要为:将军(strategoi)、骑兵队长(hipparchs)、队长(hegemones)、诺马赫(nomarchs)、地方长官(toparchs)、内务官(oikonomoi)、审计官(antigrapheis)、王室书吏(basilikoi grammateis)、行政长官(lybyarchs)以及警长(archiphylakitai)。其中,首先列出的是军事长官,最后提到的是地方警察。其他则是行政官员,负责地方税收工作。Lybyarch 为绿洲的行政官。王室书吏是仅次于将军的官吏,他的职责在于记录地方公务,精确地丈量土地(包括地产)。托勒密王朝早期,王室书吏担负财政管理要务,逐渐取代内务官。实际上,到了托勒密后期和罗马初期,内务官几乎从记录中消

---

① *P. Count*. 4,9,53.

② *P. Count*. 46.

③ *P. Berl. Eleph. dem*. III 13537.

④ *P. Count*. 49.3.

⑤ *P. Rev*. 37,2 - 5.

失了。将军更是取代了原本负责一省行政的诺马赫,为地方军事和行政最高长官。

尽管托勒密王政府在很大程度上继承了前朝的税收模式,但为了推行新的人头税,传统的地方行政体系因为新税制而改变。最明显的表现是,为了配合征税,托勒密政府对地方行政区域进行了改造。

土地调查是征税的基础。新的行政系统可能通过地区人口和地理分布两个要素来征税。以阿尔西诺省为例,托勒密政府将其划分为三个级别的税收行政区。第二级税区一般包括大约两千人,而三级税区下辖五个二级税区,大约一万人。这种征税区域划分可能借鉴了古典时代的希腊的分区方式。公元前六世纪末,克里斯提尼(Kleisthenes of Athens)改革后,雅典划分为 10 个部落,30 个三一区。① 公元前 378/377 年,雅典把公民划入 20 个征税单位,名为 *symmories*,②按区缴纳战争税(*eisphora*)。③ 不过,征税的对象仅为各税区的富人,并非全部居民。而法雍的税区也在很大程度上依据纳税人口数量而划分,托帕克税区官员通常也有固定的下级官员和人口登记员。尽管税区依赖人口数量变迁可能会发生改变,但基本的征税单位仍然是村庄(*kômê*)。

村庄(世俗体埃及语 *dmy*),是托勒密埃及最小的税收登记单位。根据大小和人口分布,村庄被划分入不同区域,构成二级税区(tax-district),由托帕克 *Toparchy* 地方官承包给个体包税人 *telones* 负责清查、征税。④ 实际上,二级税区仅是基于地理范围和特点,为方便征税和统计的行政划分单位,是以一个较大的村庄以及邻近聚落的集合,在文献中被简单地描述为某村庄周围的地区(*ta peri*),如托勒蒙区(Polemon division)墨基斯和奥克西林查一带地区(those around Mouchis and those around Oxyrhyncha)。⑤

一般来说,村庄少则几十个成年人,多则数百人,而税区通常包含数千人。例如,赫拉克雷德斯迈里斯税区(Herakleides *meris*),见下表:⑥

---

① D. J. Thompson, "Ethne, Taxes and Administrative Geography in Early Ptolemaic Egypt" in *Atti del XXII congresso internazionale di papirologia, Firenze, 23 – 29 agosto 1998*, II, 1255 – 1263. Florence, 2001.

② Aristotle. *Ath*. 61.1.

③ Thucydides, 3.19.

④ *P. Tebt*. III 746.4 – 5, 38, 243BCE.

⑤ *SB* XXIV, 16175.8, 12.

⑥ W. Clarysse and D. J. Thompson, *Counting the people in Hellenistic Egypt*, vol. 2, p. 104.

村庄	文献出处	年代(公元前)	成年男性	成年女性	人口总数
Metrodorou Epoikion	*P. Count.* 12.57 - 59	234 - 217	202	191	393
Helioupolis	*P. Count.* 12.73 - 74	234 - 217	53	43	96
Village	*P. Count.* 12.75 - 76	234 - 217	285	255	540
Psya	*P. Count.* 12.80 - 83	234 - 217	247	229	476
Pterophorou Epoikion	*P. Count.* 12.84 - 86	234 - 217	4	3	7
Village	*P. Count.* 12.98 - 101	234 - 217	529	503	1032
Psenyris	*P. Count.* 12.102 - 103	234 - 217	468	438	906
Village	*P. Count.* 12.117 - 118	234 - 217	531	517	1048
Village	*P. Count.* 12.122 - 123	234 - 217	82	76	158
Persea	*P. Count.* 12.132 - 133	234 - 217	136	124	260
Herakleides total			2537	2379	4916

二级税区的规模仍以赫拉克雷德斯区为例,参看下表:(B 区和 C 区村庄数目不明)[①]

二级税区	文献	年代(公元前)	成年人口数
A　诺姆首府	*P. Count.* 12.24	243 - 217	2311
D　4 个村庄	*P. Count.* 12.86a	243 - 217	1579
E　2 个村庄	*P. Count.* 12.101 - 103,108	243 - 217	1938
F　2 个村庄	*P. Count.* 12.117 - 118,122 - 123	243 - 217	1206

---

① W. Clarysse and D. J. Thompson, *Counting the people in Hellenistic Egypt*, vol. 2, p.114.

阿尔西诺省划分出三个迈里斯区,参与税收和管理工作。每个区又各辖两个行政单位或征税区,由托帕克地方官负责,为三级税区。三级的税区一般包含五个二级税区,见下表:[①]

	三级税区	文献	年代(公元前)	成年人口数
Arsinoite nome	Herakleides-5districts	*P. Count.* 12. 136 – 138	243 – 217	10419
	Themistos-5districts	*P. Count.* 2. 475 – 476	229	10876
Herakleopolite nome		*P. Count.* 45. 3 – 5	243 – 217	11135

其中特米斯托斯(Themistos)迈里斯区一共管辖九个二级区,可能分为两个三级区,其中一个三级税区如上表所示,共五个二级区,[②]另一个辖四个二级区,总人数(成年人)为 17048。[③] 赫拉克雷德斯(Herakleides)迈里斯区一般还包括省首府,人口多,地域大,至少划分出两个以上税区。

诺姆首府克罗克狄隆波利斯(Krokodilon polis)人口较多,几乎相当于一个税区,通常会单独记录或者划分至赫拉克雷德斯迈里斯税区。税收记录中很少记载具体村庄名,但可以在大的税区具体登记内容中判断出来。比村庄范围更大一级的地方税区实际上并不见于官方报告文书,通常被简单地称为地区 *topoi*,直接并入更大一级的托帕克税区 *Toparchy*。托帕克税区在官方文书中较少出现,得名于地方官的名称 *toparch* 或 *topogrammateus*,实为迈里斯区的核心地带。[④] 迈里斯区为诺姆的一级税区,阿尔西诺诺姆共分为三个迈里斯区,可能得名于最初三位地区官员:赫拉克雷德斯(Herakleides)、特密斯托斯(Themistos)、托勒蒙(Polemon)。

阿尔西诺村庄在各迈里斯区分布列表:[⑤]

---

① W. Clarysse and D. J. Thompson, *Counting the people in Hellenistic Egypt*, vol. 2, p. 116.

② *P. Count.* 2. 469.

③ *P. Count.* 11. 28 – 32.

④ *P. Petrie* III 75. 6; W. Clarysse, "Nomarchs and toparchs in the third century Fayum", In *Archeologia e papiri nel Fayyum. Storia della ricerca, problemi e prospettive. Atti del convegno internazionale, Siracusa, 24 – 25 Maggio 1996.* Quaderni del Museo del Papiro 8, Syracuse, 1997:69 – 76.

⑤ W. Clarysse and D. J. Thompson, *Counting the people in Hellenistic Egypt*, vol 2, p. 111.

Meris	Ubel	*P. Tebt.* II	Leuven database	％
Herakleides	38	44	58	43
Polemon	18	37	39	29
Themistos	28	35	37	28
Total Arsinoite nome	84	116	134	100

可以看出,赫拉克雷德斯为最大迈里斯税区,不过村庄各有大小,一般约6个村庄构成一个托帕克税区。在这种税区制管理模式下,那些较大的村庄成为了地区核心,集中了税收和行政权。可能得益于行政的优势而发展加速,在地方影响进一步扩大。

同时,希腊官吏也伴随着新税收体系而崛起,他们搭建的新型机构逐渐替代了原有的行政官员的一些职能。尤其是将军,基本取代了埃及传统的行政长官诺马赫。另一方面,从税区的具体划分也可以看出,征税的工作量十分庞大,对政府的行政体系和官员来说,这显然是不小的压力。在这种情况下,本地人很可能以"希腊人"身份参与地方税收等相关行政工作。

二、税收希腊人

鉴于希腊移民和希腊文化对于王朝的重要性,托勒密二世给予所谓希腊人(*Hellenes*)特殊的地位,他们获得了免税和免除徭役等特权。[1] 汤普森指出,这些所谓希腊人享有免税、免徭役等种种特权,是一种特权身份,但他们并不严格与族群对应,可称之为税收希腊人(tax-hellenes)。希腊人的特权正是通过税收改革实现,托勒密也达到了引导移民迁入法雍,开发经济的目的。

托勒密的税收改革包含一项重要内容即划分族群身份,托勒密王朝很可能进行了大规模人口普查,并留下官方记录。官方掌握居民的族群身份,并在盐税税单中表明。通过分析税单可知,盐税的征收和登记即依据家庭和埃斯诺斯(*ethnos*)进行。具体而言,家庭登记(*kat'oikian*)主要挨家挨户登记家庭信息,记录成年男子数量、家庭关系、盐税以及奥波尔税的缴纳情况,[2]有一些还登记家庭成员职业情况,[3]有时甚至会记录地理状况。[4] 埃斯

---

① 　D. J. Thompson, "Hellenistic Hellenes: the case of Ptolemaic Egypt", pp. 308 – 311.

② 　*P. Count.* 4,7,9,10,18,19,21,52, *P. Mon. inv.* 344＋346.

③ 　*P. Count.* 9,10,18,19,21.

④ 　*P. Mon. inv.* 344＋346.

诺斯登记（*kat' ethnos*）则较为复杂，这一类税收文书中除了记录家庭信息，男性数量。如果没有男性，则记录下女性的数量。此外，这类文书的登记内容还包括居民身份、族群背景和职业信息。① 在埃斯诺斯登记文书中，包含了族群身份和职业不同的许多免税者，他们在托勒密政府的管理下，成为经济特权群体。

其中，登记为希腊人（*Hellenes*，世俗体埃及语 Wynn）的居民，每年只需缴纳盐税 1 德拉克马，免于缴纳奥波尔税。除此之外，这些希腊人也免于徭役。② 希腊人还免于贸易税，比如，希腊人驾驴商贩或酒商免于商业税。③ 所以，希腊人实际享受的特权可能远比看起来的多。在埃斯诺斯登记（*kat' ethnos*）税单中，希腊人也列在所有居民之前。希腊人之后，是波斯人（Persians）和阿拉伯人（Arabs），他们同样被免除了奥波尔税。相比而言，这两类群体人数少很多。奥波尔税税额本身很低，每人每年仅缴纳一个奥波尔，相当于工人一天的最低工资。奥波尔税在经济上的价值几乎可以忽略不计，或许它的作用主要在于区分居民的"族群"身份。

官方"族群"身份的认定十分严格。大多数希腊人都是移民，他们在公元前三世纪大量涌入，且在法律文献中都必须登记族群身份。法律规定："士兵必须写下姓名、出身、所属部队以及军阶；城市公民需要登记他们的父亲名字、德莫，如果他们在军中注册，则登记所属部队和收入来源；其他人登记父亲名字、族群出身以及职业。"④那些来自希腊世界的移民各自登记原籍，或是雅典人（Athenian）、科林斯人（Corinthian）、昔兰尼人（Cyrenean），又或是地域含义更宽泛的阿卡迪亚人（Arcadian）或马其顿人（Macedonian）。希腊人的出生地对于其身份的确认十分重要，政府也严令

---

① *P. Count*. 2. 1 – 194, 5, 6, 10, 20, 23, 26, 48, 49, 50, 51, 53, *P. Mon. inv.* 343, *P. Mon. inv.* 345.

② *UPZ* II 157. 32, 242 – 241BCE; D. J. Thompson, "Hellenistic Hellenes: the case of Ptolemaic Egypt", pp. 308 – 311.

③ W. Clarysse, "Ethnic Identity: Egyptians, Greeks, and Romans".

④ [οἱμὲ]νστρατιῶται ἀπογραφέσθωσαν τά τε ὀνόματα
[αὐτ]ῶν καὶτὰςπατρίδαςκαὶἐξ ὧν ἂν ταγμάτων ὦσιν
[καὶἃ]ςἂν ἔχωσιν ἐπιφοράς· οἰδὲπολῖται τούς τε πατέρα[ς]
[καὶτο]ὺςδήμους, ἂν δὲκαὶἐντῶι στρατιωτικῶι ὦσιν
[καὶτὰτ]άγματα καὶτὰςἐπιφοράς· οἱ δ' ἄλλοι τοὺς
[πατέρας] καὶτὰςπατρίδαςκαὶἐν ὧι ἂν γένει ὦσιν·· (*P. Hamb.* II 168, I. 5 – 10, 275 – 225BCE.)

禁止私自更改个人身份、族群等信息。[①]

然而,免税名单里记录的希腊人并非都来自希腊世界。克拉瑞斯发现,一部分登记为希腊人的居民,实为犹太人。而这种案例在官方文书中多次出现。[②] 在世俗体埃及语文献 *P. Count.* 2,1.499 中,7 人被列入 1823 名希腊人中,他们附带有"象岛人"(rmt Yb),1 男 3 女和"斐莱人"(rmt Pylq)1 男 2 女,这些分类也见于埃及文献。[③] 有学者指出,官方文书中登记的族群,并不指代真正的族群身份。[④] 学者们否认或有意淡化族群身份在政府政策制定中的影响。

这种矛盾现象或许跟托勒密王朝归化异族、为己所用的策略有关。这里以犹太人为例进行说明。托勒密一世立国之初曾安置过叙利亚的犹太俘虏和移民,一些犹太人还被编入军队,派往边界驻防。象岛有一支托勒密驻军自称"犹太军"。[⑤] 公元前三世纪的税单中,并没有单独的犹太人分类,他们通常出现在上述税收希腊人群体中。实际上,许多犹太人在埃及小规模聚居,形成了自己的共同体。特里克米亚(Trikomia)的犹太人已经高度希腊化,这里犹太人占总人口的近五分之一,很多人使用希腊名,或是犹太名转写而成的希腊名。甚至地方官(epistates)西蒙也是希腊化的犹太人。[⑥]

犹太人并非希腊化的特例。一些埃及人也注册为希腊人,进入特权阶层。例如,在柯尔克奥西里斯(Kerkeosiris)税区,士兵巴斯克勒斯(Pasikles son of Nehemsesis)[⑦]和狄奥多罗斯(Diodoros son of Paos)[⑧]虽然登记着希腊人的名字,并且注册为希腊人,却来自埃及家庭,其家族名单之中也只有他们两人拥有希腊名字。他们的兄弟登记着埃及名字,尽管也是士兵,却需缴纳全额盐税和奥波尔税,成为"希腊人"之后他们只需缴纳盐税。汤普森推测,埃及家庭出身的税收希腊人,由于接受了希腊教育,而后在行政机构

① *BGU* VI 1213.3; *BGU* VI 1250 199 – 100BCE; F. Uebel, *Die Kleruchen Ägyptensunter den erstensechs Ptolemäern*, Abh. Berlin, 1968, pp. 11 – 13; D. J. Thompson, "Hellenistic Hellenes: the case of Ptolemaic Egypt", pp. 301 – 322.

② W. Clarysse, "Jews in Trikomia," in *Proceedings of the XXth International Congress of Papyrologists*, 193 – 203. Copenhagen, 1994.

③ *P. Count* 2, II. 501 – 504.

④ K. Goudriaan, *Ethnicity in Ptolemaic Egypt*, p. 9; C. A. La'da, "Ethnicity, Occupation, and Tax-Status in Ptolemaic Egypt".

⑤ [以]维克多·切利科夫著:《希腊化文明与犹太人》,石敏敏译,上海:上海三联书店,2012年,第307页。

⑥ W. Clarysse, "Jews in Trikomia.", 193 – 203.

⑦ *P. Count.* 4.114 – 116.

⑧ *P. Count.* 4.140 – 142.

中供职,获得改名和免税的奖励。① 在柯尔克奥西里斯税区,士兵巴斯克勒斯(Pasikles son of Nehemsesis)②和狄奥多罗斯(Diodoros son of Paos)③虽然登记着希腊人的名字,并且注册为希腊人,却来自埃及家庭,其家族名单之中也只有他们两人拥有希腊名字。他们的兄弟登记着埃及名字,尽管也是士兵,却需缴纳全额盐税和奥波尔税,成为“希腊人”之后他们只需缴纳盐税。汤普森推测这些埃及家庭出身的“税收希腊人”,正是由于接受了希腊教育,而后在政府中供职,因而获得改名和免税的奖励。④ 这种现象在当时并不新鲜,另有公元前三世纪法律档案辑录了身份和姓名的变更。⑤ 塞米斯托斯区(Themistosmeris)的佩特克西斯(Petechonsis),成为政府公职人员,获得了“税收希腊人”身份,他仍坚持使用自己的埃及名字。⑥ 在公元前二世纪后期,上埃及柯尔克奥西里斯的书吏门西斯(Menches son of Petesouchos),“希腊化”之后改名为阿斯克勒皮亚德斯(Asklepiades),在文献中登记为“本地希腊人”(Ἕ[λλην]ἐνχώριος)。⑦ 与埃及人通婚的希腊人组成的家庭则体现出较为复杂的情况,由于出现在埃及人聚居的地区,他们可能因此被误认为是希腊化了的埃及人。在柯尔克奥西里斯的税单中,摩尼莫斯(Monimos son of Kleandros)和埃及妻子埃索艾丽斯(Esoeris)、女儿德莫特丽雅(Demetria)以及女奴索斯特拉特(Sosterate)组成的家庭混在许多埃及名字中。⑧ 根据皮特里纸草集中的遗嘱档案的记录,⑨摩尼莫斯是封地军人,其父克里安多洛斯(Kleandros son of Monimos)则是亚历山大里亚公民,证实了其希腊人出身。这份税单中,“税收希腊人”的身份经过对比更为明显,生活在同一个地区,埃及人除了缴纳 1 德拉克马的盐税,还需缴纳 1 个奥波尔的人头税。

从现存的纸草文献看,获得免税特权的最大群体是希腊军人。税单将免税的军人单独列出,体现出其特殊身份。军人集中驻扎的特点,也使得他

---

① D. J. Thompson, "Literacy and the Administration in Early Ptolemaic Egypt," in A. K. Bowman and G. Woolf, eds., *Literacy and Power in the Ancient World*, 67 – 83, Cambridge: Cambridge University Press, 1994.

② *P. Count.* 4.114 – 116.

③ *P. Count.* 4.140 – 142.

④ D. J. Thompson, "Literacy and the Administration in Early Ptolemaic Egypt".

⑤ *BGU* VI 1213.

⑥ *P. Count.* 4.42 – 44.

⑦ *P. Tebt.* I 164.5 – 10.

⑧ *P. Count.* 4.61 – 64, 254 – 231BCE; *P. dem. Lille.* III 101.

⑨ *P. Petrie* II. 55 – 56, 237BCE.

们的身份在税收名单中较为容易辨别。① 公元前三世纪中叶,阿尔西诺地区的税单显示,在 3472 个成年男子中,3418 人只缴纳 1 德拉克马盐税,仅 54 人缴纳奥波尔税,意味着大多数人获得了免税权。② 这份税单极有可能记录着一支军队的税赋缴纳情况,而免税者的压倒性数量优势则证实该地军事殖民的性质。在托勒密王朝统治的最初一个世纪,希腊雇佣军是托勒密王朝的主力。直到托勒密四世统治时期才开始将本土士兵编入方阵参战。③ 这令人有理由怀疑,官方划分族群,免除"希腊人"奥波尔税和徭役的政策主要为招募和安置军人而制定。

公元前七世纪受雇于法老普萨美提克(Psammetichus)的希腊雇佣军,定居于三角洲以及孟菲斯,其后人以希腊人的身份重新活跃起来。④ 至少在公元前四世纪和公元前三世纪,税单上的军人基本都来自希腊世界。来自希腊世界的非军事移民也在托勒密王朝的改革中受益。托勒密王朝统治早期,移民身份和职业十分复杂,既有普通希腊城邦公民,也有海盗、冒险者、商贩、诗人、医生以及工匠等。移民多定居于希腊人聚居的城市如亚历山大里亚和瑙克拉迪斯,甚至是孟菲斯的希腊人区(Hellenomemphites)。⑤ 托勒密政府将能够追溯和确认希腊出身背景的移民登记为希腊人,纳入免税名单,吸引他们迁入埃及腹地。例如,为财政大臣阿波罗尼奥斯(the dioiketes Apollonios)管理地产的芝诺(Zenon)来自小亚细亚的考诺斯(Kaunos)。且不论托勒密二世是否有意在埃及推广希腊化,托勒密政府使用含义宽泛的"希腊人"这个头衔本身即明示这个群体有很浓厚的希腊元素,⑥希腊移民或希腊化居民是托勒密税收希腊人群体的最主要成员。

无论对于政府还是个人,免税金额可说是微不足道,其意义在于区分了不同"族群"的社会地位,最终希望特权群体成为王国支柱。这种官方定义的"族群"是开放式的,获得特权的核心条件很可能是一个人是否接受了希腊文化和军事教育以及是否愿意为王国效力。因此,免税特权的政治意义

---

① *P. Count*. 1,32 - 58.

② *P. Count*. 1.40 - 45.

③ Diodorus, 18.14.1; Polybius, 5.87.1 - 2; G. Hölbl, *A History of the Ptolemaic Empire*, p.184; C. Fischer-Bovet, *Army and society in Ptolemaic Egypt*, pp.88 - 91.

④ Herodotus, 2.152,154; Diodorus, 1.66.12 - 67.2.

⑤ Herodotus, 2.178; D. J. Thompson, *Memphis Under the Ptolemies*, Princeton, 1988, pp.95 - 97.

⑥ W. Clarysse and D. J. Thompson, *Counting the people in Hellenistic Egypt*, vol.2, p.155.

比经济意义更为重要,彰显了托勒密二世对"希腊人"的特殊恩惠。同时,也向希腊世界展示了埃及作为一个宜居的希腊化王国形象,吸引更多移民。无论出于何种理由,被动抑或主动,部分埃及居民在希腊化之后获得了希腊移民独有的特权,地位得以提升。仅就税单所显示的结果而言,托勒密二世的税制改革一定程度上刺激了埃及本土部分地区居民的希腊化。另一方面,随着税制改革的推广,在普遍免税、免徭役的基础上,"希腊人"还可能获得土地、特殊职业以及免除盐税等更多特权,托勒密二世使"希腊人"及其特权更具吸引力。

三、希腊封地军人

与奥波尔税的微末之利相比,土地则是托勒密招募精英的昂贵底牌。在税制改革的基础上,托勒密二世将获得的新地分封给各级军官,这些军官子嗣可承袭土地以及"希腊人"的身份及特权,封地军人体系由此确立。作为个体的"希腊人"看到了新的特权晋级之路。对王朝而言,希腊军团则因此更加稳定。

公元前 253 年七月,托勒密二世造访孟菲斯,随后许多军人领受王室份地,并在阿尔西诺东北一带的村落定居。领取了国王封地(*katoikoi*)的军人,同时享受更多免税或减税特权,土地收入即为他们的固定收入来源,代替原来支付的报酬。[①] 这些军人被称为封地军人(cleruch),构成"希腊人"精英阶层,也是王国的军事支柱。这些住在城镇,却在乡村拥有地产的希腊军官形成了一个新的地主阶层。土地资格与军人职业以及"希腊人"身份紧密关联。[②]

托勒密二世通过土地分配方式固化了军官之间的等级差距。封地军人按照军阶,分别获得 50、70、80 和 100 阿鲁拉军事封地,领受封地者从外国雇佣军转变成托勒密国王的臣属,开始定居埃及本土或其海外属地,随时接受军事征召。

封地军人的子嗣登记为后裔(*epigonoi*),他们可以在父亲过世后继承封地军人的称号和封地。[③] 公元前三世纪的阿尔西诺诺姆,登记为后裔的这

---

① W. Clarysse, "A Royal Visit to Memphis and the End of the Second Syrian War," in D. J. Crawford, J. Quaegebeur and W. Clarysse, eds., *Studies on Ptolemaic Memphis*, Studia Hellenistica 24, 83 – 89, Leuven: Peeters, 1980.

② D. Kehoe, "The Economy: Graeco-Roman," p. 316.

③ C. A. La'da, "Who were those "of the Epigone"?," in *Akten des 21. Internationalen Papyrologen kongresses* I, 563 – 569. Archive Beiheft 3. Stuttgart and Leipzig, 1997.

一部分人,降格为"希腊人",仍享受免于奥波尔税及徭役,约占纳税者总人数的 16%。[①]

一般来说,封地军人的长子继承军事封地以及父亲的封地军人身份。而其他子嗣只能另谋出路。有些加入步兵,其他则脱离军队,只保留希腊人身份。[②] 关于封地军人后代的继承特权的问题,目前文献记录最详细的案例是格劳基亚斯(Glaukias)一家。马其顿人格劳基亚斯在赫拉克勒奥波利特诺姆佩斯基斯(Psichis)村获得军田,成为封地军人,他于公元前 168 年战死。他的长子托勒迈(Ptolemaios)并未继承军职,只保留希腊人身份,迁居塞拉皮雍(The Great Serapeion)附近的阿斯塔特(Astartē)神庙,作为神灵的侍者解读神谕。只有次子希帕洛斯(Hippalos)和三子萨拉皮翁(Sarapion)留在家乡。四子阿波罗尼奥斯(Apollonios)加入了孟菲斯地区的驻军,除了获得军职,他还在政府财政机构兼职。[③]

与税收希腊人不同,成为王国认定的封地军人意味着拥有土地的资格,以及提升至社会更高阶层。不过,这个群体也更封闭,难以渗透。据统计,托勒密二世授予封地的军官均为希腊人,由追随托勒密一世作战的士兵及其后代构成,其中包括托勒密一世在巴比伦延揽的马其顿部队、在希腊世界招募的军人以及收编的战俘。[④] 公元前 312 年加沙之战时,托勒密国王拥有18000 步兵、4000 骑兵,其中既有马其顿士兵,也有雇佣军。在战场上,他俘获 8000 人,主要为雇佣军。[⑤] 一些战俘被收编之后,获得政府分配的军田,但这可能只是临时举措。

弗里茨·尤贝尔(Fritz Uebel)对封地军人的统计使我们得以一览这些军事特权者的族群背景。从公元前 285 年托勒密二世开始执政算起,截至托勒密六世在位的最后一年,即公元前 145 年,在大约 140 年的时间里,可以确定来自希腊世界的封地军人有 451 例。[⑥] 具体来源见下表:

---

① *P. Count*. 1.23;15.2.

② *P. Count*. 47.2;15.2;50.51 - 90,375,85.

③ *UPZ* I. 14; N. Lewis, *Greeks in Ptolemaic Egypt*, pp. 74 - 79; D. J. Thompson, *Memphis Under the Ptolemies*, pp.248 - 251.

④ F. Uebel, *Die Kleruchen Ägyptensunter den erstensechs Ptolemäern*. Berlin, 1968, pp.18 - 21; R.S. Bagnall, The origins of Ptolemaic cleruchs; C. Fischer-Bovet, *Army and society in Ptolemaic Egypt*, pp.78 - 79.

⑤ Diodorus, 19.80.4.

⑥ F. Uebel, *Die Kleruchen Ägyptensunter den erstensechs Ptolemäern*; R.S. Bagnall, The origins of Ptolemaic cleruchs.

地区/族群来源	截止公元前242 年	公元前242 年—公元前205 年	公元前205 年—公元前145 年	总数
马其顿人	17	60	30	107
巴尔干希腊人	21	39	17	77
爱琴海北部希腊人	1	9		10
希腊岛屿	1	13	5	19
北部和中部希腊	14	35	8	57
伯罗奔尼撒	9	15	1	25
小亚细亚/普罗庞提斯	15	23	10	48
昔兰尼	29	49	7	85
西部	2	5	2	9
黎凡特		3	11	14
总数/%	109/24.2%	251/55.6%	91/20.2%	451/100%

从上表可以看出,在公元前三世纪下半叶,封地军人的安置达到顶峰,约占希腊移民总数的55.6%。这一时期,托勒密王朝在海外的势力正值巅峰。一个有意思的现象是,近三分之二的封地军人或他们的父辈来自托勒密埃及统治范围之外的地区,尤其是敌对势力统治的范围,如马其顿和色雷斯地区。他们很可能是在托勒密一世统治时期,作为敌方战败后被收编入托勒密埃及的军队中。

托勒密埃及主要的兵源地是小亚细亚,包括塞浦路斯在内的许多希腊城市提供了近半数的士兵。这也意味着一旦托勒密王室丧失海外领土和附庸,那么国王长期以来依赖的传统军队则难以获得兵源补充,托勒密国王可能不得不依赖埃及本土武装人员。这或许也是在拉菲亚战役(公元前217年)之前,托勒密国王即已着手训练埃及本土士兵的原因之一。参见下表:

马其顿	23.6%
巴尔干	17.4%
小亚细亚北部沿岸	0.9%
希腊	12.6%
伯罗奔尼撒	5.5%
小亚细亚	4.6%
西部	2.0%
合计	66.0%

　　根据尤贝尔和巴格纳尔的统计,从公元前205年至公元前145年,有着族群背景的希腊封地军人占希腊移民总数的20.2%,略少于托勒密王朝统治前半个世纪的24.2%。可以推测,封地军人身份可能严格与希腊族群背景挂钩,或者,由于该群体的封闭性,这些军人保持了原族群认同。巴格纳尔在梳理了453位封地军人的族群背景之后得出结论为:封地军人几乎是一个封闭的群体,基本只在王国内部延续。①

　　近年来,随着更多纸草档案的解读和出版,从公元前四世纪晚期至公元前145年,登记族群信息的封地军人的数量增至752例。② 70.77%的封地军人来自马其顿、希腊大陆(Mainland Greece)、塞浦路斯、昔兰尼、爱琴海诸岛以及小亚细亚等地的希腊城邦。可见,托勒密王室在军事上确实极为倚重希腊人。其中希腊大陆127例和马其顿181例,分别占总人数的16.87%和24.04%,这两个地区长期为安提贡王朝控制,不太可能让托勒密进行大规模募兵。因此,封地军人中的马其顿人主要应为国内产生,大致可印证巴格纳尔的判断。

　　许多封地军人登记为昔兰尼人,在封地军人名单中的比例高达12.76%,波利比乌斯将驻扎在奥克西林切特诺姆的昔兰尼骑兵称为来自利比亚的军队③。此外,有127人登记为色雷斯人,另有犹太人37例,分别占总人数的17%和5%,这些案例给边缘地区的希腊人以及希腊化的臣民提供了晋升的希望。

　　通过追溯封地军人的来源,可看出早期托勒密王朝对埃及本土以外希腊军人的依赖。而封地军人的安置则与土地开发紧密联系,后者也是封地军人体系建立的重要前提。除了以土地代替报酬换取军官的终身效忠,政府开发土地可能有其他目的。一是在埃及腹地维持可靠的军事力量;二是开发土地,增加收入。在土地开发过程中,王室也进行了税制改革,封地军人从中获得了更多其他特权。

　　考古证据和纸草文献显示,封地军人主要被安置在法雍地区。戈兰(Ghoran)木乃伊盒子整理编辑的纸草档案中,有四份记录了公元前254年至公元前231年阿尔西诺诺姆市民和军队纳税情况。第一份记录市民纳税的整体情况,区分男女居民记录,并进行合计。第三份记录封地军人的情

　　① R. S. Bagnall, The origins of Ptolemaic cleruchs, pp. 16 – 18.
　　② M. Stefanou, "Waterborne recruits: the military settlers of Ptolemaic Egypt," in K. Buraselis, M. Stefanou and D. J. Thompson, eds., the Ptolemies, the Sea and the Nile, 108 – 131, Cambridge: Cambridge University Press, 2013.
　　③ Polybius, 5, 65. 5.

况,第四份为骑兵税收记录。通过税单可见,阿尔西诺诺姆的军人在获得土地之后形成地方精英,同时也一定程度上改变了当地的人口构成,对家庭结构也形了冲击。在税单中记录的军人家庭常常规模较大,农民、仆人甚至奴隶被纳入封地军人家庭,其生产和生活依附于这些外族新移民军事精英。例如,退役骑兵吕西马库斯(Lysimachos son of Pasion)的家庭登记了包括他的妻子、两个儿子、佃农、仆人、牧人、三个女仆、保姆共计 13 个成人[1]。公元前 230 年,奥克西林切特诺姆(Oxyrhynchite nome)的税单中,登记的封地军人家庭最多有 22 个成年家庭成员[2]。

迁入法雍地区的希腊雇佣军逐渐转型为地主、农夫,推进了新土地的开发,增加了国家税收,战时则恢复戎装,成为重要的军事力量。根据波利比乌斯的记录,公元前 217 年拉菲亚之战(the battle of Raphia),托勒密四世(Ptolemy IV)集结了 70000 步兵和 5000 骑兵对抗叙利亚国王。其中 2000 骑兵由希腊雇佣军组成,另有波利克拉特斯(Polykrates)统领 700 亚历山大里亚守卫骑兵以及 2300 利比亚(Libya)和埃及本地军人(enchôrioi)。[3] 埃及本地军人指代的是地方征召的骑兵,区别于来自希腊的雇佣兵。仅法雍地区的阿尔西诺囤积了至少 1000 封地军人以及 400 骑兵。

军事封地也并非仅限于法雍地区。随着封地军人体系的建立与扩展,封地军人还出现在阿尔西诺和奥克西林切特诺姆以外的其他许多诺姆。如,布巴斯提特(Boubastite)、孟菲特(Memphite)、阿佛洛狄忒波利斯(Aphroditopolite)、赫拉克勒奥波利特(Herakleopolite)、科特(Koite)、赫尔墨波利特(Hermopolite)以及阿波罗波利特(Apollonopolite)。[4] 公元前三世纪上半叶,步兵相对骑兵在文献中显得较为沉寂,他们可能领受 25 阿鲁拉土地,地位低于骑兵。[5] 拉菲亚战役之后,步兵也开始获得封地。但是,步兵一般获得的封地较少,分别为 20、25、30 阿鲁拉,最高不超过 40 阿鲁拉土地[6]。

托勒密二世的改革成功地吸引并安置了大量军事移民,封地军人数量持续增加。在很长的时间里,基本保证了兵源。经考古证实,法雍地区出现大量定居点,以王朝名命名的定居点多达 30 个,相比之下,上埃及仅 8 例,下埃及则只有 7 例。这些官方色彩浓厚的定居点暗示法雍正是希腊移民主

---

① *P. Count*. 2.412 - 428.

② *P. Count*. 46.109 - 262.

③ Polybius, 5,79.2;65.5 - 6.

④ F. Uebel, *Die Kleruchen Ägyptens unter den ersten sechs Ptolemäern*.

⑤ *P. Count*. 9.6.

⑥ N. Lewis, *Greeks in Ptolemaic Egypt*, p.24.

要迁居地区。① 其中，仅新开发的阿尔西诺诺姆，税单中登记的税收希腊人多达 16.5%，算上士兵，"希腊人"大约占到当地人口的 29%。② 随着大量军人嵌入埃及腹地，要保持希腊人的战斗力和维系希腊文化认同，希腊教育和文化推广势在必行。

四、希腊化教育

除了划分族群，并授予移民特权，托勒密政府还按照职业特点划分群体，扶持与希腊文化相关的特殊行业，吸引移民前来法雍生活。

公元前 256 年，国王托勒密二世（Ptolemy II Philadelphus）的内务大臣（dioiketes）阿波罗尼奥斯（Apollonios）给多伊奥斯（Zoilos）写了一封信：

> "阿波罗尼奥斯致多伊洛斯，你好。根据国王的法令，所有学校教师、体育教练、所有从事狄奥尼索斯祭仪相关人员，以及亚历山大里亚赛会竞技冠军，其中包括王朝运动会和托勒密节日运动会，他们自己以及家庭成员均免于缴纳盐税。再见，[ ]年。"③

信中强调教师、体育教练（paidotribai）、迪奥尼修斯（Dionysus）节相关工作者、亚历山大里亚城竞技冠军等被免除盐税，不仅如此，他们的家人也享受同等待遇。法令中规定的免税职业都有着明显的希腊文化色彩，一些学者视之为托勒密国王鼓励和推广希腊语言和文化的举措。④

---

① K. Mueller, *Settlements of the Ptolemies: City Foundations and New Settlement in the Hellenistic World*, Dudley: Peeters, 2006, pp. 61 – 64.

② W. Clarysse and D. J. Thompson, *Counting the people in Hellenistic Egypt*, vol. 2, p. 140.

③ Ἀπολλώνιος Ζωίλωι χαίρειν. ἀφείκαμ[εν] τού[ς τε διδασκάλους]
τῶν γραμμάτων καὶ τοὺς παιδοτρίβας [κ]αὶ τ[οὺς ἐπιτηδεύοντας]
τὰ περὶ τὸν Διόνυσον καὶ τοὺς νενικηκό[τ]ας τ[ὸν ἐν Ἀλεξανδρείαι]
ἀγῶνα καὶ τὰ Βασίλεια καὶ τὰ Πτολε[μ]α[ῖ]α, κ[αθάπερ ὁ βασιλεὺς]
προστέταχεν, τυῦ ὑλὺς τὸ τέλος αὐτοὺς τ[ε] καὶ [οἰκείους].
ἔρρω[σο]. (ἔτους) (*P. Hal.* 1, 1. 260 – 265)

④ E. Crespo, "The Linguistic Policy of the Ptolemaic Kingdom," in M. B. Hatzopoulos ed., *Actes du Ve Congrès international de dialectologie grecque: Athènes, 28 – 30 septembre 2006*, Athenes, 2007:35 – 49; W. Clarysse and D. J. Thompson, *Counting the people in Hellenistic Egypt*, vol. 2, pp. 52 – 59, 124 – 138, 162 – 186; D. J. Thompson, "Literacy and the Administration in Early Ptolemaic Egyp," in J. H. Johnson ed., *Life in a Multicultural Society: Egypt from Cambyses to Constantine and Beyond*, 323 – 326, Chicago: Oriental Institute of the University of Chicago, 1992.

在税单中,免税的教师通常被写作 *didaskaloi*,指从事基础教育的学校教师。其他类型的教师并不属于特殊的免税职业。当然,这并不能说明高等教育不受国王重视,但法令对于学校教师的赞助,表明国王有着文化推广以外的考虑,即,保障希腊人聚居地的基础教育,以及协助地方行政和司法系统的运转。政府的策略取得了一定成效,并且在教师的分布情况上得到了体现。

一般来说,教育资源主要集中于大都市,学生在乡村接受初等教育,住在乡村的显贵子弟则被送入城镇深入学习文学和修辞。在村庄里,多数学生只接受短短几年的初等教育即放弃了学业,原本就基础薄弱,又疏于练习,所学很快遗忘,从未熟练掌握基础文字和书写,更谈不上学习诸如荷马(Homer)、埃斯库罗斯(Aischylos)、欧里庇得斯(Euripides)等古典作家作品。[1] 可以说,大多数人基本算是文盲。从文字和文学的角度而言,希腊文学很难说获得普及。实际上,在希腊化世界的城市中,教育在大多数情况下都属于私人范畴,即学生向教师付费接受教育。[2] 私人教育的费用可能使得希腊文学教育与大多数人无缘。

城市以外,学校教师的分布,很可能取决于希腊人聚居地以及封地军人分布区域。封地军人家庭相对富有,他们可能是消费教育资源的主要对象。如果教师的服务对象主要为希腊人和希腊化的"波斯人"等其他免税群体,那么教师在人群中所占比例相对提高很多。以阿尔西诺省为例,在特里克米亚,希腊人和教师比例达到 100∶4,拉基斯(Lagis)是 100∶18。如果从儿童基础教育的层面来统计,这个比例更高。根据克拉瑞斯和汤普森的推算,特里克米亚的 3 名男教师负责 68 名儿童的教育工作,而分布在拉基斯的 2 名男教师教育 19 名儿童。[3]

希腊竞技运动是希腊化教育的另一个重要成分。税收改革中,竞技体育也受到托勒密二世的鼓励。在整个阿尔西诺诺姆的税单(公元前 254 年—公元前 231 年)中,竞技教练共计 235 人,在地区总人口 49584 中,比例为 0.47%。他们大多集中于阿尔西诺诺姆首府克罗克狄隆波利斯(Krokodilon polis),或是其他较大城镇,总数为 186 人,占到全部登记教练

---

① H. C. Youtie, *Scriptiunculae*, I. Amsterdam: Hakkert, 1973, p.642.
② Herodotus 3.9 - 10; M.M. Austin, *The Hellenistic World from Alexander to the Roman Conquest*, pp.257 - 262.
③ W. Clarysse and D. J. Thompson, *Counting the people in Hellenistic Egypt*, vol.2, pp.130 - 131.

的近八成。① 除了克罗克狄隆波利斯,在菲拉德尔菲亚(Philadelpheia)、萨马雷亚(Samareia)、特布提尼斯(Tebtynis)、泰阿德尔菲亚(Theadelpheia)以及尤梅利亚(Euhemeria)也都设有体育馆。城镇中的体育馆由领头人(proestekos)负责,独立经营,为"希腊人"小圈子提供了聚会和体育训练的场所,起着延续和维持希腊生活方式以及认同的作用。体育馆也集中了公餐、祭祀和庆典等功能,更演变为地方精英集会的官方场所,并以此作为沟通军队和王廷的平台。② 政府对于相关活动也有监管措施。参照传统希腊城邦模式,托勒密政府设立了体育馆监督官(gymnasiarchos)。体育馆监督官多由军官担任,而军事训练很可能在体育馆内的活动中最为重要。此外,体育馆还设有祭坛,对神化了的托勒密国王进行祭祀活动。③

开设体育馆以及授予教练相应的经济特权无疑有助于满足大城市以外移民的文化和训练需求。托勒密政府对泛希腊赛会的重视也产生了广泛的影响,不仅激发民众的参与,也吸引了私人赞助。芝诺(Zenon)的纸草通信显示,公元前257年,他资助一个名叫皮洛士(Pyrrhos)的少年赴亚历山大里亚的体育馆接受训练。芝诺还资助了另一个训练员法尼阿斯(Phanias),以及托勒密城赛会冠军迪奥尼修斯(Dionysios)。④ 接受私人训练的运动员如果表现特别突出,很可能像阿里斯托尼克一样得到王室支持,参加海外的泛希腊赛会。⑤

第三节 其他族群身份的建构

在托勒密的税收和管理体系中,官方划定很可能只对具有免税特权的族群进行身份确认和标记,基本仅有希腊人、波斯人和阿拉伯人在记录中出现。在税单中,波斯人(希腊语 *Persai*,世俗体埃及语 *Mdy*)也被单独区分并登记纳税。波斯人和希腊人有着相近的经济特权,同样免于缴纳奥波尔税。⑥ 这一群体规模较小,不过分布较为集中。以公元前三世纪中叶的阿尔

---

① W. Clarysse and D. J. Thompson, *Counting the people in Hellenistic Egypt*, vol. 2, pp. 96,134.

② M.C.D. Paganini, "The invention of the gymnasiarch in rural Ptolemaic Egypt," in *Actes du 26e congrès international de papyrology*, 591 – 597, Genève: 2013.

③ M. C. D. Paganini, "The invention of the gymnasiarch in rural Ptolemaic Egypt".

④ *P. Cairo Zen*. I 59060;59061;59098; III 59507.

⑤ *P. Lond*. VII 1941; *P. Cair. Zen*. III 59326; *PSI* IV 364.

⑥ *P. Count*. 23,254 – 231BCE.

西诺省为例,这里波斯人仅占总人口的 0.3%,即便是在波斯人相对集中的吕西玛吉斯村(Lysimachis),也仅占当地人口的 4.8%。希腊人在该省的人口的比重则高达 16.5%。[1]

与"税收希腊人"这一群体不同的是,另有一类"出生在埃及的波斯人"(世俗体埃及语为 Mdy ms n Kmy)为纳税群体,他们登记的名称是"纳税波斯人"(Persēs epitelēs,字面意思是应纳税的波斯人,相对于免税的atelēs)。[2] 作为免税阶层的波斯人,通常以希腊名字出现在文献中,[3]波斯名字实际上很少出现,他们分别是 Artabazos[4] 和 Ag···dates[5],而Mithron[6]虽与波斯神话有渊源,但也可视为希腊名字。在世俗体埃及语税单中,也有波斯人使用埃及名字的,例如,公元前二世纪吕克波利斯诺姆(Lykopolite nome)的税单中的波斯人克莱宾也使用埃及名字,[7]此外,公元前三世纪有一例使用埃及名字的女性在税单中被登记为波斯人,[8]但使用埃及名的情况相比而言十分罕见。[9]

波斯人如何获得特权,目前尚无定论。但是,关于波斯人的记录大多是和他们的职业相关,或许划分这个群体是出于技术层面的考虑。有学者指出,[10]托勒密王朝官方划定的波斯人是波斯国王贴身护卫(apple-bearersa)的后裔,曾经与马其顿军人共同出任亚历山大大帝的宫廷护卫,[11]后来护送其灵柩至埃及并定居下来。[12] 而纸草文献中所提到的波斯人,多有军事背景,如出任军团指挥(taxiarch)。[13]克拉瑞斯推测,一些希腊人可能在波斯统治埃及时期就已经获得了某种特殊地位。他们可能曾经效力于波斯统治

① W. Clarysse and D. J. Thompson, *Counting the people in Hellenistic Egypt*, vol. 2, p.160.

② *P. Lille dem*. II 35+44.

③ *Pros. Ptol.* x; La'da, 2002, E1965 – 2062, E2295 – 2301; W. Clarysse, "Greeks and Persians in a Bilingual Census List." *Egitto e Vicino Oriente* 17:69 – 77,1994.

④ *P. Count*. 47.360.

⑤ *P. Count*. 31.65.

⑥ *P. Count*. 18.12.

⑦ *P. Count*. 54.17 – 23.

⑧ *P. Count*. 48.4.

⑨ W. Clarysse and D. J. Thompson, *Counting the people in Hellenistic Egypt*, vol. 2, p.158, no.174; p.322, no.12.

⑩ N. G. L. Hammond, "Alexander's non-European troops and Ptolemy I's use of Such troops" *BASP* 33,1996:99 – 109.

⑪ Diodorus. 18.27.1.

⑫ Pausanias I. 6.3.

⑬ *PSI* v 513.11, 252/251 BCE; C. A. La'da, "Ethnicity, Occupation, and Tax-Status in Ptolemaic Egypt".

者,转而在新王朝任职。在托勒密王朝治下,他们维持了既得特权,并且其身份和地位通过免税凸显出来。[1] 如果更进一步推测,前朝的统治策略也可能为马其顿法老所吸纳,并使之成为"税收希腊人"的范本,同时这也是托勒密王朝税收和管理体系中的一项重要内容。实际上,纸草文献显示,波斯阿黑美尼德家族和埃及法老统治时期都有过官方划分族群的做法。[2] 不过,这些都只是推测。托勒密王朝初期的波斯人,其来源仍然是一个谜,至于他们是波斯军人移民或后裔,还是拥有特权的前朝遗臣有待更多的史料来佐证。就托勒密埃及的征税情况而言,官方文书中的波斯人像"税收希腊人"一样,享受着经济上的特权,或许多少与他们的职业或希腊文化背景有关联。公元前 259 年,阿波罗尼乌斯(Apollonios)传达国王免税法令的信件,[3]展现出了一个鼓励希腊文化、对特殊职业予以免税权的托勒密法老形象,那么施恩于"希腊化的波斯士兵"或早期希腊移民应该可以看作对这些群体经济特权身份确立的一个合理解释。

在官方的族群分类中,阿拉伯人是最后一个分类。他们在世俗体埃及语和希腊语税单中都出现过,分别被记为 *Hgr* 和 *Arabes*。阿拉伯人也和"税收希腊人"以及波斯人一样,无需缴纳奥波尔税。公元前三世纪下半叶,塞米斯托斯区(meris of Themistos)区一个名为雅典科迈(Athenas Kome)小村庄有一份税单记录着 7 个阿拉伯和 7 个希腊成年男子免交奥波尔税。[4] 他们可能从阿拉伯半岛跨过尼罗河东部沙漠迁徙而来或来自一个名为阿拉伯的三角洲诺姆。[5] 大多数阿拉伯人都使用埃及名字,例如,在公元前二世纪,托勒蒙区(meris of Polemon)一个只有一千居民的小村奥西林查(Oxyrhyncha)发现的税单中,全部 7 个阿拉伯人均使用埃及名字。[6] 只有少数人使用为阿拉伯名字或希腊名字。[7] 如,公元前三世纪的文献中出现了一个名为德墨特里奥斯(Demetrios)的阿拉伯人。[8] 在纸草文献中,阿拉伯

---

① W. Clarysse, "Greeks and Persians in a Bilingual Census List."

② C. A. La'da, "Ethnicity, Occupation, and Tax-Status in Ptolemaic Egypt".

③ *P. Hal.* 1,1.260 – 265.

④ *P. Count.* 30.63.

⑤ Herodutus II 8.1;15.1; Strabo XVII 1.21; *O. Petrie I* 51.2,122BCE; *P. Rev.* 31. O; 65.13,18;66.2,259BCE.

⑥ *P. Count.* 49.207 – 215.

⑦ *UPZ I* 72.2,152BCE; S. Honigman, Les divers sens de l'ethnique Arabs dans les sources documentairesgrecques d'Égypte, *Ancient Society* 32(2002)43 – 72.

⑧ *PSI* V 538.2.

人一般以牧羊人身份出现或担任警卫工作。① 芝诺档案中则记录了公元前三世纪,来自法雍东北部的阿拉伯牧羊人曾经参与了绵羊和山羊的保护工作,并且收入不菲。② 很有可能,阿拉伯人因其职业的重要性获得了政府的免税奖励。

第四节　特权希腊人对埃及社会结构的影响

托勒密的税收体系迫使税区的埃及人以各种方式获取钱币以缴纳税赋。这必然会对埃及人的传统社会产生一定冲击。许多埃及人加入了开发法雍以及尼罗河谷下游的工程以获取报酬。纸草文献记录了埃及劳工从事挖掘水渠、修筑堤坝、搬运土方等工作获取低廉收入的情况。内务大臣阿波罗尼奥斯(Apollonios)雇佣的劳工,平均一天挣½奥波尔。③

税制改革制造出特权希腊人群体,一定程度上割裂了社会。这种分裂不能简单理解为族群或文化的隔绝或分离。因为缺乏史料,托勒密官方划分族群的标准并不明确。尽管使用了希腊人之名,托勒密官方划分的希腊人显然不能直接套用希腊古典时代的流行定义,比如,希罗多德那段广为人知的定义,"……希腊人(to Hellenikon),是具有共同的血缘和语言、共同的神庙和仪式,以及共同的生活方式"("τὸ Ἑλληνικὸν ἐὸν ὅμαιμόν τε καὶ ὁμόγλωσσον καὶ θεῶν ἱδρύματά τε κοινὰ καὶ θυσίαι ἤθεά τε ὁμότροπα")④。血缘,或者想象的血缘必然不是埃及希腊人的判定标准,至少不是必备选项,否则,我们无法解释埃及人、犹太人或其他非希腊人进入这个群体。⑤ 托勒密王室也没有刻意选择用与异族对立的

---

① S. Honigman, Les divers sens de l'ethnique Arabs dans les sources documentairesgrecques d'Égypte, *Ancient Society* 32(2002)43 – 72.

② *P. Cairo Zen*. III 59340.17; 29394.45.

③ D. J. Thompson, "Irrigation and Drainage in the Early Ptolemaic Fayyum," in A. K. Bowman and E. Rogan, eds., *Agriculture in Egypt: From Pharaonic to Modern Times*, 107 – 122, Oxford: Oxford University Press, 1999; S. V. Reden, *Money in Ptolemaic Egypt*, Cambridge: Cambridge University press, 2007, pp. 64 – 65.

④ Herodotos, 8.144.2, Herodotus, *Books*, trans. A. D. Godley, 4 vols, London: William Heinemann LTD, 1969.

⑤ 霍尔指出,早在希波战争之前,族群就通过内在表述给予不同群体之间的相似性,通过虚拟的亲缘关系建立起认同。J. M. Hall, *Ethnic Identity in Greek Antiquity*, pp. 40 – 51;徐晓旭对希腊人认同问题做了非常详细的研究综述,参见:徐晓旭:《希腊人和蛮族人:一对不断被修改的画像》,《历史研究》2014 年第 6 期。

方式凸显"希腊人"。① 从某种意义上来说,托勒密埃及的希腊人似乎接近伊索克拉底的描述,"……希腊人(Hellenes)之名不再指种族(genos),而是一种智力,比起与我们有着共同出身的人,那些和我们有共同文化的人才应被称为希腊人"("καὶ τὸ τῶν Ἑλλήνων ὄνομα πεποίηκε μηκέτι τοῦ γένους ἀλλὰ τῆς διανοίας δοκεῖν εἶναι, καὶμᾶλλον Ἕλληνας καλεῖσθαι τοὺς τῆς παιδεύσεως τῆς ἡμετέρας ἢ τοὺς τῆς κοινῆς φύσεως μετέχοντας")。② 或如威廉·塔恩(William Tarn)和弗兰克·W. 沃尔班克(Frank W. Walbank)等学者定义的"文化希腊人"(culture-Greeks),成为希腊人(went Greek)即,"取个希腊名字,说希腊语,接纳希腊文化"。③ 埃及官方划分的希腊人很可能接受了希腊教育,至少他们能使用官方用语——希腊语,尤其是能够用希腊的方式战斗,编入战斗序列。直到托勒密四世统治时期,埃及人才大量进入军团。④ 技术层面上能为王室所用的人才更有可能获得新的"族群"身份,进入特权群体。

希腊文化和技能或成为一个人改变命运的重要因素,来自王室的身份认证和特权分配最终决定个体社会层级。特权希腊人绑定了土地分配资格、免税和免徭役等特权抬高了"族群"的门槛,这也是埃及"希腊人"区分于希腊族群的一个重要特征。⑤ 尽管希腊移民在文化上和技术能力可能具有一定的天然优势,却未必都被算作"希腊人"。目前所知,法雍地区的希腊移民或许最多,公元前三世纪中叶约有 100000 移民,15% 为希腊军人,另有 15% 为税收希腊人。⑥ 移民想要更好的生活——进入特权群体,则必须在技

---

① 伊迪丝·霍尔(Edith Hall)相信,通过与波斯人或蛮族人的对立,希腊人重塑或强化了他们的族群认同。E. Hall, *Inventing the Barbarian*, New York: Oxford University Press, 1991, pp.56 - 100.

② Isocrates, *Panegyricus* 50, G. Norlin, ed., *Isocrates*, vol. I, London: William Heinemann Ltd, 1980.

③ William Tarn, *Hellenistic Civilization*, New York: The World Publishing Company, 1964, pp.160 - 161 and 206 - 207; F. W. Walbank, *The Hellenistic World*, Cambridge, MA: Harvard University Press, 1981, p 118.

④ Polybius, 5, 64.1 - 3; 5, 87.1 - 2.

⑤ 绑定了特权的埃及"希腊人"有浓厚的官方色彩,与希腊世界的定义有很大差异。近年来,研究希腊史的学者多从文化上定义希腊人的身份。中外许多学者强调希腊人族群形成的"聚合"和"对立"属性。参见:S. Saïd, "The Discourse of Identity in Greek Rhetoric from Isocrates to Aristides", p.282; J.M. Hall, *Hellenicity: Between Ethnicity and Culture*, pp.172 - 228;徐晓旭:《古代希腊人族群认同的形成》,《外国问题研究》2017 年第 1 期;徐晓旭:《文化选择与希腊化时代的族群认同》,《中国社会科学》2015 年第 3 期。

⑥ W. Clarysse and D. J. Thompson, *Counting the people in Hellenistic Egypt*, vol. 2, pp.92 - 94 and 138 - 140.

术上给君主和王国以支持。比如，加入军队、担任教师、医生、运动员、漂洗工或参与宗教活动等。平民中最出名的是考诺斯人芝诺(Zenon)，他效力于内务大臣阿波罗尼奥斯，短短五年实现职业飞跃，受命经营 10,000 阿鲁拉地产。① 克莱翁(Kleon)出任王室工程师，主持法雍阿尔西诺诺姆的水利建设。② "希腊人"特权群体的逐渐形成，意味着移民内部也可能出现分化。公元前 218 年，皮斯托(Pistos son of Leontomenes)投诉雇主色雷斯人阿里斯托克拉底(Aristokrates)拖欠 10 德拉克马薪俸。③ 两人都使用希腊名字，皮斯托自称为"波斯人后裔"，身份被告则是获赐 100 阿鲁拉的封地军人，一个色雷斯人。虽然都是"希腊人"，但二者的经济和地位可能天差地别。

官方划分希腊人群体可能制造了一个矛盾的问题。一方面，希腊人与其他族群的身份差异更为明显，强化了移民的希腊族群认同，刺激臣民效忠王室，争取飞黄腾达。如上文所述，希腊人积极锻炼，参加各种赛会等。也可能刺激埃及本土居民"希腊化"，进入特权群体。这个"族群"看起来对非希腊人是开放的，但是，成为"希腊人"或许意味着背离自己的文化背景和出身。在早期托勒密王廷的高官名单中，几乎一个埃及名字也没有。那些成功希腊化的埃及人常常隐藏自己的出身信息，仅以希腊人的身份出现在官方文书中，默默隔绝于埃及历史。另一方面，分裂了社会，演化出"族群"矛盾。公元前 218 年，卡米诺村(Kaminoi)的希腊人伊多门努斯(Idomeneus)投诉同村的两个埃及人派托巴斯提斯(Petobastis)和赫罗斯(Hōros)，(灌溉时)用水冲走了他田里的种子。④ 公元前 218 年 5 月 11 日，一个名为赫拉克雷得斯(Herakleides)的希腊人致信总督，称自己在皮萨诺姆(Pysa)外出时，被临街房屋里的埃及妇女普塞诺巴斯提斯(Psenobastis)泼了一身尿。他当场抗议之后，反被当众暴打。⑤ 官员在处理这些陈情时，常常批复一些套语，如"尽可能协调。如若不能，则交由我来处理。"或"调查此事保证他(她)获得公正。"等。⑥ 熟悉了这些程式的职员往往在抄写文件时潦草处理，这些案件或已屡见不鲜。

托勒密王朝似乎并未能够妥善处理好这种矛盾，埃及的"族群冲突"便长期延续下来。公元前 163 年，马其顿后裔托勒密 (Ptolemaios son of

---

① M. Rostovtzeff, *A Large Estate in Egypt in the third Century*, Madison: University of Wisconsin Press, 1922, pp.16 – 28.

② N. Lewis, *Greeks in Ptolemaic Egypt*, pp.37 – 45.

③ *P. Ent*. 119 – 121.

④ *P. Ent*. 60.

⑤ *P. Ent*. 79.

⑥ *UPZ* 106; N. Lewis, *Greeks in Ptolemaic Egypt*, p.59.

Glaukias)写信给总督狄奥尼修斯(Dionysios),投诉塞拉皮翁神庙(The Great Serapeion)的一些轮班的面包师在阿斯塔尔圣所(Astartē Shrine)对他进行了暴力袭击,他的助手哈尔迈斯(Harmais)遭到殴打。而这样的事情早些年也曾经发生,他强调"因为我是一个希腊人",请总督授命地方治安官保障自己的合法权益,并伸张正义。总督给出答复要对此事进行调查。不过此事显然没有解决。两年后,总督再次收到来自托勒密同样内容的陈情书。公元前161年,托勒密再次遭到埃及低级神职人员的袭击,生命受到威胁,于是请求总督给予庇护,并对这些人予以制裁。施暴者正是两年前的同一批人。在信的结尾,托勒密还列出了部分被告的姓名和职业。托勒密官员可能延续了和稀泥的处理方式,效果并不理想。三年之后,暴行再次发生,托勒密继续写信投诉,这也是目前所存记录中的最后一次。[1] 至于结果如何,我们已无从知晓。

针对上述案例,路易斯指出,"埃及人对托勒迈等说希腊语的统治阶层的仇恨日益滋长,他们将这些人视为圣地的入侵者。他们的敌意从未消失,甚至不曾衰减。"[2]托勒密王室的族群划分以及特权分配为埃及人仇恨的怒火添柴加薪。拥有土地和各种特权的"希腊人"改变了埃及社会的传统结构,他们构成了新的社会阶层,影响持续到罗马帝国时代。[3]

第五节 两法并立与族群身份登记

托勒密埃及是一个多元社会,除了埃及当地人,还有来自东部地中海不同地区的军人和平民。希腊移民和埃及人构成了社会两大群体。对此,政府采取了严格划分居民司法身份的措施进行管理。托勒密埃及的司法身份划分情况较为复杂,政府以居民登记的族群身份(*patris*)为前提,主要针对希腊移民进行了身份区别,分为城市公民、军人和平民,分别享有不同的司法特权。希腊城市公民在司法上享有自治权,军人也是司法体系中的一个特殊群体,尤其是从海外征召的雇佣军,其纠纷由外邦人法庭审理。希腊人的司法身份是否与税收希腊人身份一致还是个疑问。但由于托勒密政府的行政人员并不富裕,它很可能通过征税系统保证国家能够准确掌握居民的

---

[1] *UPZ* 7,8,15.

[2] N. Lewis, *Greeks in Ptolemaic Egypt*, p.85.

[3] D. Kehoe, "The Economy: Graeco-Roman", p.316.

基本信息。因此,人头税的征收无疑对确认全国居民的族群身份的确认有着重要作用。相比而言,国家对于埃及人的身份不作细分,也没有特别规定其权利,埃及人可能主要接受本地法律的仲裁,也可能在希腊人的法庭中受审。

从托勒密王朝初期的情况来看,新政府并未强行推行新的行政和法律体系,而是根据社会群体的复杂状况,维持了传统的法律和习俗,形成了希腊和埃及两套法律体系并存的局面。

一、国王与多元社会中的法律系统

托勒密国王统治之前的埃及,法老是名义上的法律制定者,但法老究竟在国家法律层面起多大作用并不明确。最高行政长官维西尔($tjaty$)同时兼任国家最高法官,负责执行国王的命令。托勒密王朝在埃及建立起统治之后,这些希腊的国王同时也继承了埃及法老的身份,依然履行着立法者的职责。具体的司法审判则交由不同的法庭执行。

埃及缺乏严格意义的法典,也没有统一规范的法律、法规。国王即法律的化身,而地方上大量的诉讼常常交由精英和官吏组成的地方法庭处理。在托勒密王朝,情况基本没有发生本质改变。

从立法的角度来说,来自希腊世界的托勒密国王似乎并不打算从整体上将埃及本地法律推倒重建,而且国王可能也没有足够的力量,确保王室法律能够在埃及全境强制推行。换言之,托勒密国王要在埃及建立起统治,管理这个广阔的国家,尤其是科拉地区,就需要寻求与地方法和法庭的合作。因此,有的学者认为托勒密国王只能顺应埃及的现状,在构建法律体系方面并没有多少施展空间。[①] 托勒密埃及的法律则主要由一系列王室法令、地方习俗、法规等构成。政府整合了这个国家的传统法律、法规,其法律系统是众多法律和法规的一个集合体。沃尔夫认为,政府甚至"有计划"地推动埃及传统法律与新王朝法规的协作,建立起一个"协调的法律体系","这个法律体系基于国王的意志而存在,国王保证其权威,这也是达成政治意图的先决条件之一。"[②]

尽管学者们一般强调托勒密王朝对传统的继承,但这并不意味着国王在国家司法领域无所作为。托勒密国王通过编修法典、发布敕令以及调整

---

① J.G. Manning, *The Last Pharaohs*, p.170.
② H.J. Wolff, Plurality of laws in Ptolemaic Egypt. *Revue internationale des Droits de L'antiquité* 3 1960:191 – 223, p.210.

法庭职权、派遣代理官员监管等措施对国家司法系统进行干预和控制。公证处的推广以及法律文书登记认证体系的建立则进一步规范了司法仲裁，压缩了审判中法官自主发挥空间。

早在波斯统治埃及时期，大流士即下令收集和整理埃及的传统法律，穷十六年之功，将其编纂成册，供行政司法机构执法使用。内容分为公共法、神庙法和私法三大系列，以世俗体埃及语和阿拉米语（Aramaic）写成。① 这一做法延续到了托勒密王朝。埃及最早的成文法典"赫尔摩波利斯法典"（P. Mattha）即出现在托勒密二世统治时期（公元前 282 年—公元前 246 年）。盖普拉（S. Gabra）于 1938 至 1939 年在图纳盖贝勒（Tounah el-Gebel）进行考古发掘时，该法典重现于世。法典原件被收入埃及开罗博物馆，并于 1975 年编入《西赫尔摩波利斯的世俗体法律汇编》（The Demotic Legal Code of Hermopolis West）一书中出版。② 这部法典大约在托勒密二世在位期间成书，部分内容已佚，保存下来的内容主要为民事纠纷的审判案例，大致分为四类：土地租赁、继承、邻里争端以及其他问题。

除了有判例法作为法官仲裁的依据。国王敕令也是司法审判的重要依据。如，公元前 171 年，法雍地区南部佩辛托（Psinteo）村，一个名为赫利欧斯（Herieus）的包税人，因为土地所有权问题和当地埃及人发生纠纷，并向总督递交了陈情书。③ 原告赫利欧斯声称，自己从父亲那里继承而来的土地被人强占，并建起了一个塔楼（或鸽子房）。原告和被告都是埃及当地人，但是赫利欧斯却并未寻求埃及地方法的支持，而是在文书中直接引用了国王法令（diagramma）的一项规定，"如果有人在别人的土地上建房，那么他应该被驱逐出去。"，要求非法侵占土地的兄妹归还土地。总督即遣地方官员传讯被告人，但诉讼的结果不得而知。

国王组织编纂法典，下达法令，由地方行政和司法机构执行。托勒密二世在位时，进行了一系列法律改革。不过，尽管很多相关文献都出现在托勒密二世统治时期，但改革涉及面广，改革时间跨度很可能更长。④ 托勒密二

① J. Mélèze-Modrzejewski, "Law and justice in Ptolemaic Egypt," in M. J. Geller and H. Maehler, eds., Legal documents of the Hellenistic world: Papers from a seminaer, 1–19, London: Warburg Institute, 1995; D. B. Redford, "The so-called "codification" of Egyptian law under Darius I," in J. W. Watts ed., Persia and Torah: The theory of imperial authorization of the Pentateuch, 135–59. Atlanta: Society of Biblical Literature, 2001.

② G. Mattha and R. Hughes, The Demotic Legal Code of Hermopolis West, Cairo: IFAO, 1975.

③ P. Tebt III/1 780.

④ J. G. Manning, The Last Pharaohs, p.180.

世的主要举措是独立出三个法庭和相应的层级法律体系。以国王法为最高法，下面统辖希腊法律和埃及法律。正义法庭（*dikasteria*）主要负责处理发生在希腊语的群体中的案件。巡回法庭（*chrematistai*）代表王室权威，公元前二世纪初期开始成为常规法庭，审理希腊人的案件。埃及地方法庭，成员为埃及祭司，负责处理埃及人的纠纷。公元前三世纪的文献中，埃及设有共同法庭，受理希腊人和埃及人的纠纷案件。①

一般认为，正义法庭在公元前三世纪末即被解散。不过，最新的证据表明，至少在公元前二世纪七十年代，该法庭仍然发挥着作用。② 公元前三世纪末王室巡回法庭在科拉（城市之外的乡村）成为常规法庭，逐渐取代了正义法庭的职能和地位。埃及地方法庭可能对应世俗体埃及语中的法庭（*awy wepy*）。后者至少在公元前七世纪即已出现，学者认为这是埃及行政和司法分离的一个重要标志。而新王国之前的法庭（*kenbet*）不仅负责司法审判，同时也肩负行政职责。③ 不过，晚期埃及（Late Period，公元前664年—公元前332年）是否存在行政和司法分离的改革仍是一个疑问。④

生活在希腊城市中的希腊居民受到国王的直接管辖，遵循国王法令和城市法。⑤ 在科拉，希腊人或者希腊化的居民通过向地方总督陈情书，申请托勒密国王权威仲裁。国王并不直接参与司法审理。通常，陈情书经总督批示之后交由地方官员负责处理，如果地方无法调解，最后才由总督审理。

就埃及法的实际操作而言，尤其在某些非正式场合，托勒密国王权威对普通埃及人的影响有限。除了承认地方法规和法庭的司法权威，在埃及地方法庭之外，人们还常常通过神庙来解决争端，如果被告不愿向神灵起誓，则证明他或她有罪。一般由世俗体埃及语记录，被称为"神庙宣誓"。这种的传统的仲裁活动可能不受国家干涉。⑥

---

① H. J. Wolff, Das Justizwesen der Ptolemäer, *Münchener Beiträge zur Papyrusforschung und antiken Rechtsgeschichte* 44. Munich: Beck, 1962; J. G. Manning, *Land and Power in Ptolemaic Egypt, The Structure of Land Tenure*. Cambridge: Cambridge University Press, 2003, p. 53.

② *P. Heid*. VIII 412 - 417; J. Rowlandson, "Administration and law: Graeco-Roman," in A. B. Lloyd ed., *A Companion to Ancient Egypt*, 237 - 254, Oxford: Wiley-Blackwell, 2010.

③ S. Allam, "Egyptian Law Courts in Pharaonic and Hellenistic Times," *Journal of Egyptian Archaeology*, vol. 77, 1991: 109 - 127.

④ B. Haring, "Administration and Law: Pharaonic," in A. B. Lloyd ed., *A Companion to Ancient Egypt*, Oxford: Wiley-Blackwell, 2010, pp. 218 - 236.

⑤ *pGurob* 2, 275BCE.

⑥ U. Kaplony-Heckel, *Die demotischen Tempeleide*, Ägyptologische Abhandlungen 6. Wiesbaden: Otto Harrassowitz, 1963.

　　必须指出的是,三大希腊城市都有独立的司法体系和法庭,希腊城市公民的法律独立地位正是来自城市的自治。不过,城市的司法活动也无法摆脱国王的影响。亚历山大里亚城法庭的审判长(*archidikastes*)即由国王指派。① 值得一提的是,公元前三世纪的亚历山大里亚城除了有独立的城市法庭,还存在着外邦人法庭(ξενικὰ δικαστήρια),可能主要负责特殊身份(如军人)外来居民的法律案件。法律规定,如果两个获得亚历山大里亚城公民权的军人发生财务纠纷,则案件移交外邦人法庭审理。②

　　整体来看,托勒密二世进行的司法改革则主要应对复杂的移民情况,并设置了不同的法庭,使他们能够按照各自身份和传统习俗延续熟悉的生活。希腊移民的登记十分重要,是他们司法身份和特权保证的基础。

二、身份登记与法律特权

　　公元前三世纪,由于大量移民的涌入,托勒密埃及的居民族群和职业等背景情况复杂。但是,通过人口普查和身份以及税收登记,托勒密政府很可能掌握着居民的详细信息,并对身份和相应权利有着明确划分。而不同群体的居民或被授予某种特权或处于无权地位,他们的身份也和司法体系挂钩。

　　而在公元前三世纪晚期,政府对买卖契约当事人的身份要求登记,必须申明身份和族群(*patris*)(这里的族群并非广义的希腊人,而是要求更具体的祖籍所在城市或地区,如底比斯人、克里特人等)。

> οἱ δὲ δανείζοντες καὶ οἱ δανειζόμε[νοι ἔστωσαν γρα-]
> φόμενοι εἰς τὴν συγγραφήν· οἱ μὲν ἐ[ν τῶι στρατι-]
> ωτικῶι τεταγμένοι ἀπογραφέσθω[σαν τάς τε]
> πατρίδας ἑαυτῶν καὶ ἐξ ὧν ἂν ταγ[μάτων ὦσι]
> καὶ ἃς ἂν ἔχωσιν ἐπιφοράς· [ο]ἱ δὲ πολῖτα[ι τούς τε]
> πατέρας καὶ τοὺς δήμους· ἐὰν δὲ καὶ ἐν τ[ῶι στρα-]
> τιωτικῶι ὦσι καὶ τὰ τάγματα καὶ τὰς [ἐπιφοράς·]
> οἱ δὲ ἄλλ[οι] τούς τε πατέρας καὶ τὰς πατ[ρίδας καὶ]
> ἐν ὧι ἂν γένει ὦσιν·

　　"租借方和借贷方当事人必须在契约中申明各自情况。在军中任职者,必须交待其族群、所属部队、军阶。市民则要呈报父亲的名字和他们注册的德莫;如果市民也在军中服役,则他们也必须写明所属部队

---

①　P. Fraser, *Ptolemaic Alexandria*, pp.107 – 115.

②　*P. Hal.* 1.155.

和军阶。其他人必须登记父亲的名字和族群，并且申明各自身份。"①

公元前 168 年，也有几乎同样内容的文书强调居民在法律文书中必须登记的身份信息。

> [οἱ μὲ]ν στρατιῶται ἀπογραφέσθωσαν τά τε ὀνόματα
> [αὐτ]ῶν καὶ τὰς πατρίδας καὶ ἐξ ὧν ἂν ταγμάτων ὦσιν
> [καὶ ἅ]ς ἂν ἔχωσιν ἐπιφοράς· οἱ δὲ πολῖται τούς τε πατέρα[ς]
> [καὶ το]ὺς δήμους, ἂν δὲ καὶ ἐν τῶι στρατιωτικῶι ὦσιν
> [καὶ τὰ τ]άγματα καὶ τὰς ἐπιφοράς· οἱ δ' ἄλλοι τοὺς
> [πατέρας] καὶ τὰς πατρίδας καὶ ἐν ὧι ἂν γένει ὦσιν·

"士兵必须写下姓名、族群、所属部队以及军阶；城市公民需要登记他们的父亲名字，注册的德莫，如果他们在军中服役，则须登记所属部队和军阶；其他人登记父亲名字、族群以及身份。"②

这两个文本虽然相隔约半个世纪，但内容几乎别无二致。法令规定的内容涉及三个群体，分别是：军人、公民和非公民。很显然，在司法审理中，托勒密埃及居民的身份应被区分处理。三大群体中，军人排在首位，他们登记的信息中，所属部队和军阶一定程度上已经明确了他们的身份和地位。在具体操作中，当事人登记的信息超出法令的具体要求。在法律文书中，一些军人通常登记了父亲的名字。而封地军人除了要写明职业身份，往往还登记自己的封地情况。对公民登记信息的要求排在第二。托勒密埃及的三座希腊城市都有其独立的司法体系和法庭。至少，在亚历山大里亚城，公民登记父亲的名字，同时也在父亲的德莫注册，涉及公民的案件一般交由城市法庭处理。他们并不需要登记自己的职业和其他信息。也有公民担任军职，则按照对军人的要求，须增加所属部队和军阶信息。从这项规定也可以推测，无论军人出身和身份如何，所属部队和军阶可能影响案件的司法审理。最后一个群体应为无司法特权者和仅享有基本司法保护的普通平民，其中很可能也包括了非全权公民，如亚历山大里亚城的次等公民 *Alexandreus*，也有所谓"后裔"（*epigonoi*），他们因为种种原因失去，或是等待继承公民资格或军职（如封地军人和封地）。不享受特殊职业身份特权的非公民须登记自己的身份 *genos*，如"后裔"。③

---

① *BGU* XIV 2367.
② *P. Hamb.* 2.
③ R. S. Roger and P. Derow, *The Hellenistic Period*, pp. 211 - 212.

　　值得注意的是,三个群体均登记族群,正是在确认族群身份的基础上,普通移民获得基本司法保护。与税单中较为笼统的术语"希腊人"不同,法律文书中登记明确带有族群含义的术语、地名或城市名,如,色雷斯人(Thracian)、克里特人(Cretan)、雅典人或者犹太人等。这种登记方式主要出现在公元前三世纪,但在公元前二世纪,大量族群名称逐渐从文献中消失。这一现象表明,至少在托勒密王朝统治埃及的前一百年,政府严格区分了希腊移民和埃及本土居民,将希腊移民纳入希腊司法体系中给予基本保护。

　　此外,任何在埃及的三大希腊人城市——亚历山大里亚城、托勒密城以及瑙克拉迪斯的德莫注册的居民,不必登记其最初的出生城市或祖先的城市,只登记注册城市的德莫或城市名称和德莫名称即可。亚历山大里亚城公民只需登记德莫,不必注明城市。根据居民族群状况和身份,军人和非市民的案件被移交对应的法庭处理。如,获得亚历山大里亚城公民权的外籍军人,如果和同等身份的军人发生纠纷,案件即由外邦人法庭审理。

　　托勒密国王统治埃及之初,族群以及社会构成较为复杂,这可能是政府划分居民群体,分类管理的重要原因。这种状况甚至在长达数百年的时间里没有发生根本改变,没有理由认为公元前168年之后,托勒密政府在司法上对居民不同群体的区分消失。居民之间地位有所差异,希腊城市公民毫无疑问是城市自治的受益者,具有一定的独立法律地位。公民作为一个特权群体,不仅在城市议会中有投票权,可以通过或是否定议案。在法律方面,只有公民有权申请核对文书。亚历山大里亚公民只在亚历山大里亚城接受司法仲裁,不得在其他地方法庭审判。其他希腊城市公民可能也享受同样特权。军人和希腊人相比普通埃及人都有一定的特权,可免于徭役之苦。[①] 此外,安提努波利斯(Antinoupolis)是三大希腊城市之外另一个享有独立行政和司法体系的城市,有自己的议会和法庭,其公民特权情况可能与其他希腊城市类似。[②]

　　从公元前305年托勒密一世加冕开始算起,截至公元前168年,至少在托勒密国王统治埃及的前一百多年时间里,埃及的司法审判系统相对复杂,存在着城市法庭、王室法庭、希腊人正义法庭、埃及法庭、处理希腊人和埃及人纠纷的共同法庭、外邦人法庭以及市场公证机构等正式的审理机构,不同

---

① R. Taubenschlag, *The Law of Greco-Roman Egypt in the Light of the Papyri from 332 B.C. - 640 A.D.*, pp.595 - 598.

② Ibid., p.578.

的法庭应对不同的居民群体。可以肯定的是,官方对于居民身份的掌控和划定是司法审判的前提条件。居民被托勒密政府划为不同层级的群体,以身份、特权和族群等为依据区别对待,进行群体隔离管理。在司法审判方面,这种对普通居民的群体的划分,可能并非垂直层级,不同群体相互独立,法律地位和特权也不相同。

公元前三世纪,埃及多种法庭共生,但这并不能说明托勒密国王有意平等对待不同群体的居民。尽管政府设立了共同法庭,专门处理希腊人和埃及人的纠纷。埃及语的契约文书直到公元前二世纪下半叶才得到政府承认。埃及人和希腊人产生司法纠纷时,希腊人相对于埃及人或许具有一定的优势。若案情棘手,须寻求总督仲裁,陈情书也是希腊语书写。某种意义上来说,希腊语也可算作法律上的一种"族群特权"。这些特权或将"自然地"引导一些居民主动接受希腊化。

小　结

托勒密二世很大程度上延续了父亲的内外政策,在族群划分和管理上行动更为激进,政策更明显地偏向希腊移民。他的一系列改革重新定义了城市之外的希腊人群体,确立了希腊人在职业、经济等诸多方面的特权,将埃及的移民浪潮推向高峰。在资源分配方面,军事、教育等职业都带有明显的希腊元素,有的行业甚至直接与希腊人"族群"身份挂钩或许可称为希腊人的特权职业,这些移民很幸运地在技术层面有着明显的优势,故而"垄断"了特殊职业。一般埃及人和少数族裔很难与希腊人竞争,差距逐渐拉大。

托勒密政府没有明确的法令禁止本土居民从事所谓希腊人的特权职业,似乎政府在居民管理方面并无偏颇之处。多数学者也认为托勒密埃及并不存在族群政策。可是,我们如何理解近百年间希腊移民在这些特殊职业上几乎一直保持强势地位?既然政府不排斥埃及人,唯一合理的解释是埃及人拒绝合作,尤其是在文化领域。实际上,学界长期坚持的即这种隔离的观点。

情况却并非如此。

首先,在文化和生活领域,相关特权职业中,赛会冠军被授予免税特权可理解为国王对于希腊世界声名和希腊文化重视;学校教师、教练、演员、希腊人医生、希腊人漂洗匠等职业则属于必不可少的文化、宗教和服务行业。而且从他们的分布情况来看,显然配合了国家的移民政策。史料显示,内迁埃及的移民主要来自希腊世界,国家自然需要一些偏向性政策对希腊人进行鼓励。可以推测,大部分特殊职业的从事者之所以获得托勒密二世的恩典正是为了鼓励他们也随其他希腊移民定居,满足内需。

其次,在军事和治安领域,托勒密国王的主力部队自然是马其顿人和希腊人构成。表面上看,希腊军人在技术上的优势是埃及士兵难以比拟的。但埃及士兵经过马其顿作战方式的训练在公元前 217 年拉菲亚之战中显示出自己的价值,他们之中的军官进而也被授予封地。因此,在托勒密王朝建立的前一百年中,希腊军人长期垄断封地军人特权恐怕不能简单地归因于作战技术。另一方面,公元前三世纪下半叶正是希腊移民成为封地军人的最高峰,文献所载之半数希腊军人即在此阶段加入特权群体。这个现象使我们不得不怀疑政府实际上执行了族群政策以吸引希腊移民壮大军力。可能只是为了掩人耳目,避免矛盾激化而没有颁布明确的法令。从封地军人的安置情况来看,政府还刻意选择了法雍尚未开发的地区分封给希腊军人。

另一方面,希腊移民普遍在国家新税收体系中获得特权,根本原因在于托勒密国王需要保证兵源、开发新土地。托勒密二世解决兵源问题有两个策略,一是建立封地军人体系,以王田为封地,吸引希腊军人投奔,形成可靠战力;二是经济改革,推行新税收体系,广集军饷养兵。以上两个策略围绕的中心都是希腊移民。通过内迁希腊军人和市民,政府促成了法雍地区的进一步开发,既解决了军人封地的问题,也增加了收入。如果说政府在建立封地军人体系时尚且有所顾忌,故而没有公开表现出对希腊人的偏向,那么在进行征税的过程中,则堂而皇之地打着族群身份的旗号,给予希腊移民免税和免除徭役的优待。这也是托勒密政府族群策略中的矛盾之处。

实际上,希腊人获得的免税权所带来的实际经济利益或许微不足道,他们"族群"身份的确认的实用之处在于免除徭役的优待,这项特权可以保证他们的生产和生活不受政府打扰。平民获得的特权与封地军人相比不过聊胜于无。

"希腊人"成为特权身份的象征本身即暗示初期的最主要的支柱是希腊移民,甚至可能在很长一段时间里,这个"族群"实际上也和封地军人一样带有族群偏向,排斥其他非希腊人群体。在重新打造"族群"的过程中,托勒密王室施行这种赤裸裸的"族群"策略也未必无所忌惮。更多证据显示,官方认定的"族群"身份并不完全对应居民的实际族群身份。政府对于那些可以为己所用的非希腊人采取了开发的态度。在希腊移民之外,犹太人也被登记为"希腊人",获得相应的特权。也有埃及人摇身变为"希腊人"。同样享有免税权的另有两个"族群",即所谓波斯人和阿拉伯人,尽管其真实族群背景目前难以考证,但他们的共同特点在于都属于重要的特殊职业,亦能为政府所用。如此看来,托勒密国王的这种族群政策是在实用的原则下,灵活地对效忠者予以奖励,并招徕和凝聚支持者。

政府制定策略招徕希腊移民,也需要可操作的实际措施来完成计划。希腊人的身份是在人口普查与新人头税(盐税和奥波尔税)的推广中确立下来的,同时也确立了他们的特权地位。这种特权很可能是政府鼓励希腊人迁居法雍和其他乡村地区的一个重要条件。统计数据显示,政府的策略取得了成功。人头税对于埃及人来说是一个新鲜事物,推行起来却并不容易。可以想象埃及平民是如何抗拒新的货币税,又遭受了怎样的暴力压制。没有驻军和希腊移民的协助,新的税收模式恐怕很难顺利建立和推广。

埃及土地广袤,要完成征税工作必须有相应的行政和管理体系。托勒密政府保留了埃及原有的行政建制,平行建构起一套适应征税需要的新行政体系。从行政官员的名称来看,希腊军人很可能是税收管理和执行者。这同样也暗示了征税工作难免要依赖地方军队的力量。同时运行两套行政系统对托勒密政府而言毕竟负担太重,地方行政机构很快发生变化。新税收体系中官员的实力可能因为征税工作的重要而迅速膨胀,埃及原有的行政建制则相应萎缩或直接被替代。省级税收最高管理者总督在新税制推行的短短三十多年间迅速取代了原来的省行政长官诺马赫(nomach),总揽一省军、政、财大权。除此之外,总督也是地方最高司法长官。

最终,托勒密王朝在埃及建立起新税收体系,特权希腊人群体随之形成,保证了托勒密王朝维持强大的军队与其他希腊化王国抗衡。[1] 托勒密二世在位期间确实在爱琴海上势力庞大,托勒密王国也被冠以"海上帝国"之名。[2] 可以说,新税制的推行,不仅确立了希腊移民的身份和特权,更成就了希腊军人,他们很快成为各个地区的新权贵。

最后一个问题,目前所讨论的现象大多出现在法雍地区,托勒密国王的税收改革和相应的族群管理策略究竟在多大程度上影响到全国? 实际上,

---

① 阿庇安(Appian)称,托勒密二世的收入高达 740000 银塔兰特,步兵 200000,骑兵 40000,战象 300 头,2000 战车,装备 300000 人的武器,拥有 2000 运输船,战舰 1500 艘。现代学者估算,托勒密二世大概拥有 400 艘战舰,无疑是当时地中海最强大的舰队。Appian, Praef. 10; A. Erskine, "Polybius and Ptolemaic sea power," in K. Buraselis, M. Stefanou and D. J. Thompson, eds., the Ptolemies, the Sea and the Nile, 82 – 96, Cambridge: Cambridge University Press, 2013.

② H. Hauben, "Callicrates of Samos and Patroclus of Macedon, champions of Ptolemaic thalassocracy," in K. Buraselis, M. Stefanou and D. J. Thompson, eds., the Ptolemies, the Sea and the Nile, 39 – 65, Cambridge: Cambridge University Press, 2013.

埃及各地情况复杂,史料分布十分不平衡,学者也很难具体评估新的税收体系在全国范围内的影响。因而,我们不能断言托勒密国王的族群策略是否成为埃及人暴动的一个重要诱因。但是,从人头税征收的三个阶段来看,政府很可能难以应对新税制推行的阻力,尤其是本地人的抗拒给地方官员造成很大压力。大约推行了十年即作了减税的调整,第三次全面降低征税税额也仅隔了大约 22 年时间。在一些特殊情况下,王室甚至不得不顺应时势进行大幅度调整,对某些地区全部居民进行免税。公元前 217 年之后,人头税几乎从托勒密王朝的历史中被抹去了,象征着希腊人身份的奥波尔税则完全从盐税记录中消失。考虑到这一时期埃及士兵开始在战场崭露头角,并开始领受封地,这很可能是政府族群策略在税收领域严重受挫的表现。

托勒密王朝前期通过偏向性政策掀起移民浪潮,以支撑海外争霸战略。相对应的是大多数政策几乎对埃及人和其他族裔漠不关心,倾向于“维持现状”。政策没有明显歧视色彩,却暗藏强制性,埃及本地人被迫卷入国家推行的货币体系中,参与新区开发。刻意划分出的特权“族群”将社会割裂,形成了希腊人和埃及人(当地人)社会经济地位差异鲜明的群体。“希腊人”不仅代表了希腊文化,也成为特权的象征、社会身份和地位的代名词。这个群体的形成增幅了希腊移民和希腊文化在埃及的影响,同时也传播了仇恨。当王国力量有所衰退时,长期积累的负面情绪便伺机爆发。公元前 217 年拉菲亚战役之后,一些埃及军人在三角洲北部反叛,揭开了埃及人反抗的序幕。公元前二世纪上半叶的社会动荡中,我们常常能看到“族群”冲突的阴影。托勒密王朝的辉煌来自以特权鼓动“希腊人”群体效忠,最终也为特权群体分裂社会付出了代价。

第四章　族群隔离策略的废弃

公元前三世纪晚期,埃及多次发生叛乱和暴动,最后的本土法老在底比斯建立王朝,延续二十余年,托勒密王朝被迫改变族群政策。原本为希腊移民所垄断的特殊职业开始向埃及人开放。部分埃及人获得了"希腊人"的身份,军官则可能获得国王封地,进入封地军人系统,甚至地方治安人员也有更多机会进入特权群体。在内患难除的情况下,托勒密五世对王廷进行了改革,吸收更多精英,加强力量。国王通过虚拟血缘关系把埃及精英"希腊化"并纳入特权体系。

第一节　埃及人的反抗与内乱的族群因素

公元前 245 年,埃及人第一次在国内掀起暴动,刚赢得第三次叙利亚战争胜利的托勒密三世只得撤军。[①] 受限于资料(仅存一份纸草文献),学者们无法确认这次暴动是否由族群冲突引发,推测参与暴动的埃及人居多。[②]

目前为止,描述最详细、影响最广泛的史料来自古罗马作家波利比乌斯。根据他的记载,在拉菲亚战役(Battle of Raphia 公元前 217 年)之前,托勒密四世(Ptolemy IV,)的两位重臣阿加索克勒斯(Agathocles)和索西比奥斯(Sosibios)进行了一次军制改革,他们根据军人的族群(γενή)和年龄(ἡλικίαν)组织编队,并分配合适的武器。[③] 在这种背景下,托勒密王室首次组建了埃及步兵方阵,按照马其顿的方式训练他们。在第四次叙利亚战争(公元前 219 年至公元前 217 年)中,之前几乎无足轻重的埃及军人成为了

---

① *P. Haun*. 6.

② A.-E. Veisse, *Les révoltes égyptiennes. Recherches sur les troubles intérieurs en Égypte du règnede Ptolémée III Évergète à la conquête romaine*)Leuven: Peeters, 2004, pp. 95 - 99; C. Fischer-Bovet, *Army and society in Ptolemaic Egypt*, pp. 64 - 65.

③ Polybius, 5. 64. 1 - 3.

托勒密王朝的"救命稻草"，①帮助托勒密四世赢得拉菲亚战役。在决定性的拉菲亚一战中，托勒密四世的非洲战象受惊，冲入本方军阵，托勒密左翼军队被安条克三世击溃。危急时刻，原本在步兵方阵掩护下撤退的托勒密四世突然出现在两军阵前，鼓舞了士气，而他之前训练埃及士兵随后神奇地扭转了战局。埃及国王乘胜攻下了塞琉古治下的一些城市，迫使对方接受媾条件。② 随后，埃及军人却背叛国王，在三角洲北部谋求独立。四年之后，即公元前213年，托勒密四世得到安条克三世和腓力五世的帮助，终于镇压了这次叛乱。埃及军人叛乱似乎引爆了埃及国内的积压已久的不满情绪，三年之后（公元前210年）三角洲再度反叛，公元前206年底比斯爆发叛乱，与北方托勒密政府分庭而治，埃及的分裂状态持续二十余年。托勒密王廷被迫将重心转向内部，基本放弃了之前积极的对外战略。埃及军人由此成为公元前三世纪晚期争议的焦点。

关于这次叛乱的起因，波利比乌斯做了以下评述：

Πτολεμαίῳ γε μὴν εὐθέως ἀπὸ τούτων τῶν καιρῶν συνέβαινε γίνεσθαι τὸν πρὸς τοὺς Αἰγυπτίους πόλεμον. ὁ γὰρ προειρημένος βασιλεὺς καθοπλίσας τοὺς Αἰγυπτίους ἐπὶ τὸν πρὸς Ἀντίοχον πόλεμον πρὸς μὲν τὸ παρὸν ἐνδεχομένως ἐβουλεύσατο, τοῦ δὲ μέλλοντος ἠστόχησε· φρονηματισθέντες γὰρ ἐκ τοῦ περὶ Ῥαφίαν προτερήματος, οὐκέτι τὸ προσταττόμενον οἷοί τ᾽ ἦσαν ὑπομένειν, ἀλλ᾽ ἐζήτουν ἡγεμόνα καὶ πρόσωπον, ὡς ἱκανοὶ βοηθεῖν ὄντες αὑτοῖς. ὃ καὶ τέλος ἐποίησαν οὐ μετὰ πολὺν χρόνον.

就在这件事之后，托勒密国王和他的埃及人臣民之间爆发了战争。对抗安条克的战争中，国王提前将埃及人武装成军的决定，在当时是他最好的选择，但长远看来，这却注定是个错误。由于在拉菲亚之战中取得胜利，他们（埃及军人）意气风发，不再听从（国王的）号令，而去寻找领袖和代表，如此他们便可追求自己的利益并维持独立。最终，他们并未花费太多时间就达成了目的。③

波利比乌斯并未进一步解释埃及军人拒绝效忠国王的具体原因，可是他断定埃及军人并非托勒密可以信赖的力量。或许他要强调埃及人民族意识上的对立。埃及军人敌视外国人建立的统治，当他们聚集起来时就敢于

① Polybius, 5.87.1 - 2.
② Polybius, 5.79 - 87.
③ Polybius, 5.107.1 - 3.

反抗国王。[①]

由于相关资料有限,内乱的根源问题争议较大。传统观点是,埃及人民族主义情绪高涨,发起了暴动,恢复了本土法老的统治,埃及人的王朝在南方和托勒密政府分庭抗礼。[②] 一些学者就埃及人(*Aigyptioi*)在拉菲亚战役之后埃及内乱中的影响提出疑问。科恩·古德里安认为波利比乌斯笔下的埃及人指代含糊,埃及人也可能指的是城市以外的所有其他埃及居民,其中也包括移居科拉的希腊人。[③] 也有纸草文献提到当时有军官在使用埃及人这一术语时,指代其第二种含义。[④] 费希尔-波维推测所谓埃及军人暴动可能只是雇佣军人的反叛,类似的情况曾在第一次布匿战争(公元前241年至公元前238年)中出现。[⑤]

国内学者刘文鹏断言暴动是民族主义运动,埃及士兵和农民是起义的最重要参与者。[⑥] 杨巨平也认为托勒密王朝是外族统治,引发祭司阶层以及当地人民不满,后者发动起义。[⑦] 一些学者反对将民族问题列为暴乱的主要原因,主张从经济、政治和宗教等多个方面对埃及的内乱进行解释。[⑧]

分歧背后,隐藏着一个更为核心的问题,即社会危机的根源是否在于托勒密政府采取了歧视性的族群政策?

本世纪初,拉达指出,希腊化时代的埃及应该是一个非歧视型国家(a non-discriminatory state),"托勒密国家并不存在针对埃及土著明显的或隐蔽的族群歧视,或有利于希腊——马其顿移民的偏向性措施……"。[⑨] 他认

[①] Polybius, 5. 65. 9; G. Hölbl, *A History of the Ptolemaic Empire*, p. 131; B. C. McGing, "Revolt in Ptolemaic Egypt: nationalism revisited," in P. Schubert ed. , *Actes du 26e Congres international de papyrologie* 505 – 516, Geneva: Librairie Droz S. A. , 2012, p. 514.

[②] [美]詹森·汤普森:《埃及史——从远处时代至当下》,郭子林译,北京:商务印书馆,2014年,第111页。

[③] K. Goudriaan, *Ethnicity in Ptolemaic Egypt*, pp. 108 – 110.

[④] *P. Köln* IV. 186.

[⑤] C. Fischer-Bovet, *Army and society in Ptolemaic Egypt*, pp. 90 – 91.

[⑥] 刘文鹏:《古代埃及史》,北京:商务印书馆,2000年,第616—617页。

[⑦] 杨巨平:《碰撞与交融:希腊化时代的历史与文化》,北京:中国社会科学出版社,2018年,第53页。

[⑧] B. C. McGing, "Revolt Egyptian Style: Internal Opposition to Ptolemaic Rule." *Archiv Pap*. 43(1997):273 – 314; G. Hölbl, *A History of the Ptolemaic Empire*, London: Routledge, pp. 153 – 154; Ian Shaw, *The Oxford History of Ancient Egypt*, Oxford: Oxford University Press, 2003, p. 149; C. Fischer-Bovet, *Army and society in Ptolemaic Egypt*, pp. 92 – 93.

[⑨] C. A. La'da, "Encounters with Ancient Egypt: The Hellenistic Greek Experience", p. 166.

为自公元前三世纪就已出现的文化融合、跨族群婚姻等社会现象正说明社会相对自由，而族群划分并不重要。[1] 重新回顾这段历史时，布莱恩·C. 马克金（Brian C. McGing）反对片面排除民族因素的解释，认为新政权也需要获得埃及属民的认同，从民族的角度分析，也有助于我们理解当时的地方反叛。[2]

结合波利比乌斯写作的历史背景，他提到的埃及人或许即为埃及本土人，并不包括希腊移民。[3] 波利比乌斯本人是在托勒密八世当政时期（公元前145年至公元前116年）访问埃及，距离该反叛事件时日已久，未必能够洞悉详情。而在托勒密政府平定叛乱不久，上埃及发生了更严重的叛乱，持续近30年才告终结，这可能会对他的判断产生影响。公元前206年，埃及人赫温奈菲尔（Herwennefer）在底比斯加冕为法老，与托勒密政府分庭抗礼，而且其统治合法性得到了底比斯祭司的认可。世俗体埃及语文书中留下了赫温奈菲尔和安赫温奈菲尔（Ankhwennefer）两位本土法老的记录，对托勒密君主却只字不提。[4] 直到公元前186年，托勒密五世（公元前203年至公元前181年）才恢复对底比斯的统治。另有纸草文献表明，公元前三世纪末，曾有埃及人袭击村庄或地方埃及武装人员不理号令、恣意妄为。[5] 上埃及的反叛者自称法老，明显地利用了本土埃及人的"族群感情"，以此支撑政权的合法性。拉菲亚之战后十数年间，埃及本土几次发生叛乱，时间相近，又造成了严重后果。托勒密五世成功镇压三角洲的暴乱（公元前197至公元前185年），将失败投降的埃及叛军首领（οἱ δυνάσται τῶν Αἰγυπτίων）赤身关入囚车，游街羞辱之后处以极刑。[6] 波利比乌斯有理由相信，国王依靠埃及军人取得了胜果，却也因此埋下内患，此举不过是饮鸩止渴。至少在波利比乌斯看来，这一时期，托勒密统治集团与本土埃及人的关系十分紧张。

在暴乱中，反叛者无疑利用了埃及人的民族情感和传统文化习俗以确立合法地位。公元前206年的反叛者则寻求底比斯祭司的合作，获得了法老正统地位，以及阿蒙——拉神（Amun-Re）神庙祭司认可，与孟菲斯庇护托

---

[1]　Ibid., p.168.

[2]　B.C. McGing, "Revolt in Ptolemaic Egypt: nationalism revisited," in P. Schubert ed., *Actes du 26e Congres international de papyrologie* 505 - 516, Geneva: Librairie Droz S.A., 2012, p.515.

[3]　K. Goudriaan, *Ethnicity in Ptolemaic Egypt*, p.111; B.C. McGing, "Revolt Egyptian Style: Internal Opposition to Ptolemaic Rule." *Archiv Pap*. 43 (1997): 273 - 314, p.273.

[4]　G. Hölbl, *A History of the Ptolemaic Empire*, p.155.

[5]　*BGU* 1215.

[6]　Polybius, 22.17; G. Hölbl, *A History of the Ptolemaic Empire*, p.157.

勒密国王的普塔神(Ptah)针锋相对。在底比斯政权统治下的上埃及地区，所有官方文献都使用世俗体埃及语书写。同一时期的希腊语文书几乎完全消失。这些证据表明，反叛者有意通过族群文化的差异强化与托勒密王室的对立。

作为相应报复，当托勒密镇压暴乱之后，给失败法老的名字加上战败者的限定符号。反叛者曾经以名字安赫—昂诺菲斯(Anch-onnophris，意思是活着的奥西里斯)昭示自己是埃及真正统治者的法老，最终名字被抹掉。底比斯的祭司在动乱中选择支持本土法老，他们祀奉的主神阿蒙神则地位下降，渐渐淡出政治舞台。

打着本土法老旗号的反抗者狠狠地刺激了自居埃及正统的托勒密君主，埃及人激烈的"民族情绪"至少在公元前二世纪上半叶影响颇大，以致于波利比乌斯在描述这段历史时丝毫不需为细节发愁。托勒密家族此时已无法回避埃及不同族群在政治地位、经济、文化等方面的近百年的长期割裂的恶果。前文已论述，这种割裂来自于托勒密王朝分群而治的策略，是官方族群划分之下资源分配的产物。托勒密王朝建立以来，前几任君主均奉行积极的对外战略，毫不掩饰地在埃及推行"希腊化"政策，比如，以希腊语为行政和司法用语，[①]鼓励希腊竞技活动，减免希腊教育、文化等相关从业者的赋税等。[②] 在这种"公平"的社会环境下，希腊移民轻易地获取社会资源，希腊军人则更容易获得就业和提升财富、地位的机会。埃及人在竞争中处于明显的不利地位。一些移民活动更直接损害了本土居民的利益。如，第二章提到滥用军宿权的问题，希腊军人强行在埃及本土家庭定居，直接冲突时有发生，更是造成了恶劣影响。为了招徕移民，保证希腊兵源，托勒密一世建立和发展希腊城市和定居点，授予移民公民权以及相应的自治权。某种意义上来说，城市成为埃及的国中之国，希腊移民获得了相对独立的政治、司法地位，经济上享有一定的免税特权。托勒密二世在改革中明确划分"族群"，授予官方认定的希腊人以免税等特权。[③] 尽管其中也包含了少量注册为希腊人的埃及人，但马其顿——希腊军人构成了主要的免税特权群体。

---

① H. Maehler, "The Mouseion and Cutural Identity," in Anthony Hirst and Michael Silk, eds., *Alexandria, Real and Imagined*), p.7; A. Meeus, "The Territorial Ambitions of Ptolemy I," in H. Hauben and A. Meeus, eds., *The Age of the Successors And The Greation Of The Hellenistic Kingdoms(323 - 267 B.C.)*, Leuven: Peeters, p.270.

② *P. Hal*. 1,1 260 - 265.

③ *UPZ* II 157.32; D. J. Thompson, "Hellenistic Hellenes: the case of Ptolemaic Egypt", pp.308 - 311; C.A. La'da, "Ethnicity, Occupation, and Tax-Status in Ptolemaic Egypt", pp.183 - 189.

托勒密王朝长期奉行推崇希腊文化、鼓励移民的政策,客观上有利于希腊移民快速拉开与本土埃及人的差距。在近一个世纪中,托勒密王朝政策的延续性则有助于保证差距稳步扩大。宾根指出,托勒密埃及的冲突是结构性的,"长期的矛盾和问题在于托勒密国王及其官员们的虚弱,他们只能放任希腊模式和方法——如,具有功能性缺陷的货币经济的或封地军人体系的发展……这些都受制于耕地的管理……"。[①] 曼宁对宾根的观点作了进一步阐释,他指出"有限的经济重构为希腊人、埃及人以及其他社会群体打造了一个争夺资源和自治权的竞技场……"。[②] 实际上,在公元前三世纪争夺资源的交锋中,得到托勒密政策保护的希腊移民显然更有优势。资源无法满足需求时,社会矛盾则会进一步激化。

就暴乱的主角埃及军人而言,很长时间里,他们明显被排除在资源分配的特权群体之外。托勒密一世和托勒密二世作为王朝制度的奠基人,都尽可能保证军人特权和资源争夺中的优势地位。尤其是在托勒密王朝的封地军人体系中,一些希腊军官获得面积不等份地,世袭的特权身份,成为最大受益者。多数封地军人"空降"于法雍地区,因为获得了土地面积极大,一跃成为地方大户。获得封地的希腊移民从雇佣军人转变为国王长期依靠的军事支柱。虽然并无明文规定不收编埃及军人,然而在公元前217年拉菲亚战役之前,希腊移民基本垄断了封地军人这一特权职业。

最终,埃及军人以反叛国王拉开了"民族起义"(native rebellions)的序幕,埃及开始陷入长期内乱。托勒密王朝无暇顾及海外势力,兵源减少,埃及军人反叛成为王朝衰弱的重要转折。[③]

第二节　埃及地方警察的"希腊化"

希腊移民曾是国家军队的主力,在王国分配体系中获得特权,军官更是占据大量土地,长期在军事和地方治安活动中充当配角的埃及人则几乎为历史遗忘。然而,到了公元前二世纪下半叶,希腊移民逐渐减少,[④]埃及人开始在地方治安和军队中发挥更大作用,他们可以在战场上建功,也可能成为

---

① J. Bingen, *Hellenistic Egypt. Monarchy, Society, Economy, Culture*, p. 204.

② J. G. Manning, *The Last Pharaohs*, p. 8.

③ P. Jouguet, *Macedonian imperialism and the Hellenization of the East*, pp. 241 – 250; G. Hölbl, *A History of the Ptolemaic Empire*, pp. 9 – 13.

④ R. S. Bagnall, The origins of Ptolemaic cleruchs.

地方骚乱的根源，或是支持反政府势力。维持地方治安的埃及人称为 gl-šr. w，有时也被称为诺姆的 *kalasiries*，希腊语税单中记录为警察（phylakita）。他们一般来自埃及本地，家庭则集中于城镇。[1] 参考文献记录的埃及语术语，警察和军人可能有着相近的本土来源——当地长期从事治安和军事相关职业的家族。警察主要辅助地方政府维持地方治安，他们的工作繁杂，如负责维护水利工程（如水渠、水闸、兴修灌溉工程等）、看守监狱、保护水坝、保护水路、陆路交通运输和官员安全以及保障城镇和乡村的治安等。实际上，非日常的警卫活动还有一些武装人员兼职协助，如，短期监管堤坝和水渠、丰收季节水果和谷物的看守等。

地方军人、警察从王国获得的报酬较低微。只是他们可通过向王室效忠得到提拔的机会。[2] 阿尔西诺省首府克罗克迪隆波利斯的世俗体埃及语税单中登记了一批警察，共计 40 人，其中女性 17 人。记录显示这类警察多为未婚青年担任。[3] 不过，在整个赫拉克雷德斯迈里斯区也仅有 115 名男性警察。[4] 阿尔西诺地区的税单显示，地方警卫人员并不缴纳盐税和奥波尔税。[5] 在特里克米亚的税单中，警察和他们的妻子被列入免税类别（*hypologoi*）中，排在他们之前的，是该村中的希腊语教师。在一些村庄，警察则被排在免税类别的最后。[6] 比如，在一份世俗体埃及语税单 P. Count. 2（公元前 229 年）中，10 名警察列在最后，其中 5 人为男性。[7] 另有地方守卫与警察联系紧密。在公元前 243 年至 217 年托勒蒙迈里斯区的税收文书中，22 个男性守卫，分别被登记为村庄守卫（rs dmy）和沙漠守卫（rs pA tw），对应的希腊语术语分别为 phylakitai 和 erêmophylakes。他们同样是托勒密税收和管理系统中的特殊群体，所需缴纳盐税和奥波尔税由银行代为缴纳。[8]

通过参与政府的行政和治安工作，一些埃及警察获得了官方划定的希腊人身份。公元前三世纪下半叶的官方文书中，登记的警卫一般使用埃及语名字，[9] 为埃及本地人。税单中来自埃及家庭的人获得免税资格，一般是

---

①　*P. Tebt*. III 726.3 - 4.

②　D. J. Crawford, *Kerkeosiris: an Egyptian Village in the Ptolemaic Period*, pp. 61 - 68; C. Fischer-Bovet, *Army and Society in Ptolemaic Egypt*, p. 253.

③　*P. Count*. 4.

④　*P. Count*. 148 - 149.

⑤　*P. Count*. 4.23.

⑥　*P. Count*. 23.

⑦　*P. Count*. 2.1,465.

⑧　*P. Count*. 8.14.

⑨　*P. Count*. 4.

由于他们在某种意义接受了希腊化,从而进入"免税希腊人"行列。如,警察佩托伊斯(Petoys son of Nehemsesis)的兄弟帕西克莱斯(Pasikles)使用了希腊名,并是家中唯一免交奥波尔税的人,可能获得了官方认可的免税身份,即免税希腊人身份。[①] 进入二世纪之后,开始出现希腊名字的警卫。阿尔西诺省一个村庄的税收记录中,有三个警察家庭,保存完整的警察姓名为希腊名,三人的妻子均使用埃及名,这很可能是希腊化在埃及当地社会的一个缩影,[②]这种双重身份也是托勒密政府族群划分策略的产物。不过,总的来说,使用希腊名的警察并不多见,且多为典型的希腊化时代名字,如阿波罗尼奥斯(Apollonios)、赫拉克雷德斯(Herakleides)以及托勒迈奥斯等(Ptolemaios),[③]很难评估这些双重身份的埃及人究竟多大程度上希腊化了,而埃及警察被纳入"希腊人"群体也可能只是少数特例。

许多警察子承父业,以保留父亲作为警察获得的免税权。甚至女儿也继承这一职业头衔,如,塔赫尼斯(Tahenise daughter of Sisouchos)。[④] 一些地方警察来自当地较为富裕的家庭,拥有自己的田产、家畜以及其他收入。[⑤] 同时他们接受政府薪俸,在官方文书依各自头衔(职业名称)单独归类,构成了一个特殊的群体。或许,一些埃及人愿意担任警察主要的目标是获得希腊人的身份以及象征性特权。警察作为各地方武装力量,成为托勒密王室行政组织和运转的基层保障者。

在埃及军人暴动之前,地方军警主要的报酬是国家发放的工资。国家以返还税收或者护卫税等作为警察的部分报酬(opsônia)。[⑥] 缴纳的盐税通过王室银行作为部分工资返还。[⑦] 然而,进入公元前三世纪下半叶,随着盐税的下调,他们的待遇实际上也随之降低。在第四次叙利亚战争爆发之前,他们的免税特权也限制在男性警察个人上,不再惠及家属。

公元前239年的一份薪俸记录显示,托勒蒙迈里斯区(Polemon meris)的警察月薪为80德拉克马,特米斯托斯地区(Themistos)的警察收入为50

---

① *P. Count*. 4. 114 - 116.

② *P. Count*. 50. 125 - 131; W. Clarysse and D. J. Thompson, *Counting the people in Hellenistic Egypt*, vol. 2, p. 320.

③ *Pros. Ptol*. II + VIII 4631 - 4750.

④ *P. Count*. 4. 175.

⑤ *P. Hib*. I 53. 16, 20, 246BCE; *P. Tebt*. III 815; *SB* III 6281, 222/223BCE.

⑥ D. J. Thompson, "Policing the Ptolemaic countryside," in *Akten des 21. Internationalen Papyrologenkongresses* II, 961 - 6. Archiv Beiheft 3. Stuttgart and Leipzig, 1997: 962 - 963.

⑦ *P. Count*. 12; W. Clarysse and D. J. Thompson, *Counting the people in Hellenistic Egypt*, vol. 2, pp. 54 - 55.

德拉克马,赫拉克雷德斯地区的比昂(Bion)收入仅为托勒蒙警察的一半,另一地区米科拉尼姆奈(*Mikra Limnē*)的警察收入则只有 30 德拉克马。地区首府的警察指挥官(epistatês)收入则达到 300 德拉克马。[①] 参与包税工作的巡查官,一个月可收入 100 德拉克马。[②] 文献中的高级官员均使用希腊名字,而乡村中的地方警员收入则要比高级警察指挥低得多。根据芝诺档案,负责加固水渠和水闸的警员和阿拉伯人月薪仅为 6 德拉克马菲拉德尔菲亚(Philadelphia),5 名狱警的月薪也只有 6 德拉克马,和普通工人收入持平。[③] 守卫堤坝的警察(chômatophylakes)的收入更低,仅仅 2.5 德拉克马。[④]

总体而言,在军制改革之前,埃及人在托勒密王朝的军队中影响甚微,即使被编入方阵,他们的地位和薪饷恐怕不高。无论是军人还是警察,军官与普通士兵收入差距很大,可惜,我们在军官名单中很少看到埃及人。公元前三世纪的高级警务官员几乎均为希腊人。[⑤] 埃及人暴力反抗折射的是王朝长期推行偏向性族群政策积压的危机。公元前 217 年之后,埃及本土暴动增多,地方警察擅离职守,甚至成为暴徒,攻击神庙和村落。[⑥]

埃及人引爆的内乱很大程度上裹着"族群冲突"的外衣,迫使托勒密国王重新定位埃及军人在王朝中的角色,调整资源分配,加强对埃及本土的控制。政府在倚重本土武装力量的同时,还需对警察和军人群体进行安抚。托勒密五世不得不进行相应改革,提高待遇。公元前 217 年埃及军人暴动之后,托勒密王室逐步将埃及地方警察和军人纳入封地军人体系。到了公元前二世纪,地方军警也被授予军田。地方警察和沙漠守卫被授予 10 阿鲁拉土地,巡查官则被授予 24 阿鲁拉土地。[⑦] 一些埃及人顺应时势接受"希腊化",加入特权群体。埃及人摇身一变"成为希腊人"的现象已相对常见。[⑧] 公元前二世纪晚期,科尔克奥西里斯警察出身的奈克塔萨夫提斯(Nektsaphthis son of Petosiris)在成为封地军人(katoikia)之后,使用希腊

① *P. Petrie* III 128.

② *P. Rev.* 12.17 – 18.

③ *P. Cairo Zen.* II 59296.7 – 14; *P. Col. Zen.* 55.9 – 11.

④ *P. Cairo Zen.* II 59296.15 – 17.

⑤ W. Clarysse and D. J. Thompson, *Counting the people in Hellenistic Egypt*, vol. 2, p.172.

⑥ *BGU* 1215.

⑦ D. J. Crawford, *Kerkeosiris: an Egyptian Village in the Ptolemaic Period*, pp.63 – 69; C. Fischer-Bovet, *Army and society in Ptolemaic Egypt*, p.253.

⑧ W. Clarysse, "Ethnic Identity: Egyptians, Greeks, and Romans", pp.301 – 303.

名马隆（Maron son of Dionysios）。公元前 117 年的文书上登记为：
Μάρωνος τοῦ Διονυσίου ὃς ἦν Νεκτσάφθις Πετοσίριος，马隆，狄奥尼修斯之
子，曾用名奈克塔萨夫提斯，派特奥西里斯之子。① 马隆的埃及语原名是 N
ḥt-spdw，意思是索普多神（Sopdou）是强大的。他先以警察身份分得王田
15 阿鲁拉，后获得十五阿鲁拉土地，晋升为骑兵军官（katoikos
hippeus）。② 公元前 113 年，他可能已拥有 100 阿鲁拉土地，官方文书
中登记为：Μάρρων Διονυσίουἑκατοντάρουρος，狄奥尼修斯之子马隆，拥
有 100 阿鲁拉土地产者。③ 值得一提的是，马隆的父亲派特奥西里斯
也是双语名字。官方登记的希腊名 Πετοσίριος 明显是埃及语名字
Pꜣ-di-Wsir 的转写，字面意思为：奥西里斯神的馈赠。"希腊化"之后改
名希腊名狄奥尼修斯（Dionysios），公元前 116 年的纸草文书中记录
为：Μάρωνος τοῦ Πετοσίριος τοῦ κ[αὶ Διονυσίου] τοῦ Νεχ<τ>σάφθιος，④ " 马
隆，派特奥西里斯即狄奥尼修斯之子，又名奈克塔萨夫提斯"。显然，这家人
与政府关系密切，两代人都成功"希腊化"了。晋升骑兵军官之后的马隆不
再使用埃及名字，似乎在希腊化的道路上非常决绝。

第三节 埃及军人进入特权"族群"

一、埃及本土士兵与封地特权的转移

托勒密埃及军队中的埃及本土士兵（包括努比亚人和利比亚人）
machimoi 作为地方武装力量，在军队服役之外，辅助村镇警察以及其他地
方官员的工作。在税单中单独分类，登记身份为 machimoi，工资情况不
详。⑤ 埃及军人在希腊古典作家著述中被描述为 machimoi，⑥一般认为这
些士兵为法老时代的军人阶层 machimoi 的后裔，直接被翻译为本土士兵
（native soldier）。⑦ 克日什托夫·温尼克（Jan Krzysztof Winnicki）指出，法

---

① P. Tebt. I 61(a),40.
② P. Tebt. I 61(a),8,17-18.
③ P. Tebt. I 85,59.
④ P. Tebt. I 64 (a),I. 107-108.
⑤ P. Count. 14.18;15.9.
⑥ Herodotus, 7.135.
⑦ K. Goudriaan, Ethnicity in Ptolemaic Egypt, pp.121-123.

老时代的 *machimoi* 人数在公元前五世纪和四世纪之间有所减退,但他们的后代保持了军人身份,并在马其顿人到来之后继续为新政府所用。[①]

有文献显示,至少在公元前四世纪时,就有埃及人已经加入马其顿统治者的军队,他们参与了公元前 321 年的加沙之战。[②] 公元前三世纪的托勒密军队中也有埃及军人,但是似乎古典作家无意于讨论这支武装力量,他们在托勒密军队中扮演的角色也较少提及。罗斯托夫采夫认为埃及地方武装只是作为辅助兵团参战。[③] 温尼克也认为埃及士兵只是辅助士兵,至少在公元前 217 年的拉菲亚战争之前只是军队的配角。[④] 范·达克(E. Van't Dack)和汉斯·豪本(Hans Hauben)则认为,早在公元前 266 年,埃及人就开始在托勒密海军中充当主力了。[⑤]

关于埃及士兵在公元前三世纪所扮演的角色,学界仍有争议,但学者大多承认传统观点,即从亚历山大大帝时期起,埃及本土士兵仍然维持了其传统军人职业,这些人及其后代继续在托勒密王朝统治时期效忠于王室。

近年来,传统观点也遭到了学者的挑战。费希尔-波维认为 *machimoi* 这一术语应产生于托勒密王朝统治埃及初期,很可能是基于当时希腊人对军中埃及士兵的称谓。[⑥] 她指出,没有任何古典作家使用 *machimoi* 指代托勒密军队中的埃及士兵。更重要的是,托勒密三世统治时期,*machimoi* 被国王授予军衔,这并不符合埃及士兵在军队中的身份。[⑦] 另有一例,公元前三世纪的阿尔西诺省托勒蒙迈里斯区(Polemon meris),两人登记为 *machimoi pentarouroi*,字面意思为 5 阿鲁拉土地所有者 *machimoi*,分别是巴顿(Baton son of Demetrios)和阿斯克勒皮亚德斯(Asklepiades son of Demetrios)。[⑧] 但是,*machimoi* 和 *machimoi pentarouroi* 是否对等仍是一个疑问。[⑨] 仅根据头衔能否断定 *pentarouroi* 即为 *machimoi* 领受国王封地

---

① J.K. Winnicki, "Die Ägypter und das Ptolemäerheer", *Aegyptus* 65(1985)41 – 55, p. 47.

② Diodorus, 19.80.4.

③ M. Rostovteff, *The social and economic history of the Hellenistic world*, p.708.

④ J.K. Winnicki, "Die Ägypter und das Ptolemäerheer".

⑤ E. Van't Dack and H. Hauben, "L'apport égyptien à l'armée navale Lagide," in H. Maehler and M. Strocka eds., *Das ptolemäische Ägypten, Akten des internationalen Symposions 27 – 29. September 1976 in Berlin.* Mainz-am-Rhein, Germany: Philipp von Zabern, 1978:59 – 94.

⑥ C. Fischer-Bovet, *Army and society in Ptolemaic Egypt*, p.54.

⑦ C. Fischer-Bovet, "Egyptian warriors: the machimoi of Herodotus and the Ptolemaic army" in *Classical Quarterly* 63, 2013, pp.209 – 236.

⑧ *P. Petr.* III 100 (b2), 1.9 – 29.

⑨ K. Goudriaan, *Ethnicity in Ptolemaic Egypt*, pp.124 – 125.

的证据也值得商榷。实际上，至少在公元前三世纪，只有封地军人享有这种特权，即进入国王的封地军人体系。

且不论 *machimoi* 是否与传统埃及士兵有直接联系，大部分学者承认 *machimoi* 为埃及本土军人构成。而埃及军人在托勒密军队中的地位逐渐提升则是不争的事实。严格意义上说，所谓 *machimoi* 被纳入军队体系应该是在托勒密五世当政时期，即公元前 204 年至 180 年。有证据表明，*machimoi* 部队中的埃及人兄弟荷洛斯（Horus）和泰罗斯（Tearoôs），分别自称为军官 *laarchies* 和队长 *hêgemôn*。[1] 这两个术语都是托勒密国王军队中正式的军官头衔，说明埃及军人 *machimoi* 已经被纳入军队编制。不过，学者仅发现 7 例埃及军官被称为 *laarchies*，[2]而在公元前一世纪则仍有埃及人出任 *hêgemôn*。[3] 目前已经证实为埃及人的军官人数仍然较少。

自公元前二世纪开始，托勒密王朝不仅失去了海外领地，埃及南部也基本处于独立状态。陷入兵源困境的托勒密王朝对封地制度进行了调整。国王不再分配大额份地，而以小额份地相授，一般按等级分配 10、7、5 阿鲁拉土地。对于已分配的大额土地则视其利用情况，将闲置份额分解为小额份地。[4] 国王以这种方式对军事份地进行重新调度，用以招揽地方军力。另一方面，将封地划分为小块以提高土地利用率，尽可能避免荒废土地的现象，一举两得。获得小额土地的几乎均为埃及人，亦有学者直呼其"埃及封地军人"（Egyptian cleruchs），[5]他们承担起恢复生产、增加王国税收的职责。

以资料保存情况最好的科尔克奥西里斯为例，当地骑兵的封田减至 40 或 50 阿鲁拉，埃及军官仅被授予 7 或 5 阿鲁拉土地。5 阿鲁拉土地基本足够养活一个家庭，7 阿鲁拉土地的收入足够雇一个农夫。[6] 尽管埃及士兵服兵役时可获得大约 5000 铜德拉克马的月收入（相当于地方工人的两倍工资），但与希腊骑兵军官（katoikos hippeus）的差距依然很大。骑兵军官的术语 katoikos hippeus 常缩写为 katoikos，在封地军人体系中占有最大规模份

---

[1] E. Bernand, "Laarque", *REG* 84(1971), pp. 342 - 9.

[2] W. Peremans and E. Van't Dack, *Prosopographia Ptolemaica* (Leuven, 1950 - 1981), Pros. Ptol. II/VIII 2044 - 50.

[3] *P. Rain. Cent*. 52.

[4] C. Fischer-Bovet, *Army and society in Ptolemaic Egypt*, pp. 212 - 215.

[5] *BGU* 2441 - 2450; M. R. Falivene, "Patterns of the Greek settlement in Egypt during the Ptolemaic period: 'old settlers' in the Herakleopolite nome," in H. Harrauer and B. Palme, eds., *Akten des 23. Internationalen Papyrologenkongresses. Wien, 22. - 28. Juli 2001*, 2007, pp. 207 - 214.

[6] C. Fischer-Bovet, Egyptian warriors: the machimoi of Herodotus and the Ptolemaic army, in *Classical Quarterly* 63, 2013, pp. 209 - 236.

地,拥有此头衔者几乎都是希腊人,某种意义上成为族群符号和特权身份的象征。也有极个别案例,有埃及人用了希腊人的名字,成为封地军人,领受15 阿鲁拉份地。① 普莱欧和多萝西·J. 克劳福德(Dorothy. J. Crwawford)称上述埃及人为"贫穷的封地军人"。② 实际上,也有埃及人成为本土骑兵军官,获得 20 或 30 阿鲁拉份地。③ 埃及军人虽然大多处于封地军人体系的中下层,但是,除了获得一定份额的土地,进入特权群体之后社会地位提高,也像希腊人一样免税、免徭役。在托勒密八世颁布的大赦法令中,国王重申了埃及军人对份地的所有权以及免税等其他特权。④

到了公元前二世纪下半叶,大量埃及军官获得军事封地及相应的免税特权,成为一个突出的现象。公元前 130 年至公元前 120 年,新的封地军人全部为埃及人。而公元前 119 年至公元前 118 年间的土地调查显示,在科尔克奥西里斯地区,63 名埃及武士成为封地军人,比例约为 60%,非埃及人仅有 41 名。⑤ 埃及人在当地封地军人中的比重大幅上升。这种现象一直持续到公元前一世纪,阿波罗波利特诺姆(Apollonopolite nome)以及赫拉克莱奥波利特诺姆(Heracleopolite nome)也多有类似案例。⑥

值得注意的是,埃及军人快速崛起和旧封地军人体系严重崩溃的时间大致吻合。从公元前二世纪中叶开始,国王已经很难约束封地军人,不得不容忍原本属于王室田产的封地被转让给未成年人、女儿,封地也难以和军事义务挂钩。封地军人不仅出租封地,甚至还将其变卖。公元前 118 年左右,王室承认新土地所有者从封地军人购买封地的既定事实,默认了封地买卖合法化。⑦ 但在官方文书中,政府巧妙地用"让渡"一词替代"买卖",不过这

---

① M. R. Falivene, "Patterns of the Greek settlement in Egypt during the Ptolemaic period: 'old settlers' in the Herakleopolite nome," in H. Harrauer and B. Palme, eds., *Akten des 23. Internationalen Papyrologenkongresses. Wien, 22. - 28. Juli 2001*, 2007, pp. 207 - 214.

② C. Préaux, *L'Économie Royale Des Lagides*, New York: Arno Press, 1979, p. 473; D. J. Crawford, *Kerkeosiris: an Egyptian Village in the Ptolemaic Period*, pp. 74 - 75.

③ K. Vandorpe, "The Ptolemaic army in Upper Egypt (2nd - 1st centuries BC)," in A.-E. Veïsse and S. Wackenier, eds., *L'armée en Egypte aux époques perse, ptolémaïque et romaine*, 2014, p. 117.

④ *P. Tebt*. I 5, II. 44 - 48; C. Fischer-Bovet, *Army and society in Ptolemaic Egypt*, p. 166.

⑤ N. Pollard, "Military Institutions and Warfare: Graeco-Roman," in A. B. Lloyd ed., *A Companion to Ancient Egypt*, 2010, pp. 446 - 465; D. J. Crawford, *Kerkeosiris: an Egyptian Village in the Ptolemaic Period*, pp. 70 - 71.

⑥ M. R. Falivene, "Patterns of the Greek settlement in Egypt during the Ptolemaic period: 'old settlers' in the Herakleopolite nome", p. 253.

⑦ *P. Teb*. 124; *BGU* 1261; N. Lewis, *Greeks in Ptolemaic Egypt*, p. 35.

已经无法掩盖传统封地军人体系走向瓦解的事实。

二、波斯人与在埃及出生的希腊人

埃及军人的活跃给托勒密王朝带来新的变化。从公元前三世纪晚期开始，埃及人越来越多地出现在国王的军队中，一定程度上解决了王朝的兵源危机。另一方面，托勒密王室与上埃及精英的合作加深，改革军制，组建埃及雇佣军，加强了对底比斯的控制，管理机构才真正渗透至南方腹地。

在托勒密埃及的官方文书中，波斯人（Πέρσαι）和波斯人后裔（Πέρσης τῆς ἐπιγονῆς）在公元前三世纪和公元前二世纪分别指代不同的对象。在公元前三世纪的税单中，它指的是获得了免人头税特权的某一少数人群体，另有波斯人后裔属于次等特权者，需缴纳人头税，他们的族群身份至今仍是个谜。但是，到了公元前二世纪，波斯人以及波斯人后裔在帕塞里斯的文献中多次出现，而波斯人后裔（Πέρσης τῆς ἐπιγονῆς）在世俗体埃及语中常常对应为"出生在埃及的希腊人"（Wynn ms n Kmy）。这些术语曾被一些学者误认为是在埃及的希腊人后裔。[①] 托勒密王朝出资雇佣埃及军人，注册为波斯人（Πέρσαι）或波斯后裔（Πέρσης τῆς ἐπιγονῆς）。波斯人直接编入军队，并按时发放薪饷。若无战事，则将波斯人备注为波斯后裔，遣散回乡，以待下次征召。波斯后裔无军饷。[②] 埃及雇佣军（misthophoroi）的组建使托勒密王朝兵源得到补充，公元前165年之后，托勒密王朝在上埃及的卡纳克（Karnak）、门农内亚（Memnoneia）、赫蒙西斯（Hermonthis）、克洛考迪诺波利斯（Krokodilopolis）以及帕塞里斯等地增加了五个军营，聚集的本土士兵多达1万，底比斯多个地区的军队中普遍存在登记"族群"身份的现象。[③] 此前，托勒密王朝在上埃及仅有一支驻军防卫底比斯地区。

最典型的案例来自帕塞里斯，这里的本土居民接受征召，并贴上了族群标签。帕塞里斯的地方武装以"雇佣军"的身份效忠国王，世俗体埃及语称之为"受饷之人"（rmt iw＝f sp hbs）。这些军人每月领取一定额度的薪金，住在军营中，在文献中登记自己的头衔和驻扎单位，通常为"克罗克迪洛波

---

① J. F. Oates, "The Status Designation: Πέρσης, Τῆς Ἐπιγονῆς," in *Yale Classical Studies* 18(1963):130; R. Taubenschlag, *The Law of Greco-Roman Egypt in the Light of the Papyri from 332 B.C.-640 A.D.*, p.531.

② K. Vandorpe, "Persian Soldiers and Persians of the Epigone. Social Mobility of Soldiers-herdsmen in Upper Egypt".

③ K. Vandorpe, "The Ptolemaic Army in Upper Egypt (2nd-1st centuries B.C.)", pp.126-133.

利斯军营的注册受饷军人"。通过帕赛里斯的家族档案,我们可以发现上埃及传统士兵"徐奈人"(men of Syene)登记注册为"受饷军人"的现象。上埃及还有被称为"斐莱人"(men of Philae)和"徐奈人"(men of Syene)传统士兵,他们从事全职或者兼职的军事工作。[①] 又如,帕纳斯(Panas,希腊名 Hermokrates)在公元前 164 年仍挂着"徐奈人"的头衔,[②]三年之后登记为帕赛里斯军营的"受饷军人"。同样的案例多次出现,"徐奈人"霍洛斯(Horos son of Nechouthes)在公元前 95 年前后也成为了"受饷军人"。[③]

帕赛里斯的这些"受饷军人"还被编入国王直属亲卫队(φιλοβασιλισταί),甚至直接参与了公元前二世纪末的"权杖战争"。[④] 帕赛里斯和拉托波利斯的受饷军人在文书记录中也被登记为"波斯人"(Πέρσαι),而一旦国王停止发放俸禄,则身份转为"波斯人后裔"(Πέρσης τῆς ἐπιγονῆς),如果需要可以再次激活。霍洛斯(Horos of Nechouthes)的注册身份就多次发生改变:公元前 124 年至 110 年,登记为波斯人,公元前 108 年至 104 年则登记为波斯人后裔,公元前 103 年至 101 年,登记为"被选中之人",参加权杖战争(公元前 103 年—公元前 101 年)。战后,复卸任为波斯人后裔(公元前 99 年—公元前 98 年),公元前 96 年至 95 年再次因为狄奥斯波利斯米克拉战役,再次登记为受饷士兵,公元前 93 至 89 年则注册为牧人。见下表:[⑤]

年代	文献	头衔 (希腊语、世俗体埃及语原文与中文译名)	
公元前 124 年—公元前 110 年	*P. Adler Gr.* 2,公元前 124 年; *P. Adler dem.* 2,公元前 124 年; *P. Ryl.* IV 581,公元前 121 年; *Pap. Lugd. Bat.* XIX 5,公元前 124 年; *P. Adler dem.* 4,公元前 110 年	希腊语:[Πέρσαι τῶν προς]γράφων 埃及语:rmt iw＝f sp hbs	注册波斯人或受饷波斯人

① *Pros. Ptol.* X, p. 309 – 310; C. A. La'da, "The Meaning of the Demotic Designations rmt Pr-iy-lq, rmt Yb and rmt Swn," in H. Harrauer and B. Palme, eds., *Akten des 23. Internationalen Papyrologenkongresses. Wien, 22. – 28. Juli 2001*, Wien: Verlag der Österreichischen Akademie der Wissenschaften, 2007, pp. 369 – 380.

② *P. Dryton* 10.

③ *P. Adler dem.* 15; *P. Adler dem.* 16.

④ E. Van't Dack, W. Clarysse, G. Cohen, J. Quaegebeur and J. K. Winnicki, eds., *The Judean-Syrian-Egyptian conflict of 103 – 101 B. C. A multilingual dossier concerning a "war of sceptres"*, Brussel: Peeters, 1989, pp. 44 – 48.

⑤ K. Vandorpe, "Persian Soldiers and Persians of the Epigone. Social Mobility of Soldiers-herdsmen in Upper Egypt".

年代	文献	头衔 （希腊语、世俗体埃及语原文与中文译名）	
公元前108年—公元前104年	*P. Adler Gr.* 5，公元前108年； *P. Adler dem.* 5，公元前108年； *P. Adler Gr.* 6，公元前106年； *SB* XX 14198，公元前104年	希腊语： [Πέρσης] τῆς ἐπιγονῆς 埃及语：Wynn ms n Kmy	波斯人后裔或埃及出生的希腊人
公元前103年—公元前101年	*P. War of Sceptres* 3，公元前103年	埃及语：pA rmt iw-tw stp	被选中之人
公元前99年—公元前98年	*P. Adler Gr.* 17，公元前99年； *P. Adler Gr.* 11，公元前98年； *P. Adler Gr.* 21，公元前98年	希腊语： Πέρσης τῆς ἐπιγονῆς	波斯人后裔
公元前96年—公元前95年	*P. Adler dem.* 15，公元前96年	埃及语：rmt Swn	徐奈人
	P. Adler dem. 16，公元前96年或公元前95年	埃及语：rmt iw=f sp hbs	受饷之人
公元前93年—公元前89年	*P. Adler dem.* 20，公元前93年； *P. Adler dem.* 25，公元前89年	埃及语：aAm	牧人

　　这些所谓波斯人无疑是当时上埃及社会的一个特殊群体。有些人还拥有希腊名字，如前文提及帕纳斯，希腊名为赫尔墨克拉特斯（Hermokrates）。他们是否与公元前三世纪的"波斯人"有所联系尚不得而知，无论"波斯人"是否与族群直接相关，该头衔可以传及子女。[①] 那么，获得参加军队资格，并通过服役获取经济报酬可算是个人的一项殊荣和特权，文书中对个人官方头衔的登记，也显示出身份的特殊。对国王来说，这项举措不仅扩大了兵源，并且可以根据情况对军队规模进行适当调整。比如帕赛里斯分遣队的"波斯人"参与的两次战争——"权杖战争"和狄奥斯波利斯米克拉（Diospolis Mikra）战役（公元前96年—公元前95年），国王激活了不少"波斯人后裔"协同作战，如霍洛斯（Horos of Nechouthes）。[②] 同时，以发放军饷的形式通过将王室收入进行再分配，既笼

---

① 在希腊语文献中，女儿继承头衔为波斯人希腊语阴性名词，儿子则注册为波斯人后裔。
② K. Vandorpe and S. Waebens *Reconstructing Pathyris' Archives*, pp.133-134.

络了上埃及传统武装力量还能稳定治安,可谓一举两得。"波斯人"和"波斯人后裔"具体头衔则显示出"受饷军人"的状态,也显示出国家对于特殊群体信息掌控的细致程度。

从帕赛里斯典型的波斯人家族情况来看,这些"波斯人"或者"波斯人后裔"主要的职业可能为"牧民"。如,在 Peteharsemtheus 档案中,Panobchounios,和他的儿子 Peteharsemtheus,前者头衔为"波斯人",后来改为"波斯人后裔",后者的头衔为"波斯人后裔"(世俗体埃及语文献中为希腊人后裔 Wynn ms n kmy),但是在公元前 94 年则直接登记为"牧人"。[①] 家族档案中大量的绵羊税收据显示,畜牧业很可能是"波斯人"家庭的一项主要收入。见下表:

文献出处	年代(公元前)	纳税金额(德本/德拉克马)
O. Wilcken 1620	129	1200 dr.
O. dem. Mattha 228	106	36 deben＝720 dr.
O. dem. Mattha 229	105	36 deben＝720 dr.
O. dem. MDAIK 21(1996) no. 13,14	103	105 deben＝2100 dr.
O. dem. Mattha 230	102	111 deben＝2220 dr.
O. dem. MDAIK 21(1996) no. 17	101	111 deben＝2220 dr.
O. dem. MDAIK 21(1996) no. 15,16	100	80 deben＝1600 dr.
O. dem. Mattha 231	100	72 deben＝1440 dr.

家庭成员法格尼斯(Phagonis)也曾经在公元前 95 年注册为"牧人",[②]证据显示至少在公元前 94 年,他自己也拥有牛(tA iH. t),并且与人合作耕种土地。[③] 这些家庭本身相对富足。

文献显示,公元前 129 年,一个普通步兵的月收入为 350 德拉克马以及 1 阿尔塔巴(artaba)小麦。[④] 仅从经济角度考虑,加入"波斯人"阶层意味着对家庭收入一项有益的补充。

此外,在托勒密王朝的"族群"军队体系中,上埃及军团中的波斯人可晋升为最高级别的马其顿人,亦有不少雇佣军在托勒密八世统治时期获得了

---

① *P. Strasb.* 44.
② *P. Dryton* 9.
③ *P. Dryton* 49.
④ *UPZ* II 209.

封地。① 实际上，由于王室掌握的土地不足以封赏所有上埃及本土士兵，②托勒密国王只能以货币和谷物为报酬雇佣本地人，而特殊族群身份则是拥护国王的附加价值。"族群"在托勒密王国象征着特权、土地和财富，王室以官方授予"族群"身份的方式传达了这样的信息：只要尽心效忠国王，就可以提升社会地位、飞黄腾达。

从结果来看，托勒密国王拉拢地方精英的目的似乎取得了不错的效果，也获得了较为稳定的兵源。比如，佩特哈塞姆修斯（Peteharsemtheus）家族五代从军，最早可追溯至公元前三世纪晚期，家族成员都冠以"埃及出生的希腊人"（Wynn ms n Kmy）。③ 帕塞里斯的本土军人"希腊化"程度相当高，几乎所有军人都登记有希腊名字。公元前 88 年，当底比斯地区再次出现反叛活动时，帕塞里斯的军人保持了对国王的忠诚。④

第四节　王廷新秩序

埃及人反抗以及国力的衰退可能导致了国王不得不采取更积极的措施，扩大统治基础。更多埃及人被吸纳入王廷，成为托勒密国王的重臣。

希腊化王国的王廷，往往是以国王和国王之友构成统治集团。所谓国王之友，都是基于个人友情（*philia*）召集和维持。亚历山大大帝曾经接受了波斯阿黑美尼德家族（Achaemenid）的传统，吸纳波斯显贵进入王廷。⑤ 不过，他的部将托勒密等，均沿袭马其顿王室习俗，坚持王廷里成员应为马其顿和希腊人，保持族群和文化上的纯粹和隔绝。

进入托勒密王朝核心统治圈——王廷的希腊人则身份更为特殊，可能叠加了多重特权，他们既是城市公民又是国王的重臣。最初被称为国王之友，托勒密五世统治时，增加了一种新的虚拟血缘身份，这些精英成为"国王亲属"（*syngenes*），身份被再次重构，并以此获得多重身份特权。

---

① K. Vandorpe, "The Ptolemaic Army in Upper Egypt (2nd – 1st centuries B. C.)", pp. 128 – 129.

② Ibid., pp. 120 – 121.

③ K. Vandorpe, and S. Waebens, *Reconstructing Pathyris' Archives*, pp. 219 – 222; C. Fischer-Bovet, *Army and society in Ptolemaic Egypt*, p. 274.

④ *P. Bour*. 11.

⑤ A. J. S. Spawforth, "The Court of Alexander the Great between Europe and Asia," in A. J. S. Spawforth ed., *The Court and Cour Society in Ancient Monarchies*, 82 – 120, Cambridge: Cambridge University Press, 2007:82 – 120.

希腊化王国的王廷受到当时古典作家的关注。波利比乌斯称围绕国王的这一群体为"那些围绕着宫廷的人"或 *aulikoi*，廷臣，并对他们做了如下描述，"他们就像计数板上的鹅卵石……计数者则决定了他们现在究竟是值一个铜币或是一个塔兰特。"① 显然，波利比乌斯站在希腊的反对独裁者的传统立场，强调廷臣对于国王的依附和国王的权势。而学者指出，即使廷臣的地位并不稳固，带着种种目的进入王廷本身就意味着迈入社会高等特权阶层，并根据与国王的亲疏关系将获得地位、权势和财富。廷臣与国王的亲疏则通过头衔、荣誉以及在宫廷中的空间地位体现。②

托勒密国王的王廷早期也为马其顿人和希腊人所占据，其中马其顿人仅 3 人，在这个群体 32 人中比例仅为 9%。③ 显然，国王对马其顿——希腊人青睐有加。这也可以看做是政府族群策略的一部分。至少在公元前三世纪，希腊移民在国家上层的优势地位无法动摇。这种状况显然更加有利于希腊人的晋升，无疑对海外的希腊人是一种吸引。实际上，马其顿人也因此被其他希腊移民稀释，甚至王室也遗忘了多利克方言，而习惯于用柯因奈希腊语交流。这说明希腊移民的影响与日俱增。随着时间的推移，传统的王廷也发生了改变，也演变出更为复杂的层级，传统的封闭群体也对本土精英开放。④

尽管公元前三世纪希腊移民在埃及相对本土精英更为耀眼，最高统治集团并不是马其顿——希腊人构成的纯粹族群集合。王廷并不排斥埃及本土精英，少数希腊化了的埃及人在公元前三世纪时已经进入王廷成为国王身边的幕僚。亚历山大里亚的祭司、历史学家曼涅托（Manetho of Sebennytos）并非特例，科普托斯（Coptos）总督赛努（Senu）作为托勒密二世的贴身顾问获得了阿尔西诺省王室总监（mr-pr ip. t-ny-sw. t）的头衔。⑤ 但

---

① Polybius, 5.26.12 - 13.

② C. Habicht, "Die herrschende Gesellschaft in den hellenistischen Monarchien." *Vierteljahrschrift für Sozial- und Wirtschaftsgeschichte* 45：1 - 16, 1958; G. Herman, "The Court Society of the Hellenistic Age," in P. Cartledge, P. Garnsey, and E. Gruen, eds., *Hellenistic Constructs*, 199 - 224, Berkeley and Los Angeles: University of California Press, 1997, pp. 199 - 224; I. Moyer, "Court, Chora, and Culture in Late Ptolemaic Egypt," *American Journal of Philology* 132(2011):15 - 44.

③ L. O'Neil, Places and Origin of the Officials of Ptolemaic Egypt, *Historia: Zeitschrift fur Alte Geschichte*, Bd. 55, H. 1(2006) pp. 16 - 25.

④ C. Habicht, "Die herrschende Gesellschaft in den hellenistischen Monarchien", pp. 14 - 16.

⑤ Cairo CG 700331; London BM EA 1668; A. B. Lloyd, "The Egyptian Elite in the Early Ptolemaic Period: Some Hieroglyphic Evidence," in D. Ogden ed., *The Hellenistic World. New Perspectives*, 117 - 136, London: Duckworth, 2002, pp. 117 - 136.

他们可能仅是国王破格提拔的特例,而且前提自然是接受希腊文化,为自己打造了"希腊人"的一面。

公元前 206 年,赫尔温奈菲尔(Herwennefer)僭位称法老,在底比斯地区建立起了新政府,多次挫败托勒密军队。四年之后,第五次叙利亚战争爆发,托勒密五世(Ptolemy V)失去了巴勒斯坦大部分领地,总督托勒密(Ptolemy, son of Thraseas)被塞琉古帝国策反。

动荡的国内外局势可能迫使托勒密五世(公元前 204 年—公元前 180年)开始推行的新特权体系,以重新稳固统治。他授予一批社会精英 syngenes 头衔,字面意思为王国亲属。实质上是以一种虚拟的亲缘关系为纽带,构建起国家上层精英统治体系。在埃及语中,希腊语头衔 syngenes 有着对应的术语圣书体为 sn ny-sw. t,字面意思为国王的兄弟,或 sn n mhw n ny-sw. t 王室家庭的兄弟。世俗体埃及语文献中则是 sn n Pr-aA,法老的兄弟。[①] 伊安·莫耶(Ian S. Moyer)认为这一头衔的希腊语和埃及语读音接近,埃及语的内容很可能是参照希腊语进行了转译,因希腊语和埃及语的部分发音相近而产生了巧合。[②] 尽管,在托勒密王室统治埃及期间,地方也有以前法老时代的旧头衔再次出现在埃及人的圣书体自传铭文中,但目前学者们也很难准确将旧头衔和新的希腊文头衔等同起来。而旧头衔实际上一般流于程式化的格式,表达与国王的亲密关系,如,一个传统的描述为 rpat HAty-(p)a(t), smr waty,字面意思为世袭贵族,王子,独一无二的朋友。[③] 此外,我们也无法明确区分这些头衔究竟是荣誉还是有实际内涵。

在新体系中,王室也沿用了马其顿王廷和托勒密王室初期的一些头衔,如"伙伴"、"护卫"以及"继任者"等,进而划分阶层,便于王朝统治。这一体系比起王国初期的王廷更为复杂,它所集合的群体位于社会金字塔的顶端,作为国王的左膀右臂协助治理国家,并分享最高的权力、荣耀和利益。学者推测,王廷内部的等级体系是托勒密五世初期的摄政官和保护人阿里斯托门涅(Aristomenes)或其继任者波利克拉特(Polycrates)构建,[④]当时王室力

① Cairo CG 22050; JE 46059; Cairo JE 85743; I. Guermeur, "Le syngenes Aristonikos et la ville de To-bener (Statue Caire JE 85743)." *Revue d'Égyptologie* 51:69 – 81, 2000.

② I. Moyer, "Court, Chora, and Culture in Late Ptolemaic Egypt," *American Journal of Philology* 132(2011):15 – 44.

③ G. Gorre, *Les relations du clergé égyptien et des lagides d'après des sources privées*. Leuven, Peeters, 2009, pp.461 – 462.

④ L. Mooren, *La hiérarchie de cour ptolémaïque: contribution à l'étude des institutions et des classes dirigeantes à l'époque hellénistique*. Leuven: Duculot, 1977, pp.19 – 73.

量不足,对上埃及的暴动镇压不力,本土法老赫温奈菲尔(Horwennefer)和安赫温奈菲尔(Anchwennefer)(公元前 206—公元前 186 年)在底比斯一带维持独立王朝长达二十余年。[①] 这种情况可能迫使王室加强对廷臣的笼络。

托勒密五世统治时期,通过虚拟王室血缘将重臣聚集在王廷中,既提高了大臣的声威,同时使他们比其他人更有理由效忠国王。一方面,国王通过给官员加封头衔、授之以荣誉,强化了与他们的联系,巩固统治;另一方面,那些处于边缘的人,则因为这种制度而被进一步疏远。王廷中的新体系最初分为五个等级,到了公元前一世纪,增加至八个等级。这种头衔并非只是虚拟的地位或荣耀的象征,至少从公元前二世纪中叶起,它也意味着在托勒密政府中相应的权势和影响。

上埃及长期叛乱反倒使托勒密五世不得不正视埃及本土势力,拉拢埃及地方精英。为了获得更多支持镇压叛乱,托勒密五世推行了更为开放的政策,吸引本土精英效忠,并在上埃及取得了一定成效。在托勒密五世统治的时期,王廷的直接影响范围进一步扩展,象征社会层级和荣誉的头衔从国王近身密友圈延伸至亚历山大里亚以外地区的行政区域。在埃德夫(Edfu)、丹德拉(Denderah)以及其他地区出现了埃及地方精英以国王亲属身份树立的雕塑。这种现象说明,王廷的影响不再局限于亚历山大里亚城,另一方面,王室或许因国内和国外形势恶化,被迫让渡权力和利益。国家统治集团在地方需求合作与支持,其政策和统治集团结构显示出了灵活性,而更多埃及本土精英则觅得迈入社会最上层的机遇。

小　结

在托勒密王朝统治埃及的前一百年中,由于王室对希腊移民的偏向策略,希腊军官享受种种特权,并获得大量新开发土地,成为地方豪强。皮特里整理的军人遗嘱展示了希腊军官是何其富有。法雍布巴斯托斯村的吕底亚人佩西阿斯(Peisias)拥有两处房产,在亚历山大里亚城还有房屋。他死前留下了至少 5 个奴隶。[②] 奴隶的数目通常也是代表家庭财富的一项重要

---

① B.C. McGing, "Revolt Egyptian Style: Internal Opposition to Ptolemaic Rule." *Archiv Pap*. 43:273 – 314, 1997.

② *P. Petr*. [2] I 13.5 – 15.

指标。税单中的统计数据表明,托勒密埃及家庭中的奴隶平均数为 1 至 2 人。① 能有拥有四个、五个或更多奴隶的家庭就显得相当殷实了。骑兵军官家庭平均人口为 6.2,包括奴隶和家仆,是官方人口和税收登记中最大的家庭,证实了他们的地位。② 相比而言,很多非希腊人成为新的利益分配体系中忽视的群体。从统计数据来看,埃及家庭拥有奴隶的情况极少,平均人口也远低于希腊军官家庭。另一方面,托勒密家族可能很早就开始将埃及人编入军队,至少在地方治安、后勤保障等诸多问题上需要埃及人的协助。同样效忠国王,埃及人却看不到晋升的希望。这种反差或许是埃及军人在拉菲亚之战后反叛并寻求独立的重要原因之一。

托勒密五世用了大约 4 年时间才勉强镇压了三角洲的军人叛乱。在他治下,封地军人体系开始向埃及人开放。国王的目的主要是安抚埃及军人,早期执行的族群策略开始有所松动,但并未从根本上改变或动摇希腊移民的军事特权地位。后果是,地方军人阶层力量不断膨胀,对原社会经济结构产生了严重冲击。这在土地占有情况方面十分明显。公元前 118 年的土地测量文献表明,在法雍地区的柯尔克奥西里斯,封地军人的土地占该地区总耕地面积 37%,王田约占 57%,而神庙土地急剧萎缩,约占 6%。③

许多学者相信,埃及人的叛乱主要根源在于经济层面而非族群冲突。叛乱能够得到神庙和祭司的支持,可能多少与他们在土地重新分配中利益受损有一定关系。实际上,传统的神庙经济受到国家政策的打击,或许可以看作是国王遏制地方势力、巩固统治取得成效的一个标志。只是,在削弱神庙势力的同时,也付出了一定代价。而从底比斯独立政府的种种举措来看,反叛者以正统法老身份恢复埃及旧制明显处处针对希腊——马其顿政权。托勒密国王长期以来或明或暗的族群偏向性应该也是叛乱的诱因之一。

从整体来看,公元前三世纪末的一系列本土暴动是希腊移民垄断特权被打破的一个转折。面对严重的国内反叛形势,托勒密五世对王朝长期以来奉行的族群管理策略进行了调整。埃及军人和其他精英获得更多进入上层的机会。一系列国内暴动发生之后,托勒密政府适时地让更多埃及人分享国家资源和财富,最终得以重新建立国内秩序,恢复生产。

---

① W. Clarysse and D. J. Thompson, *Counting the people in Hellenistic Egypt*, vol. 2, pp. 266 - 267.

② D. J. Thompson, "Families in early Ptolemaic Egypt," in D. Ogden ed., *The Hellenistic World: New Perspectives*, 137 - 156, London: Duckworth and The Classical Press, 2002, pp. 143 - 144.

③ *P. Tebt.* I 60,1 - 47; D. J. Crawford, *Kerkeosiris: an Egyptian Village in the Ptolemaic Period*, p. 44.

　　托勒密王室在公元前三世纪末大危机之后进一步发掘了国家内部的潜力,提高了对本土力量的动员程度。尽管利用官方族群标签重构特权群体的本质没有改变,但在实际操作中,特权群体向埃及人开放,限制可能更少了。一些埃及家庭连续几代人向国王效忠,使用希腊人姓名。到了公元前二世纪,越来越多的埃及姓名出现在军官名单中,凭借军功获得土地和其他封赏,少数人平步青云,成为"马其顿人""一百阿鲁拉土地拥有者"(ἑκατοντάρουρος)。至少有三位埃及人曾出任底比斯总督。[1] 或许意味着他们可能不需要努力学习希腊语,也能晋升至社会中高层,分得更大的利益。

　　直到公元前一世纪六十年代,埃及军人仍是托勒密王朝重要的武装力量。[2] 从王廷到地方军人,托勒密政权与埃及人的合作明显大幅度增强了。托勒密六世统治时期出现了中兴迹象,埃及在公元前二世纪六十年代恢复了税收制度,五十年代多次出兵亚洲,夺回了科勒叙利亚(Coele Syria)。托勒密六世一度兼任塞琉古国王,印发托勒密埃及(第 36 年)和塞琉古(第 1年)双王纪年的货币,终因畏惧罗马而放弃塞琉古王位。[3]

　　另一方面,王室与地方精英合作也意味着国王可能让渡了更多的权力,或者承认地方自治势力的增长。在政府平衡各方利益的同时,希腊移民的特权相对受到削弱,族群界限也日益模糊。这在托勒密六世与八世的长期争端之中表现得更加明显。

---

① C. Fischer-Bovet, *Army and society in Ptolemaic Egypt*, p.159.

② C. Fischer-Bovet, *Army and society in Ptolemaic Egypt*, p.236.

③ J.G. Manning, *The Last Pharaohs*, p.130; G. Hölbl, *A History of the Ptolemaic Empire*, pp.192-194.

第五章　族群身份选择与二元社会形成

第一节　托勒密王室的政治危机

托勒密四世勉强应付了塞琉古的进攻,但是王朝却在公元前三世纪末开始陷入长期的内部斗争。托勒密五世年幼即位,并没有什么作为。继任的托勒密六世与托勒密八世则将王朝的内部斗争推向了高峰,甚至不惜依附罗马,使得埃及内忧外患更加严重,也导致了国内族群政策的巨大转向。

公元前 170 年,第六次叙利亚战争爆发,安条克四世(Antiochos IV)在佩琉西翁(Pelusion)附近击败托勒密军队,攻占下埃及大量领土。次年围亚历山大里亚,只是由于罗马的调停才被迫撤军。在这段时间,托勒密埃及出现了十分罕见的三王共治局面,即托勒密六世、克勒奥巴特拉二世和托勒密八世兄妹三人同时执政。

然而,外患既平,内忧又起。公元前 165 年左右,廷臣佩托萨拉皮斯(Dionysios Petoserapis)挑拨托勒密六世和托勒密八世的关系。他在亚历山大里亚进行暴动失败后被驱逐,并先后在埃琉西斯(Eleusis)和科拉两次鼓动士兵和埃及本土居民反叛托勒密国王,第一次共集结了 4000 人,被击溃,第二次暴动则结局不明。[①] 与此同时,底比斯也再次发生叛乱。[②] 内部暴乱很快被托勒密六世镇压,但兄弟不和却一直持续到公元前 145 年托勒密六世战死沙场。

在王权争角逐中,托勒密八世一度占优,于 164 年开始独掌大权,并效仿托勒密三世而冠以"施惠者"(Euergetes)头衔。不过,亚历山大里亚城无

---

① Diodorus, 31.15a.

② G. Hölbl, *A History of the Ptolemaic Empire*, pp.181-182.

法忍受他的独断专行,次年即将其放逐,并召回托勒密六世。① 或许是为了巩固王权,赢得地方支持,托勒密六世有意加强了与埃及本土势力的联系。公元前 163 年,托勒密六世和王后克勒奥巴特拉二世在孟菲斯庆祝了埃及的新年,这也是托勒密王朝历史上第一次举行这种埃及传统仪式。托勒密六世可能希望借此提高威望,重申自己的合法统治。此外,每年年初,国王还在塞拉皮雍定居一段时间。② 在此期间,国王前往神庙进行祭拜,履行法老的传统职责。公元前 161 年的宗教会议证明托勒密六世这一系列举动为他赢得了祭司们的支持。③ 在军事和行政方面,托勒密六世则收编地方传统武装力量,推广公证体系,加强了对上埃及地区的控制。

遭到放逐的托勒密八世分得昔兰尼,但前任国王显然不能安然处之。由于本土希腊人的厌恶,托勒密八世转而向罗马人求助。后者希望看到一个内部纷争不断的埃及,但并不愿意进行武力干涉,仅仅在外交层面支持托勒密八世。正当"施惠者"四处借兵谋求军事复辟时,昔兰尼叛变。这一事件将托勒密八世和罗马人推得更近。公元前 156/5 年,年仅 30 岁的托勒密八世立下遗嘱,宣称若是自己无嗣则将埃及赠予罗马人民。④ 此举意味着罗马获得合法干涉埃及政局的权利,也震慑了托勒密八世国内的敌人。

尽管得到了罗马人的军事援助,托勒密八世却在塞浦路斯(Cyprus)争夺战中被俘。或许是对罗马心存畏惧,托勒密六世不仅释放了弟弟,允许他统治昔兰尼,还将年仅十岁的女儿嫁与"施惠者"。托勒密八世只得接受现状,在昔兰尼拉拢祭司,广施恩惠,巩固统治。

平息了兄弟的叛乱之后,托勒密六世又卷入叙利亚王位争夺战。公元前 145 年,托勒密六世虽然在奥伊诺巴拉斯河(river Oinoparas)战役取得决定性胜利,但他意外坠马,同年因伤重难愈而亡。托勒密八世重登王位。

第二节 大赦法令与"族群平等"

托勒密六世和八世在位期间都面临着严重的内部隐患,尤其是托勒密八世在亚历山大里亚城树敌无数。托勒密八世再次即国王位之后,极力打击政敌。除了迫害和放逐亚历山大里亚城的希腊"知识分子",也严厉打击

---

① Polybius, 31,18.14.
② Thompson, *Memphis Under the Ptolemies*, p.151.
③ G. Hölbl, *A History of the Ptolemaic Empire*, p.184.
④ SEG. IX. 7.

曾经支持托勒密六世的犹太军人。同时，他多次颁布大赦法令，换取支持。埃及祭司和神庙更是得到了国王的大力支持。[①] 正是在这种背景下，托勒密政府进一步改革了司法系统，埃及人的司法地位得以提升。希腊移民的一些特权相对受到削弱，甚至消失。托勒密王朝早期推行的族群政策到了托勒密八世统治时期则基本被放弃。

拉菲亚战役之后，在公元前三世纪曾经几乎成为希腊人的象征的特权逐渐向埃及人开放。到了托勒密八世统治时期，希腊人长期所保持的司法特权和独立性也被进一步打破。

从公元前二世纪开始，托勒密政府已经有意以语言来区分群体，简化司法和行政系统，并在法律文书上体现出来。在公元前二世纪晚期则基本完成改革。公元前 118 年的王室大赦法令规定，希腊人和埃及人达成契约后发生纠纷，则依照签订契约的语言来决定仲裁法庭。与希腊人达成协议并签署了希腊语契约的埃及人，将在希腊巡回法庭接受仲裁；而那些依照埃及方式签订埃及契约的希腊人，则在埃及法庭依据地方法（即，科拉法）接受仲裁。法令具体内容如下：

προστετάχασι δὲ καὶ περὶ τῶν κρινομένων Α[ἰ]γυπτίων
πρὸς Ἕλληνας καὶ περὶ τῶν Ἑλλήνων τῶν [π]ρὸς τοὺς
Αἰγυπτίους ἢ Αἰγυ(πτίων) πρὸς <Αἰγυπτίους καὶ Ἑλλήνων πρὸς> Ἕλληνας
γενῶν πάντων
πλὴν τῶν γεω(ργούντων) βα(σιλικὴν) γῆν καὶ τῶν ὑποτελῶν καὶ τῶν
ἄλλων τῶν ἐπιπεπλεγμένων ταῖς προσόδοις τοὺς
μὲν καθ' Ἑλληνικὰ σύμβολα συνηλλαχότας
Ἕλλησιν Αἰγυπτίους ὑπέχειν καὶ λαμβάνειν
τὸ δίκαιον ἐπὶ τῶν χρηματιστῶν. ὅσοι δὲ Ἕλληνες
ὄντες συνγράφονται κατ' αἰγύ(πτια) συναλλάγματα
ὑπέχειν τὸ δίκαιον ἐπὶ τῶν λαοκριτῶν κατὰ τοὺς
τῆς χώρας νόμους. τὰς δὲ τῶν Αἰγυ(πτίων) πρὸς τοὺς
αὐτοὺς <Αἰ>γυ(πτίους) κρίσεις μὴ ἐπισπᾶσθαι τοὺς χρημα(τιστὰς)
ἀλλ' ἐὰν [κριν] διεξάγεσθαι ἐπὶ τῶν λαοκριτῶν κατὰ τοὺς
τῆς χώρας νόμους

"关于一切埃及人与希腊人签订的契约和希腊人与埃及人签订的契约，他们也颁布了法令：除了王室土地上的农民、王室专有行业的农民以及其他涉及王室收入之人，与希腊人达成协议并签署了希腊语契约的埃及人，将在希腊巡回法庭接受仲裁；而那些依照埃及方式签订埃及语契

---

① G. Hölbl, *A History of the Ptolemaic Empire*, p.195.

约的希腊人,则在埃及法庭依科拉法接受仲裁。并且,希腊巡回法庭不得将埃及人控告埃及人的案件驳回给当事人,而须交由地方法庭依据科拉法审理。"[1]

这项王室法令颁布的内容施行时间很可能要早于这份文本的时间,实际上,从公元前 145 年开始,地方法律文书都必须在官方书记处 *grapheion* 登记,以确认法律有效性。可见,当时世俗体埃及语契约就已经得到了托勒密官方的承认。附加希腊语概要的埃及语契约经过登记、签名之后,可在法庭上成为有效断案依据。[2] 实际上,参照托勒密政府对于公证处的建立和推广情况来看,这项官方法令出现的时间较晚,也可能是对现状的承认和重申。

公元前二世纪的埃及并行两套法律体系,一是适用于希腊人的市民法(*nomoi politikoi*)以及适用于埃及的科拉法(*nomoi tês choras*)。[3] 希腊人之间的纠纷由巡回法庭处理,埃及人之间的纠纷则归埃及法庭处理。埃及人法庭,来自希腊语λαοκρίτης,字面意思是埃及土著(λαός)的法庭,原本即为希腊人作为外来者称呼埃及当地法庭的主观视角,更强调了希腊移民与埃及人为不同群体。而在处理希腊人和埃及人之间的纠纷共同法庭在公元前三世纪之后就从文献中消失了。[4]

值得注意的是,尽管法令适用对象是按照族群来划分的,但是却并未明确界定希腊人和埃及人这两个群体,而是以签订契约的语言来决定受理案件的法庭。这便涉及到了两个问题。一是,法令针对希腊人和埃及人的司法纠纷,那么托勒密王室是否制定过区分族群的政策? 答案似乎很明显,在司法层面上,托勒密政府将埃及居民粗糙地划分为两个群体进行管理,而且这种族群划分可能在王朝建立初期就已经施行,并且至少延续至公元前二世纪晚期。参照前文所分析的税收和特权体系,以及托勒密王室关于居民

① *P. Tebt*. I 5.

② *P. Paris* 65; P. W. Pestman, "Registration of demotic contracts in Egypt, P. Par. 65; 2nd cent. B. C.," in J. A. Ankum, J. E. Spruit and F. B. J. Wubbe, eds., *Satura Roberto. Feenstra sexagesimum quintum annum aetatis complenti ab alumnis collegis amicis oblata*, 17 – 25, Freiburg, Université de Fribourg, 1985.

③ J. Mélèze-Modrzejewski, "Greek Law in the Hellenistic Period: Family and Marriage," in M. Gagarin and D. Cohen, eds., *The Cambridge Companion to Ancient Greek Law*, 343 – 354, New York: Cambridge University Press, 2005:343 – 354.

④ J. G. Manning, *Land and Power in Ptolemaic Egypt, The Structure of Land Tenure*, p. 53.

在法律文书中登记族群信息的法令,可以肯定,政府关于族群划分却有依据,甚至不需要在法令中额外补充说明希腊人和埃及人的划分标准。当然,也不排除其他形式的官方界定。从某种意义上来说,这是一种明显的希腊化和埃及化政策,模糊甚至抹去小群体的在司法上独立性,将其纳入大范围的群体以便统一管理。其二,既然托勒密政府已经将族群身份复杂的居民简单地划分为两大群体,那么一直以来,涉及不同族群身份的司法案件究竟如何处理? 依据何种法律断案? 这项法律给出的答案是,至少从公元前118年开始,在跨族群的司法案件中,族群身份并不能对审判产生影响。同时也意味着,曾经出现在公元前三世的的共同法庭可能已经没有存在的必要了。官方已经肯定了,在此类司法纠纷上,希腊的法律和埃及地方法同样具有法律权威。而对案件审理实际上具有决定性意义的,是当事人双方以何种语言签订法律契约。这本身是否已经暗示,无论是主动或是被动,当事人中的某一方在签订契约前已经在法律习俗上进行了妥协,接受异族的习俗和规则?

实际情况很可能比法令规定看起来复杂得多。有一个保存较为完整参考案例出现在公元前二世纪晚期。一个住在奥姆比特(Ombite Nome)的希腊军官赫尔米亚斯(Hermias)多次向底比斯总督申诉,索要底比斯的一处房产。该房产实为埃及祭司荷洛斯(Horos)和他的兄弟们所有。[①] 这桩涉及希腊人和埃及人的财物纠纷为希腊巡回法庭受理。作为埃及人的辩护人,德农(Deinon)申辩的理由如下:荷洛斯拥有房屋产权已 37 年,并且提供了财产税收据。相反,赫尔米亚斯没有任何家人曾经住在房屋中,甚至也没有租赁房屋或者占有房屋的任何凭证。官方法律备忘中记载,尤其是在房屋所有权证明方面,被告方提供了埃及语的合法文书,包括多达九个前房主的姓名以及缴纳房产转让税收据。并且,这些文书的法律有效性没有遭到任何挑战。根据公元前 145 年的王室法令,世俗体埃及语文书必须在地方公证处登记和认证,方能在法庭上成为断案依据。如果公证处开具审核认证(prostagma),断定埃及语文书未经官方授权(akroi),则失去法律有效性,不得作为证据在法庭上使用。[②]

最终,希腊人赫尔米亚斯彻底败诉,埃及人保住了房屋所有权。对于案件的仲裁起到决定性作用的,正是经过官方认证的世俗体埃及语文书。尽

---

① *UPZ* II 162,117BCE.

② *P. Par*. 65; U. Yiftach-Firanko, "Law in Graeco-Roman Egypt: Hellenization, Fusion, Romanization," in R.S. Bagnall ed., *The Oxford Handbook of Papyrolog*, 541 - 560, Oxford: Oxford University Press, 2009, pp.541 - 560.

管案件是由希腊人巡回法庭审理,但似乎当事人的族群身份似乎对纠纷的解决没有任何影响。

有意思的是,德农在替被告荷洛斯辩护时,抗议赫尔米亚斯在法庭审理中未能证实文书有效性。他声称,如果案件由埃及地方法庭审理,赫尔米亚斯首先要自证身份,而他继承自祖辈的房产需根据希腊市民法,并且依法缴纳继承税或支付一万德拉克马购买房产,置办相关财物。被告方攻击原告方在控告过程中的不合规范之处,显然对希腊人的法律和埃及人的法律都相当熟悉。而在这场官司中,原告和被告都各自有助手帮助控告和辩护。这说明,在托勒密王朝统治埃及两百年时间里,已经出现了一些专业人士或者相当熟悉两大法律体系的人才,协助跨族群司法案件中的当事人打官司。另一方面,官方划分的族群身份在法律上仍具有重要意义。实际上,原告赫尔米亚斯如果想要胜诉,显然根据其身份需要严格按照希腊法律提供更有力的证据,但他应该利用了希腊法庭给予的隐形照顾,避开了严格的审查程序。

在这一案件中,被告是埃及人,赫尔米亚斯申请希腊人巡回法庭来仲裁显然更有利于自己。这也体现出希腊人在法律中的优势所在。否则很难想象,在被告握有充分物证的情况下,法庭竟然一次又一次地接受希腊人索要房产的申诉。

值得一提的是,在公元前 118 年的国王法令中,国王为了保证生产,特许王田上耕作的农民只接受希腊法庭的审判。[1] 很可能暗示,希腊法庭在处理司法案件中的倾向性。

到了公元前二世纪晚期,无论移民后代还保持着多少原族群认同,复杂、多源的居民实际上被已经被划归希腊人和埃及人两大群体,对应的是希腊和埃及的两套共生的法律体系以及希腊巡回法庭和埃及地方法庭两大司法审判机构。在埃及语文书得到官方认可之后,语言已经明确成为相关法庭受理案件的一个根本前提。柯因奈希腊语(Koine Greek)的推广是希腊人群体划分的一个基础,而世俗体埃及语在作为书面语的使用时则起到了类似于柯因奈希腊语的作用。

公元前 118 年大赦法令的颁布至少在表面实现了"族群"平等。当然,在实际审理过程中,情况要复杂得多。而涉及希腊人和埃及人纠纷时,常常

---

[1] *Select Papyri*, vol. 2, text 210; J. Rowlandson, Freedom and subordination in ancient agriculture: The case of the *Basilikoi Georgoi* of Ptolemaic Egypt. *History of Political Thought* 6,1985:327 - 347.

需要仲裁者和当事人双方对两套法律体系都有所了解。考虑到希腊官员对埃及法庭的渗透,我们有必要给这种法律上的族群平等打上引号。

从另一方面考虑,希腊人与埃及人日益频繁的接触,合作与纠纷都在所难免,但很难说希腊法律一定比埃及法律对希腊人更为有利。比如,公元前253年,海恩奇斯(Haynchis)向芝诺抱怨道,"……葡萄园丁德墨特里奥斯(Demetrios)欺骗了我的女儿;他诱拐了她还把她藏起来。他说不论我同意与否他将会与她一起生活。……而且他另有妻儿,因此他不可能跟那个被骗的女孩结婚。我恳求您顾怜我年事已老,帮帮我,让女儿重回我身边。"[①]对埃及人海恩奇斯来说一夫多妻司空见惯,但她也在信中明确提到了已婚的希腊人园丁不可能跟她女儿结婚。在这个案件中,如果官员按照希腊法律和习俗来处理,显然对德墨特里奥斯不利。

尽管这样的特殊案例可能并不少见,托勒密政府对埃及语契约的承认确实起到了削弱了希腊人特权的作用,否则,上述埃及人祭司荷洛斯在房产争夺战中,将很可能会因为所有权证据不足而败诉。

第三节 公证体系的推广及"族群"政策的终结

一、语言划分的"族群"

公元前三世纪,柯因奈希腊语已经成为希腊世界沟通的标准语,并且广泛用于文书和对话沟通。[②] 共同语言维系着移民对希腊文化的认同,也是希腊人的标志之一,甚至被用来区分公民的身份。

在希腊移民内部,来自希腊世界各地的移民有着自己的方言。例如,一些亚历山大里亚城的名年祭司(eponymous priests)和高等官吏使用多利安(Doric)方言的名字。实际上多利安方言正是埃及的希腊上层社会所偏爱的语言,至少在命名上如此,而很可能其中不少人会根据场合使用不同希腊语方言。从来没有农民或其他普通居民使用多利安方言的姓名,甚至亚历山大里亚公民中也不曾出现,方言名字为显贵家族所独有。柯因奈希腊语

---

① *P. Lond.* 7.1976.

② G. Horrocks, *A History of the Language and its Speakers*, London: Longman, 1997, p.41.

的语言文化圈中,多利安方言标志着一个人的显赫出身和社会地位。①

此外,马其顿君主曾经在亚历山大里亚城的王廷中使用马其顿语。普鲁塔克(Plutarch)曾经对此有一段尖锐的评论,称后来的托勒密君主"已经忘记了如何说马其顿语"。② 马其顿语被看做是贵族出身的证明,社会地位的象征,单独使用柯因奈希腊语则意味着降格和衰落,后者虽然作为当时的标准希腊语而广泛使用,但却是低等地位的标志。诗人波斯蒂普斯(Posidippos)曾以多利安方言写诗颂扬托勒密二世及其父母(托勒密一世和贝莱尼卡)在奥林匹克赛马竞技中中取得的辉煌。托勒密二世自豪地宣称其家族来自希奥代奥斯(race of Heordaioi),与多利安人有着亲缘关系。该诗也是波斯蒂普斯所有柯因奈希腊语诗作中唯一例外,并且可能有意配合托勒密王室的家族背景采用了多利安方言。③ 托勒密国王们也在同辈中说多利安方言。也有文献显示,托勒密家族也跟赫拉克勒斯的后裔联系起来,桑索斯(Xanthos)的铭文记录,托勒密国王的多利安血缘可以从阿基德家族一直追溯到赫拉克勒斯。④

由此看来,托勒密家族选择希腊语作为官方记录和法律文书的语言却似乎再自然不过。国王以希腊语作为官方语言向希腊移民明确地发布信号,埃及为希腊人所统治,也为希腊移民提供便利。因此,希腊语在埃及也成为希腊移民的一个"天赋特权"。这也是促成大量希腊人移民埃及的一个重要条件。

尽管埃及本土人占到国家总人口的九成以上,但目前托勒密埃及所留下的史料中,希腊语文献相对于其他语言更是占到压倒性优势。⑤ 这说明托勒密国王尽管展示出了埃及法老的一面,但是对希腊文化的倾向以及政府对希腊人的依赖则不言而喻,也反映出政府移民策略的成功。

托勒密一世时期保存下来的希腊语文献很少。更多的时候官方文书或法令是用世俗体埃及语写在纸草上,或是以圣书体埃及语刻写在石头上。形成这种反差的原因可能在于当时官方文书并没有循环利用于制作木乃伊

---

① W. Clarysse, "Ethnic diversity and dialect among the Greeks of Hellenistic Egypt," in A. Verhoogt and S. P. Vleeming, eds., *The Two Faces of Graeco-Roman Egypt: Greek and Demotic and Greek — Demotic Texts and Studies presented to P. W. Pestman*, 59 - 70, Leiden: Brill, 1998.

② Plutarch, *Vita Antonii* 27.5.

③ W. Clarysse, "Ethnic diversity and dialect among the Greeks of Hellenistic Egypt".

④ *SEG* XXXVIII 1476 II. 109 - 110.

⑤ P. Van Minnen, "*The Future of Papyrology,*" in R. S. Bagnall ed., *The Oxford Handbook of Papyrolog*, 644 - 660, Oxford: Oxford University Press, 2009.

盒,而木乃伊盒正是古代文献的一个重要来源。法雍地区的官方文书以及私人档案大多以这种形式保存至今。著名的芝诺档案(公元前三世纪中叶)和孟菲斯塞拉皮雍纸草(公元前二世纪)都是由木乃伊盒分解、处理而得。而出现较多埃及语官方法令的原因则可能跟早期托勒密国王与埃及神庙以及高等祭司往来有直接关系。[①]

希腊语在埃及的官方地位并未对埃及语的继续使用产生实质影响。历史上,埃及语从公元前 3000 年左右一直持续使用至公元 1300 年。[②] 世俗体埃及语则从公元前七世纪一直使用到公元五世纪。[③] 在希腊人和罗马人统治埃及的这一时期,传统的圣书体不仅没有被异族语言替代,还有了新的发展。但是,他们用途各有不同,世俗体埃及语主要用于文学、官方或私人文书(如书信、契约以及税单)等,圣书体埃及语用作纪念性的铭文。僧侣体(Hieratic)埃及语也仍在使用,一般出现在宗教性文本中。[④] 需要指出的是,世俗体埃及语虽然使用时间相对较短,在托勒密统治埃及时期的作用却不可低估。世俗体在古埃及语中,角色类似于现代标准阿拉伯语,作为标准埃及语常见于纸草文献,同时,另有埃及地方语言作为口语使用。[⑤] 与希腊语类似,不同语言的使用标志了身份不同。在埃及语中,书面使用的世俗体的地位又高于口语。[⑥] 公元前二世纪中叶,世俗体埃及语获得官方认可,标志着希腊人司法特权的相对削弱。

实际上,不同语言的使用无疑对托勒密埃及居民的身份和地位都有着十分重要的影响。托勒密王朝统治的前半段,希腊语是参与国家行政、晋升特权群体的一个基本前提,埃及人必须接受希腊化才能进入政府行政和管理体系,进而获得希腊人的特权。相比而言,希腊移民则可以更直接地获得特权。

---

① D. J. Thompson, "Literacy and Power in Ptolemaic Egypt," in A. K. Bowman and G. Woolf, eds., *Literacy and Power in the Ancient World*, 67–83, Cambridge: Cambridge University Press, 1994, pp. 71–72.

② A. Loprieno, "Egyptian and Coptic," in R. D. Woodard ed., *The Ancient Languages of Mesopotamia, Egypt, and Aksum*, 153–184, Cambridge: Cambridge University Press, 2008, pp. 153–154.

③ A. Loprieno, *Ancient Egyptian. A Linguistic Introduction*, Cambridge: Cambridge University Press, 1995, p. 7.

④ A. Loprieno, "Egyptian and Coptic," in R. D. Woodard ed., *The Ancient Languages of Mesopotamia, Egypt, and Aksum*, 153–184, Cambridge: Cambridge University Press, 2008, pp. 156–159.

⑤ J. D. C. Ray, "How Demotic is Demotic?" *EVO* 17(1994)251–264.

⑥ M. Vierros, *Bilingual Notaries in Hellenistic Egypt: A Study of Language Use*, Brussels: Helsinki University Press, 2012, p. 35.

托勒密二世曾颁布鼓励希腊语教育的法令，[1]在托勒密王朝统治埃及的近三百年间，标准希腊语逐渐在官方文书地位稳固下来，甚至在罗马统治时期，希腊语仍然保持了官方语言的地位。与此同时，想要进入国家行政体系的埃及人则接受希腊语的学习和训练。通过考察公元前三世纪的希腊语文书，学者仍然可以看出埃及书吏的种种常见语法错误，以及埃及语语法对希腊语学习带来的干扰。比如，误以为中性的复数名词动词也使用复数形式，埃及人还常常在书写中将 ε 和 η 混淆；其次，他们更多使用简单句，不善使用小品词；有些句子体现出明显的埃及语特征，是由埃及语译成希腊语。更明显的是早期熟悉希腊语的埃及书吏仍保留着使用书写埃及语的毛刷，而在公元前 230 年之后，则很少有这种现象发生。反倒是有些书吏可能出于方便的缘故，使用书写希腊语的芦苇笔"卡拉莫斯"（kalamos）顺手书写埃及语，书写效果类似于鹅毛笔。那些典型的埃及式语法错误也很少再出现，学者很难从公元前三世纪之后的希腊语文书中判断书写者的族群背景了。[2] 可以推测，自托勒密国王在埃及建立统治，新政府并未排斥埃及人，而部分埃及人为了在政府中立足，迅速接受希腊文化教育，这也成为他们被政府接纳为"希腊人"的一个重要条件。

语言在司法领域的影响也不容忽视，希腊移民除了本身具有特殊的司法身份和特权，也因为官方文书均为希腊语而占有一定的优势。

在托勒密王朝前期，语言似乎并未成为居民管理和划分的直接依据。从托勒密二世统治时期的法律改革来看，在司法案件的仲裁中，当事人的族群背景、身份以及特权等是最重要的参考依据。希腊城市公民、军人（或外籍军人）和希腊人等，法律身份重叠，而特权不尽相同。希腊城市的独立性较高，城市公民所获得的特权也最为突出。相比而言，语言只是希腊人的一项潜在优势。

政府虽然划分了一些法律特权群体，整体而言，这一时期的司法系统已经大致把埃及居民划分为两大群体进行管理。希腊人正义法庭和埃及地方法庭分别应对希腊人和埃及人的法律案件。

到了公元前二世纪晚期，语言已经成为区分和管理公民，处理法律案件的一个重要依据。与此同时，至少在科拉，在两法并立的原则下，主要由希腊人巡回法庭和埃及人地方法庭作为两套法律体系的执行机构。在公元前

---

[1] *P. Hal.* 1.260－265,259BCE.

[2] D. J. Thompson, "Literacy and Power in Ptolemaic Egypt", pp. 74－75; W. Clarysse, "Egyptian Scribes Writing Greek." *Chronique d'Egypte* 68(1993):186－201.

118年的法令中,官方规定,若希腊人和埃及人发生司法纠纷,案件根据双方签订契约所使用的语言划归希腊人巡回法庭或是埃及人地方法庭审理。这项法令中隐藏了一个问题,即政府如何对居民的司法身份进行界定。汤普森认为,官方没有在法令中对希腊人和埃及人这两个术语进行解释,暗示政府对这两大群体有明确划分。① 在托勒密王朝的司法体系中,希腊人拥有一些特权,受到国王的保护。但我们不能肯定所谓希腊人是否官方划定的族群身份。无论如何,政府明显区分了希腊人和埃及人,而其倾向无疑是一种"族群"政策,目的自然是吸引更多的希腊人或者希腊化的埃及人为国王效忠。韦罗斯(M. Vierros)则强调语言是此类案件审理的核心所在,甚至可能出现获得了希腊人身份的埃及人,因为签订了希腊语契约而接受巡回法庭仲裁的情况。②

到了公元前二世纪下半叶,似乎族群身份已经不再重要。至少在司法领域,公元前118年的大赦法令暗示国王一定程度上放弃了族群隔离的策略。柯因奈希腊语和世俗体埃及语作为两种标准语言用于法律文书,配合公证机构、契约文书规范和官方登记制度的完善,方便了托勒密政府对居民的管理。希腊人的法律特权也因为政府推广公证机构和规范法律文书管理而相对削弱。

二、契约文书与公证处

法律文书的使用在托勒密埃及的法律体系中十分重要,法律文书最根本的作用是保障个人利益。不仅希腊人在各种司法活动中签订契约,埃及人也通过世俗体埃及语契约维护自身权益。通常,希腊人和埃及人依循各自传统和法律习俗签订契约,并分别在希腊巡回法庭和埃及地方法庭接受仲裁。不同的是,希腊语契约通过希腊公证处(agoranomoi)获得司法认证,希腊人的合法利益受国王保护。这也是希腊人在司法上的一项优势。公元前二世纪中叶之前,埃及人通过神庙书吏公证,签订世俗体埃及语契约。但埃及语文书仅在埃及当地法律习俗中有效,缺乏政府认证,没有官方有效性保证。当希腊人和埃及人发生纠纷时,埃及人在契约合法性上的劣势即体现出来。

早在18王朝,埃及已经出现格式化的法律文书,协助法庭仲裁私人纠

---

① D. J. Thompson, "Hellenistic Hellenes: the case of Ptolemaic Egypt," in I. Malkin ed., *Ancient perceptions of Greek ethnicity*, 301 – 322, Cambridge: Mass, 2001.

② M. Vierros, *Bilingual Notaries in Hellenistic Egypt: A Study of Language Use*, Brussels: Helsinki University Press, 2012, p.45.

纷。到了第 25、26 王朝时期(公元前 747 年—公元前 525 年),买卖契约文书更加详细和规范,明确强调卖家的责任,保证买家获得物品所有权,并以契约文书作为法律依据。① 由此开始,许多涉及房产、土地、收入等财产问题的私人性质法律文书以家族档案的形式保存下来。② 法老阿玛西斯(Amasis)统治时期,世俗体埃及语法律文书的形式逐渐确立下来,并在埃及自北向南推广。③ 公元前三世纪较多出现的世俗体埃及语买卖契约的基本规范,实际上形成于在公元前四世纪中叶奈克塔涅波(Nectanebo)统治时期。而这种格式和规范也在上埃及南部象岛地区的纸草文献中有所印证。④

托勒密王朝时期的埃及,大量文献表明,私人订立成文的法律契约更加普遍。公元前三世纪中叶,托勒密政府设立公证处来处理法律文书,这意味着政府试图借此加强对地方的管理和控制。最初,公证处主要应对抵押和借贷担保的问题。在借贷关系中,债权人会要求一定的保证抵押品,而债务人则临时性地转让相应的不动产所有权。国家通过法律机构的逐步设立和推广,法令的颁布深入干涉社会经济生活,这也成为划分税收特权群体之后,托勒密政府在主观上或者客观上开始分化居民群体的辅助手段。

希腊人到达埃及之初,埃及没有收存法律文书的机构,契约通常由签订者自行保存。法律文书一般为一式两份,分别位于一张纸草的上半部分和下半部分,并封印上半部分便于最后核对,之后由 *syngraphophylax* 负责保存。⑤

公元 3 世纪后期,私人法律文书副本均由地方保存。随着公证处的出现,有了监管借贷和抵押品的专职机构,并发展了相应的官僚技艺。此后,公证处也处理嫁妆保价问题。丈夫必须谨慎经营妻子带来的嫁妆,因为一旦双方离异,则男方必须归还嫁妆。

---

① P. W. Pestman, Les papyrus démotiques de Tsenhor (P. Tsenhor): *Les archives privées d'une femme égyptienne du temps de Darius 1er*. Louvain: Peeters, 1994; J. G. Manning, *The Last Pharaohs*, p. 171.

② S. Allam, "Egyptian Law Courts in Pharaonic and Hellenistic Times".

③ C. J. Martin, "Saite 'Demoticisation' of Southern Egypt," in K. Lomas, R. D. Whitehouse, J. B. Wilkins, eds., *Literacy and the State in the Ancient Mediterranean*, 25 - 38, London: Accordia Research Institute, 2007.

④ *pMoscow*, 349BCE; C. J. Martin, "The demotic texts," in B. Porten ed., *The Elephantine papyri in English: Three millennia of cross-cultural coninuity and change*, Leiden: E. J. Brill, 1996, pp. 277 - 385.

⑤ U. Yiftach-Firanko, "Law in Graeco-Roman Egypt: Hellenization, Fusion, Romanization," in R. S. Bagnall ed., *The Oxfrod Handbook of Papyrology*, 541 - 560, Oxford: Oxfrod University Press, 2009.

地产买卖也在公正事务之列。卖方必须向买方立下契约,保证所售土地名实相符及其所有权,而买方则需要在附近的公证处登记抵押物详情。

买方经营地产所得也要进行登记,以证明合约确实有效,避免再次产生土地所有权的相关争议。公证人员开具证书,证实登记情况。通常这些文书中还包含有转让税(enkyklion)的缴纳证明,表示买方已经获得所购资产所有权。有鉴于此,禁止公证处进行财物的登记成为国家保证财产非转让性的一种方式。

对财产买卖进行登记实际上以转让税的形式增加了国库收入,而国家则需要建立规范制度和良好的组织,将登记信息标准化。在公元前三世纪下半叶,交易当事人可以自主选择在附近的任何公证处登记,如将来有异议则可以回到登记处核对。① 这种登记的自主选择显然不利于国家把握民间的交易情况。规范登记地点成为一件必要的工作。到公元前 3 世纪末或者 2 世纪初,财产登记必须在指定的地点进行,并开具证书(chrêmatismoi)。除了保存当事人提供的文书、证词等列表,公证处甚至还参与司法工作,负责发放官方的审判书。

在公元前 2 世纪的中期,公证处已经遍布埃及了。在此之前,只有希腊语的契约文书才能得到官方法律认可。换言之,托勒密王国只对希腊人或希腊语文书使用者提供相关司法保护。普通埃及人自然不在此列,他们只能求助于地方传统司法系统。

公元前二世纪中叶,公证处增加了一个重要的职能,即出具官方审核证明(prostagma)。从此,得到认证的埃及语契约也可能成为呈堂证供。埃及人与希腊人(城市公民除外)一定程度上达成了法律身份的平等。这种平等甚至持续到罗马统治埃及初期。

托勒密政府推行档案登记的例证来自公元前 145 年的一封书信。内容如下:

> Πανίσκος [Π]τολεμαίωι χαίρειν.
> ἐκομισά[μεθ]α τὴν παρὰ υυθ ἐπιστολήν, δι᾽ ἧς
> ἐδήλους [δ]ιασαφῆσαί [σο]ι τὴν γινομένην οἰκονομίαν
> ὑπὲρ τῶ[ν] ἐν τῶι Περὶ Θήβας τιθεμένων
> Αἰγυπτί[ω]ν συναλαγματων καὶ εἰ, καθάπερ
> ἐπέστα[λ]το ὑπ᾽ Ἀρίστωνος, διὰ τῶν
> κατὰ τόπον προκεχειρισμένων πρὸς

---

① *SB* XIV 11376, 239BCE.

τούτοις ὑπογράφονται, καὶ ἀπὸ τίνος
χρόνου τὸ προκείμενον συνέστηκεν.
ἡ μὲν οὖν οἰκονομία ἐπιτελεῖται καθότι ὑποδέδειχεν
ὁ Ἀρίστων τὸ ἐπενεχθησόμενον ἡμῖν γεγραμμένον
συνάλαγμα ὑπὸ τοῦ μονογράφου εἰκονίζειν τούς τε
συνηλλαχότας καὶ ἣν πεπονηται οἰκονομίαν
καὶ τὰ ὀνόματ' αὐτῶν πατρόθεν ἐντάσσειν
καὶ ὑπογράφειν ἡμᾶς ἐντεταχέναι εἰς χρηματισμὸν
δηλώσαντες τόν τε χρόνον, ἐν ὧι ὑπογεγρ[ά]φαμεν
ἐπενεχθείσης τῆς συγγραφῆς, καὶ τὸν δι' αὐτῆς
τῆς συγγραφῆς χρόνον· ἡ τὲ ἐντολὴ
ἐγδέδοται ἡμῖν εἰς τὴν α τοῦ Ἀθύρ,
[ὁ] δὲ χρηματισμὸς συνέσταται ἀπὸ Χ[ο]ίαχ θ.
[ὅ]πως οὖν εἰδῇς, προσαναφέρομεν.
ἔρρωσο. (ἔτους) λς Τῦβι ιγ.

帕尼斯库问托勒迈好。我已经收到来信,你让我告知佩尼特巴斯诺姆
(the nome of Perithebas)埃及语契约签订的程序是否与阿里斯顿
(Ariston)发布的规定一致,他们已经由指派的地方负责人签署,以及
之前提到的规则何时开始执行。程序将根据阿里斯顿的指示执行,即
地方公证处记录的协议须呈交我处,我们将给它添加概要,证明当事人
双方身份,协议内容以及当事人的父亲名字,并且我们还将在文书底部
注明文书已经登记,写下契约登记时间,我们还将署名认证,并附上契
约本身的签订时间。我们在哈苏尔(Hathur)月 1 日接到通知,登记程
序已于科伊亚克(Choiak)月 9 日开始进行。特以此书供你参考。再
见。(托勒密六世)第 36 年,图比(Tubi)月 13 日。[①]

在这份官方通讯中,公证员帕尼斯科(Paniskos)向他的上级托勒迈
(Ptolemaios)简要介绍了新推行的契约公证程序,具体为:当埃及神庙书吏
(*monographos*)提交埃及语文书时,必须附带的希腊语摘要;接下来是完成
官方列表登记手续,即注册在当地官方法律文书特别记录的列表上;最后埃
及语文书上必须附有签名,确认登记。以上程序完成,则原文本交还当事
人,后者方可作为证据再次提交法庭使用。希腊语和埃及语的藩篱对审判
工作造成一定的困扰,法官在处理埃及语文书时,附带的希腊语摘要可能远

---

① *P. Par.* 65.

远不能满足对原文本细节的要求。① 在这种情况下,诉讼当事人对于他们所提交文书内容的口头陈述可能就没原文书那么准确,或者完全依赖于希腊语摘要的表述。审核证明对埃及语文书的限制,推进了法律文书质量的提高,多少减轻了语言障碍产生的困扰。

官方审核证明的出现带来了两个影响,一是成就了一些既有处理过埃及司法方案和术语经验,又熟悉希腊司法模式的埃及本土人,他们能够找出与埃及司法术语对应的希腊司法术语,满足法庭审判的需要,并逐渐攀上书吏生涯的巅峰;二是为了登记世俗体埃及语法律文书,确保其有效性,托勒密政府派遣代理人远赴埃及腹地,建立更多的公证机构。公元前 120 年左右,双语文书(希腊语和埃及语)也必须在列表档案登记注册,使得公证机构更加重要。到了罗马统治埃及早期,由于遍布埃及的法律文书和希腊化法律的推广,书吏在科拉的每个角落都扮演着关键角色。②

公证机构在公元前二世纪中叶得到大力推广,以及同时期法律文书认证体系建立反映了国王逐步加强对国家的控制。尤其是在上埃及地区,当暴乱平息之后,国王重新派遣驻军,公证机构则随之渗透到埃及更偏远的城镇,如帕塞里斯。各地埃及传统的司法系统也开始接受国王权力的影响,或者说与国王合作。国王主动或是被动地承认了埃及法律文书的有效性,并通过公证处的登记和认证授予文书合法性,把埃及人进一步纳入管理体系,埃及人的地位也得到提升。这些措施客观上推动了埃及的希腊化,而族群身份也更加模糊。

第四节 "族群"身份选择

希腊语是区分希腊移民和本土居民的最重要标准之一,同时也由于国家行政和司法体系中希腊语的强势地位,成为希腊人的天然优势。公证体系的推广,使希腊语成为希腊移民的一项隐形的特权。即便是在世俗休契约文书得到官方认可之后,希腊人的优势并未完全消失。一般来说,希腊语

① P. W. Pestman, "Registration of demotic contracts in Egypt, P. Par. 65;2nd cent. B. C. ," in J. A. Ankum, J. E. Spruit and F. B. J. Wubbe, eds., *Satura Roberto. Feenstra sexagesimum quintum annum aetatis complenti ab alumnis collegis amicis oblata*, 17 - 25, Freiburg, Université de Fribourg, 1985, pp. 24 - 25.

② U. Yiftach-Firanko, "Law in Graeco-Roman Egypt: Hellenization, Fusion, Romanization."

法律文书可以直接通过公证处注册。相比而言，世俗体契约文书的注册更为繁琐，而且必须增加希腊语摘要作为注册的前提条件。托勒密王朝对于法律文书的进一步规范直接给世俗体埃及语法律文书的使用设置了障碍，可能也导致了部分地区世俗体契约文书使用率下降。政府对希腊语的偏向导致了世俗体埃及语法律文书的严重减少，这种现象在公元前一世纪显得更加突出。[①]

对于希腊移民来说，托勒密埃及以希腊语为官方语言为他们提供了极大的便利。然而，这种相对的特权从一开始可能就是开放性的。或许可以这样理解，国王需要能够在行政司法等领域进行协作的人，希腊移民固然来之能用，掌握了希腊语的本土居民或是其他地区移民也能成为国家运转的助力。于是，一个有意思的现象在托勒密埃及产生了：一些埃及人使用希腊语法律文书，并在文书中使用希腊语名字（或者同时也使用埃及语名字）。他们很可能像税单中的埃及人一样，获得了官方希腊人身份。

学者曾经通过姓名来判断当事人的族群身份，佩雷曼斯还辅以统计数据来考察族群居民的职业分布和参与政府行政工作的情况。[②] 法律文书中当事人的附加身份信息也成为学者辨别族群的一个重要依据，如，"希腊人"（Wynn）和"希腊人后裔"（Wynn ms n Kmy）。[③] 但这些传统方法近年来遭到质疑。通过考察家族档案，学者们已经发现文献中一些登记了希腊名字的当事人实为埃及人。例如，在公元前二世纪末，法雍有名为门西斯（Menches）的村书吏（komogrammateus）虽然使用了希腊语名字，但他同时还在许多文书中单独使用埃及语名字。借助佩斯特曼对门西斯的家族世系整理，可以确认门西斯是埃及人。[④] 门西斯的哥哥波勒蒙（Polemon）尽管只以希腊身份出现在文献中，却与同名村长波里曼的情况高度一致。他的儿子佩特索库斯（Petesouchos）与祖父同名，使用的是埃及名字，意思是"鳄鱼

① J.G. Manning, *Land and Power in Ptolemaic Egypt*, *The Structure of Land Tenure*, pp.129-130,175-177.
② W. Peremans, "Sur l'identification des Égyptiens et des étrangers dans l'Égypte des Lagides." *Ancient Society* 1(1970):25-38.
③ *P. Tebt*. I 164.
④ P.W. Pestman, "The official archive of the village scribes of Kerkeosiris. Notes on the so-called archive of Menches," In *Festschrift zum 100-jährigen Bestehen der Papyrussammlung der österreichischen Nationalbibliothek Papyrus Erzherzog Rainer* (= P. Rainer Cent.), Wien: In Kommission bei Verlag Brüder Hollinek, 1983, p.133.转引自：威利·克拉瑞斯：《托勒密时期的埃及：一个双面的社会》，第456页。

神所赐予的"。这也符合埃及和希腊命名习俗。[1] 门西斯和父亲都挂有"希腊人"的称号，成为双重身份者。

对于王室来说，双重身份现象的出现是公证系统推广的一个正面结果，它意味着一些埃及人一定程度上接受了希腊文化，加入了国王的行政体系或进入了军队编制。因此，有学者将其视为政府推行希腊化政策，加强控制的一项重要措施。[2] 然而，这更是政府"族群"政策的一个风向标，地方上从事基层行政和司法工作的埃及人成为国王招纳的对象之一，他们以自己的忠诚晋升为"希腊人"，成为希腊行政和司法体系中的转轮，享受希腊人的特权。

国家政策对于希腊人的司法身份有着明显影响。一个较为典型的例子是帕赛里斯。在托勒密王室统治埃及期间，本土埃及人最激烈的一次的反抗即来自上埃及的胡格纳弗尔（Hurgonaphor）和卡诺弗里斯（Chaonnophris），托勒密五世丧失对底比斯一带的控制长达二十余年（公元前207年—公元前186年）。反叛平息之后，托勒密王室的驻军再次接管该地区。尽管如此，托勒密王室的统治并未真正稳固。公元前170年，第六次叙利亚战争爆发，战事拖至公元前168年，经罗马人的调停才告平息。公元前165年，佩托索拉皮斯（Dionysios Petosorapis）在亚历山大里亚发起暴动，此后战乱又波及上埃及底比斯地区。[3] 在这种背景下，公元前165年至公元前110年，托勒密政府采取了军事和行政两方面的举措来加强对上埃及的控制。在军事上，政府以克罗克迪洛波利斯（Krokodilopolis）为指挥中心，在底比斯附近派遣希腊驻军，是为当地常规军事力量。除此之外，国王还雇佣地方武装力量，称之为"波斯人"，纳入国王军队编制。"波斯人"编制更为灵活，不在服役状态的"波斯人"注册身份为"波斯人后裔"或"在埃及出生的希腊人"。在行政方面，政府则建立希腊公证处、银行以及税收机构，并划分税区，同时可能也延续了公元前三世纪的族群身份划分制度。很显然，除了征税的需要，王室的行政措施也考虑到希腊移民的内需。

实际上，帕赛里斯除了军事上属克罗克迪洛波利斯管辖，该地希腊公证

---

① *P. Tebt*. I 16, 43, *P. Tebt*, ll 12–13; P.W. Pestman, "The official archive of the village scribes of Kerkeosiris. Notes on the so-called archive of Menches." p.133.

② K. Vandorpe and S. Waebens, *Reconstructing Pathyris' Archives*, pp.46–47.

③ W. Clarysse, "The Real Name of Dionysios Petosorapis," in W. Claes, H. De Meulenaere, S. Hendrickx, eds., *Elkab and Beyond. Studies in Honour of Luc Limme (Orientalia Lovaniensia Analecta 191)*, 213–222, Leuven: Peeters Publishing, 2009.

处也是克罗克迪波利斯公证处(成立于公元前 141 年)的分支机构。① 王室显然进行了有计划的分级推广工作。帕赛里斯位于底比斯南部约 30 公里处,乘船沿尼罗河而下仅一日航程。这座小镇具有一定的战略价值,对于稳固底比斯一带的安全有重要意义。这里希腊人相当稀少,有时连凑齐希腊语签约证人都很难。比如,公元前 126 年,当希腊军官德吕同(Dryton)需要订立遗嘱时,识文断字的希腊证人不够,只得找了四个证人用世俗体埃及语签字作证。② 不过,这里似乎有早期希腊移民定居,昔兰尼(Cyrene)后裔托勒迈(Ptolemaios)之女阿波罗尼娅(Apollonia)此时已经被当地人同化,她本人像其他埃及妇女一样,按照埃及习俗生活。但在公元前 136 年该地区建立起公证处之后,她恢复了希腊人身份,在法律文书中记录为希腊妇女。③ 伴随着希腊公证处的建立,在埃及传统盛行的城镇开始出现希腊语或双语法律文书,地方居民获得了重构身份的契机。

托勒密王朝的希腊公证员通常都用希腊名字,容易使人误以为地方书吏均为希腊人。但地方公证系统可能无法在短期内寻找到合适的希腊人填补书吏职位的空缺。于是,正如王室将希腊人的特权授予地方武装人员换取他们的支持,国王很可能也授予地方精英希腊人身份,这些本土"希腊人"则协助地方行政和参与司法工作。加入王室司法体系的地方书吏自然也在法律文书中以希腊人身份出现。

帕赛里斯的书吏档案揭示了历史冰山的一角。有意思的是,这些文献表明,许多人都持有多重身份。在成立希腊公证处之前,帕赛里斯也有埃及公证处(monographos),由神庙书吏负责世俗体埃及语法律契约的公证,并须 16 个证人保证有效性。根据契约的重要程度,有时可能 4 个证人即可。④ 传统的神庙书吏学习希腊语并加入王国行政机构,成为希腊语的公证员,他们甚至可能还身兼军职。公元前二世纪下半叶,在帕赛里斯南部,有一个书吏家族十分活跃,四个家族成员先后担任公证员,都使用希腊名字。其中,阿蒙尼乌斯(Ammonios)除了受聘于王室从事公证工作,还兼有骑兵军职(受饷骑兵των μισθοφόρων ιππέων),他的儿子赫米亚斯(Hermias)承袭父亲的职业,同样也是公证员兼职业骑兵。家族中,公证员阿瑞乌斯

---

① K. Vandorpe, *The Bilingual Family Archive of Dryton, His Wife Apollonia, and their Daughter Senmouthis*, Collectanea Hellenistica 4: Brussels, 2002, p.107.

② *P. Dryton* 3.

③ *P. Giss* I 37.

④ K. Vandorpe, *The Bilingual Family Archive of Dryton, His Wife Apollonia, and their Daughter Senmouthis*, p.106.

(Areios)的埃及名字是小派拉亚斯(Pelaias the younger),阿斯克里皮亚提斯的埃及名字是帕特西乌斯(Patseous),暗示他们实为埃及人。而赫米亚斯希腊语书写中的文法错误对比他流利的世俗体埃及语更表明了这位希腊公证员实际上很可能为埃及人。①

公证员多重身份的现象并非帕赛里斯独有,类似的情况在丹德拉也出现过。在当地一个祭司家族中,成员其兼有希腊和埃及两种名字,他们也以希腊人的身份担任书吏。其中一人在担任神庙书吏的同时还被称为书写希腊文的书吏($s\underline{x}\ s\underline{x}.w\ Wynn$)。② 前文所提及书吏门西斯也兼有军职,登记为"在埃及出生的希腊人"。从王室在底比斯地区加强驻军以及铺设行政、司法系统的策略来看,"希腊人"群体在上埃及的活跃很可能有一定普遍性。

同样被纳入特权体系的埃及军人也开始享受官方族群身份特权。比如,被授予"波斯人"身份的埃及人荷洛斯(Horos, son of Nechuthes)从某种意义上来说成为了"希腊人",他的档案中有25份希腊语法律文书,大约占到全部法律文书的四成,其余34份文书为世俗体埃及语签订。③

从国内局势来看,国王加强地方行政管理的策略主要目的还是防范地方势力的崛起和反对。一些地方精英也被王室拉拢,他们成为"希腊人"或"波斯人",被纳入特权群体,法律身份也发生改变。但行政和司法体系的推广也无疑考虑到了希腊驻军以及其他希腊移民的需要。尤其是希腊移民和埃及人通婚现象在公元前二世纪日益增多,④希腊移民与埃及人的交往更为频繁。国王自然要考虑如何应对新的内需,安定社会。例如,在潘菲洛斯之子德吕同(Dryton, son of Pamphilos)的家族档案(P. Dryton)中,共计20份租借契约和1份租借收据,其中12份契约使用世俗体埃及语签订,德吕同本人在底比斯签订的租约中还按照官方规定亲自为世俗体埃及语契约附

① P. W. Pestman, "L'agoranomie: un avant-poste de l'administration grecque enlevé par les Égyptiens."; W. Clarysse, "Greeks and Egyptians in the Ptolemaic Army and Administration", pp. 60 - 63.

② A. F. Shore, "Votive objects from Dendera of the Graeco-Roman period," in J. Ruffle, G. A. Gaballa and K. A. Kitchen, eds., *Gimpses of Ancient Egypt Studies in honour of H. W. Fairman*, Warminster (1979)138 - 160.

③ K. Vandorpe and S. Waebens *Reconstructing Pathyris' Archives*, pp. 138 - 141; M. Vierros, "Greek or Egyptian? The language choice in Ptolemaic documents from Pathyris," in A. Delattre and P. Heilporn, eds., *Et maintenant ce ne sont plus que des villages: Thebes et sa region aux epoques hellenistique, romaine et byzantine actes du colloque tenu a Bruxelles les 2 et 3 decembre 2005*, 73 - 86, Bruxelles: Association egyptologique Reine Elisabeth, 2008.

④ W. Clarysse and D. J. Thompson, *Counting the people in Hellenistic Egypt*, vol. 2, pp. 327 - 328.

加希腊语概要。① 显然,公证体系的完善也有助于希腊人与埃及人签订世俗体埃及语法律契约。需要指出的是,涉及房产和地产转让的契约多为世俗体埃及语契约签订,似乎有利用埃及地方法避税的嫌疑。根据埃及传统,土地和房产转让契约主要用于保证当事人的合法权利,而托勒密王室则要求进行对地产和房屋进行测量,以便王国据此征税。相比而言,希腊语签订的契约往往涉及金额较大。②

值得注意的是,希腊人的法律习俗与埃及法律具有不少差异,在妇女行为的规范方面表现十分明显。帕赛里斯的家族档案正好为我们提供了希腊妇女与埃及妇女司法行为对照的案例。

帕赛里斯当地妇女阿波罗尼娅(Apollonia)在嫁给希腊骑兵军官德吕同之后,重新以希腊人的身份出现在法律文书中。最重要的标志之一是,她按照希腊法律在监护人(Kyrios)的陪同下签订法律契约。阿波罗尼娅和德吕同缔结婚约(公元前 150 年 3 月)之后,她的相关法律文书也归为德吕同管理。当时希腊公证处尚未推广至帕赛里斯,但阿波罗尼娅已在世俗体埃及语契约中注明自己的希腊人身份。一般称谓是"希腊妇女阿波罗尼娅,托勒迈之女,又名赛蒙西斯(Senmonthis),帕莫诺斯(Pamenos)之女"。其中,赛蒙西斯是她的埃及名字,而帕莫诺斯则为他的父亲的埃及语名字。相比而言,埃及妇女基本没有希腊语名字,更不会注明自己的族群身份。如,埃及妇女塔门诺斯(Tamenos)在契约中仅注明自己是帕纳斯(Panas)之女。③

公元前 136 年,帕塞里斯建立了希腊公证处,传统的神庙书吏被国王招纳,成为"希腊人"公证员。阿波罗尼娅开始通过希腊公证处用希腊语签订契约。而帕塞里斯的家族档案也正好提供了一个有意思的对比,我们可以从中考察希腊妇女和埃及妇女分别使用希腊语签订契约的格式。埃及妇女纳赫姆赛西斯(Nahomsesis)是一个典型的埃及妇女,她并没有希腊语名字,其家族成员几乎都只有埃及名字。但她的女儿嫁入书吏家庭,她本人也在公证处签订希腊语法律契约。她在契约中登记为"纳赫姆赛西斯,斯帕米里斯之女",④与世俗体埃及语契约中记录的信息基本没有形式差异。而阿波罗尼娅公证契约时则严格遵守希腊人的习俗和法律规范。她的信息记录为"阿波罗尼娅,托勒迈之女,昔兰尼人,她的丈夫德吕同为监护人,他是潘菲

---

① K. Vandorpe and S. Waebens *Reconstructing Pathyris' Archives*, pp.110 - 113.

② J.G. Manning, *Land and Power in Ptolemaic Egypt*, *The Structure of Land Tenure*, pp.207 - 208.

③ *P. Giss*. I 37, I 25 - II 7.

④ *P. Amh*. II 47,113BCE.

罗斯之子,克里特人".① 这种差异的根本原因应该是双方族群和司法身份不同,权益也不同。在托勒密八世颁布大赦法令之前,希腊人的司法身份意味着当事人享有一定程度的特权。阿波罗尼娅的希腊人身份则使她在司法上享有更多的保护。纳赫姆赛西斯则因为家族背景而通过希腊语契约受益。上述契约是她与另一个埃及人帕特赛奥斯(Patseous,son of Sales)所签订,时间为公元前113年底。她的其他希腊语契约签订时间也都晚于公元前118年大赦法令的颁布,②这意味着埃及人在托勒密王室放弃"族群"政策之后,获得了更大的便利。

阿波罗尼娅似乎并不能算作是一位典型的希腊妇女,因其经济活动相对频繁。波莫瑞(S. B. Pomeroy)认为这也是导致她和德吕同婚姻状况糟糕的重要原因。③ 范德普对阿波罗尼娅的评价较为温和,并指出阿波罗尼娅的行为基本符合希腊妇女的规范,更应该将她看作一个成功的女商人。④ 或许阿波罗尼娅仍保留着许多埃及妇女的习俗,但在司法层面上,她的行为基本符合希腊妇女的身份,并无过失。只是她过于务实,时常切换身份方便从事经济活动,不太符合一般人对希腊妇女深居简出形象的预期。有意思的是,阿波罗尼娅和德吕同的几个女儿都嫁给了本地埃及人,并且接受埃及习俗,仅保留了希腊人的司法身份,与母亲形成鲜明反差。⑤ 从目前保存下来的家族档案来看,德吕同的第三代家庭成员甚至不再使用希腊语名字,⑥原因很可能是受到托勒密八世颁布大赦法令的影响,希腊人身份的重要性降低。

总体而言,托勒密王室在公元前二世纪的一系列司法活动对上埃及部分地区形成了冲击。一些埃及地方精英完成了身份的重构,并获得了一定的特权,使"希腊人"群体有所壮大。但是,接受希腊化、使用希腊语名字、加入政府行政系统或军队的埃及人数量仍很有限。⑦ 我们也不应高估托勒密

① *P. Grenf*. I 18, 131BCE; SB XVI 12716, 129BCE; *P. Grenf*. I 20, 127BCE; K. Vandorpe, "Apollonia, a Businesswoman in a Multicultural Society (Pathyris, 2nd - 1st centuries B. C.)".

② *P. Amh*. II 46; BGU III 996; BGU III 995; *P. Gen*. (2) I 20; SB I 5865; *P. Amh*. II 48.

③ S. B. Pomeroy, *Women in Hellenistic Egypt: from Alexander to Cleopatra*, Detroit: Wayne State University Press, 1990, pp. 88 - 103.

④ K. Vandorpe, "Apollonia, a Businesswoman in a Multicultural Society (Pathyris, 2nd - 1st centuries B. C.)'."

⑤ *P. Grenf*. II 26; N. Lewis, *Greeks in Ptolemaic Egypt*, p. 103.

⑥ K. Vandorpe and S. Waebens *Reconstructing Pathyris' Archives*, p. 108.

⑦ J. H. Johnson, "Ptolemaic Bureaucracy form an Egyptian Point of View," in M. Gibson and R. D. Biggs, eds., *The Organization of Power. Aspects of Bureaucracy in the Ancient Near East*, 123 - 31, Chicago: The University of Chicago Press, 1991.

政府"族群"策略的开放程度。国王在底比斯地区推广公证系统,除了要达到加强管理和控制的目的,也可能有意照顾希腊驻军和移民的利益。国王的统治或许并不像他期待的那样稳固,尽管政府已经对地方精英有所妥协和拉拢,但底比斯的和平依然是珍稀品。当政府于公元前85年再次平息底比斯叛乱之后,终于无奈地对这一地区采取了更为极端的制裁措施,先前的行政机构和司法体系等均被抹除,纸草文献也从此沉寂。

小 结

在早期托勒密政府的"隔离"策略下,希腊移民来获得了独立的司法身份,他们生活的社会实际上是在熟悉的法律习俗下运转。移民们身在埃及,所处的世界却仍像以前一样。就整个王国而言,早期托勒密分群而治,最大受益者是希腊城市公民,是尤其亚历山大里亚城的公民,这个近乎封闭的群体在新土地上获得了种种特权,是国王重点拉拢对象,是守卫国王的最后一道防线。公民身份对希腊移民来说无疑是个不小的诱惑,授予移民公民权也成为国王网罗优秀希腊人才和支持者的重要手段之一。埃及新兴的希腊城市也成为托勒密王国在希腊化国家竞争中的金字招牌。至于希腊平民,他们地位比普通埃及人略高,需要更加努力才能获得晋升。这并不是说他们的族群身份和司法权利无足轻重,从某种意义上来说,城市公民身份以及官方族群身份和经济、职业等特权是绑定的。尽管我们对希腊人的司法特权了解有限,但确认族群身份对希腊人来说应有实际意义。考察法律文献,直至公元前二世纪仍然有许多希腊人准确地登记自己的祖籍,恐怕并不仅仅是出于身份认同的考虑。另一方面,埃及人和希腊人保持着相对隔离的状态,埃及人之间的司法纠纷由埃及法庭(laokritai)处理,生活似乎也并没有太多不同。王国对不同群体的司法活动干涉有限,埃及并行多套相互独立的司法体系,尽可能避免不同群体之间产生司法冲突。随着国家税制改革的推进以及移民活动深入,分群而治的策略遭遇挑战,移民与本土居民互动交流增加,王国或被迫增设共同法庭,以处理希腊人与埃及人的司法纠纷。

经历了公元前三世纪晚期开始的激烈动荡,托勒密王室调整族群管理策略,王朝的统治重现变得稳固,甚至有增强的迹象。公证处的推广将王室的触手伸向更遥远的埃及小乡村,地方书吏及其家族明显出现了希腊化现象。王朝前期混杂的多元法律体系仅存希腊巡回法庭和埃及地方法庭,后者也逐渐为马其顿——希腊统治集团渗透。最初埃及地方法庭独立地处理和解释埃及语文书,但是,在公元前二世纪,随着国王的司法官(*eisagogeus*)和司法委员会(如,巡回法庭)涉入司法审判领域,[①]埃及地方法庭解释埃及语文书的独立性被打破了,后来甚至很少有埃及人出任法官。而涉及世俗埃及语的文书往往由诉讼当事人自己翻译为希腊文后提交法官。讽刺的是,相比托勒密王朝在东地中海纵横驰骋的公元前三世纪,走向衰落的王国此时却成功地提升了王室在国家司法系统中的权威。无论是主动还是被动,无论何种文化背景和族群认同,广阔乡村(chora)的居民逐渐只能在"希腊式"或"埃及式"的司法体系中选择自己的身份。

底比斯乡村遍布政府的公证机构和钱庄(银行),管理机构进一步完善。从文献上来看,似乎全国的钱庄或银行业均为希腊人操纵,几乎所有的银行家都有希腊名字,但使用托勒迈(Ptolemaios)、阿波罗尼奥(Apollonios)、阿蒙尼奥(Ammonios)等名字的却常常是埃及人。经过资源重新整合之后的埃及更接近一个利益共同体,希腊移民不再是孤岛上的封闭群体,族群身份的藩篱也不再是难以翻越的障碍。无论,人们最终以希腊人或埃及人的身份签订契约,或共结连理。经过王朝中期一番革新,过去复杂的族群名称大多数从文书中消失了,甚至从姓名中都很难再看出端倪,看起来这个国家正在走向融合。[②] 到了罗马统治初期,除希腊城市以外,所有埃及居民的法律身份都是埃及人。不过,这就是另一个故事了。

① S. Allam, "Egyptian Law Courts in Pharaonic and Hellenistic Times," *Journal of Egyptian Archaeology*, vol. 77, 1991:109 – 127, pp. 124 – 125.
② 托勒密王朝时期的文献中记录了一百七十多个族群名称,参见 C. A. La'da, *Foreign Ethnics in Hellenistic Egypt*, p. 35。

结　　语

一、"分群而治"模式与"希腊化"

"希腊化"是一个充满争议的概念,围绕它的讨论在学术界延续了近百年。而近几十年来,随着越来越多纸草档案揭示出"希腊人"这一族群标签的不确定性,关于"希腊化"的讨论近乎被逼进了一个死胡同。一些西方学者直接质疑官方文书中族群名称的在判断族群和文化认同中的意义。一个在官方档案上登记的希腊人名可能只是某埃及人的工作账号,希腊人的身份也只是他获取某些便利的通行证。一个声称是"希腊人后裔"的军人,可能祖祖辈辈都未曾离开过上埃及。假如埃及数以百计的族群名称都与族群无本质关联,"希腊化"只是社会自然发展的结果,那么继续讨论埃及的族群问题是否还有必要?

问题转回到王朝初期的官方族群划分上。把埃及从波斯大王统治下"解放"的新统治者以"分群而治"的模式让新进的希腊移民和埃及本土人维持原有生活方式,保持各自的习俗和司法体系。如果只是隔离族群以避免族群之间的冲突,为什么在官方文书中严格登记部族、族群身份? 在军队、法律文书、人口普查和税单等不同体系中大量使用的族群标签又如何解释? 新的移民与本土居民可以共生在同一片大地,老死不相往来,各自安好吗?

官方登记的族群和身份信息固然直接准确锁定个体身份,同时,官方划定的族群几乎总是与特权及身份挂钩,而族群的划分也绝不是毫无依据的。尽管少有证据能直接证实托勒密统治阶层的歧视性政策。但是,在看似公平的隔离管理模式下,托勒密王国的政策和国家治理方略实际上有着明显的族群偏向性。至少在公元前三世纪,能够追溯希腊人文化和血缘背景的族群名称如"马其顿人""希腊人""亚历山大里亚人"等暗示了一个人的职业身份(军人)、等级、免税、免徭役、公民权等信息。字面上并无族群关联的封地军人几乎只在希腊移民中产生,他们按级别享有王国恩赐的大小不等的土地以及相应免税权。奠定王朝财政基础的税制改革中,赛会冠军、运动员、希腊教师、演员等一般职业获得免税资格，明显指向希腊移民或成功希腊化的臣民。少数族裔很少出现在族群标签中，常常也暗示他们的特殊身份或特权。如公元前三世纪中叶的波斯人和阿拉伯人也享有微薄的免税特权。在公元前二世纪，上埃及标记为"波斯人""波斯人后裔"或"出生在埃及的希腊人"则指代军人身份，效力于王室的军人们或有微茫的机会成为"马其顿人"，以期更高身份和更多特权。同时，包括亚历山大里亚城在内的三大希腊城市中，登记了部族的公民之外还有大量缺少记录的无身份族裔。占据国家人口多数的本土埃及人（农民）则悄无声息，似乎毫无官方族群身份登记的价值。从某种意义上来说，托勒密埃及的统治者划分族群的实质是给希腊移民和希腊化支持者分配特权、界定身份。对托勒密家族而言，划分族群意味着确立等级、调整秩序，为立国之基石。

当我们进一步把官方族群标签附加的特权进行分类加以分析，可以看出，族群身份和特权关系到国家最重要的军事、经济和司法领域的变革，吸引和安置希腊移民成为托勒密王朝前期族群政策的核心部分。

首先，在希腊移民中，军人对托勒密国王维持统治的重要性毋庸置疑，是最主要的延揽对象。这一点在人口统计数据中得到了证实。托勒密二世要把雇佣军人变成更可靠的支柱，建立起封地军人体系，以土地租用权换取军事服役，同时也缓解财政压力。军官按等级获得一定份额王田，和国王签订终身兵役合同。希腊人自然凭借技术上优势而顺利受封。但埃及军人长达百年的沉寂，显然与政府对希腊人的偏向策略有关。除了技术层面的原因，也可能对埃及军人有所顾忌。事实似乎也印证了这种担心不无道理。公元前217年的拉菲亚之战，接受王室训练的埃及士兵崭露头角。不久，埃及军人即在埃及北部暴动。公元前三世纪的大部分时间里，封地军人职业基本为希腊人垄断可能有平衡地方军事势力的考虑。而埃及军人暴动可能迫使政府不得不改变策略，转而拉拢、分化埃及本土军人。

过去，有学者把托勒密埃及视为中央集权的专制国家，但这种看法的支持者已经越来越少。[①] 通过考察封地军人的发展和变迁，我们已经看到托勒密国王是怎样将利益分割出去，又面临着怎样的无奈。当然，学者有理由相信，托勒密国王有意扶植希腊武人精英对抗埃及的传统力量。新政府确实有可能利用这两股力量，使其相互制约，维持对国家的控制。如此看来，托勒密王国不是传统学者所认为的集权国家，而是一个分权协作式的国家。

其次，托勒密国王对希腊移民的安置是其国家平衡战略的一个重要构

---

① J.G. Manning, *The Last Pharaohs*, pp.80 - 84.

成部分。即使托勒密政府没有所强调的强大中央权力,它所推行的一系列国家治理措施也确实取得了一定成效。从最新的族群文献整理情况来看,公元前三世纪的移民潮达到王朝历史顶峰。除了要安置军人和亚洲带回来的战俘,国王也需要考虑如何管理和安置那些无法获得希腊城市公民权的希腊平民。希腊人被迁往法雍地区,甚至遥远的底比斯地区显然不会是无条件的。尤其是新城的建立,需要大量移民填补真空。如果国王想要以托勒密城削弱底比斯的影响,希腊人群体的存在显然十分必要。

希腊人定居点的分布则揭示了国王对希腊移民的安置策略。法雍地区是最典型的范例。托勒密二世主要依靠对法雍地区土地的开发,解决希腊人的土地分配问题,进而建立起新税收体系,增加国家收入。希腊人获得了免税等诸多特权,成为一个特殊群体。这很可能正是他们移居和开发法雍地区的一个重要前提。税单还揭示了托勒密二世如何通过征税工作,建立起以个人为基本单位的居民管理制度。人口普查和盐税的征收细节也展示出政府是如何精确地掌握着居民的身份、职业和家庭财产等信息。

从居民管理的角度来说,复杂的族群情况自然意味着更高的管理成本。学者已经注意到政府行政人员的紧缺直至公元前三世纪末仍然没有得以解决。在税收清单中,我们发现政府对居民身份进行了一定程度的简化,他们或是"希腊人""波斯人""犹太人""阿拉伯人"或是没有官方族群身份的当地人和外来者。国王在税制改革中的族群划分政策直接导致许多希腊移民重新定义身份,放弃使用传统地域和城市指代自己身份。换言之,国王用自己的族群划分标准管理居民,吸引移民,也借此鼓励包括本土埃及人在内的大量非希腊人为自己效忠。

第三,司法改革保证了希腊移民的权利,最终形成希腊法律和埃及人法律二元并立的局面,某种意义上来说,也达成了司法领域的平衡。至少公元前三世纪,政府对埃及法律干涉较少。实际上,王朝初定,希腊移民和埃及人都需要维持传统状态。

在司法领域,托勒密家族对复杂的民族构成采取分群而治的策略却十分清晰。早期君主以城市公民权换取军人和富有者的支持,托勒密埃及的希腊城市几乎复刻希腊城邦的司法模式,城市公民相对独立地享受城市公民资格带来的政治、司法等权力、经济特权(如占有城市所属的周边土地等)以及相应保护。自然,埃及的城市公民也像希腊城邦公民一样构成一个相对封闭的共同体,公民与非公民通婚则意味着后代将丧失公民资格以及相应特权,沦为普通平民。城市以外,居民被划入不同的群体,由不同的法庭受理他们的纠纷。希腊平民的特权最少,但是限制也更少。在长达一个世纪的移民浪潮中,大量没有城市公民权的希腊移民或希腊人后裔在广阔的乡村寻找新生活。随着外来移民与埃及本土居民交流的增多,混乱的多元司法系统在应对不同群体的冲突难免力不从心,希腊人与埃及人在各地的利益冲突成了总督们难以处理的烫手山芋。

王朝初期,国王们或许并未在整体上规划国家法律体系,只是适应现状,灵活地做出改变。公元前二世纪的司法系统简化了许多,王国对于法律契约的管理更加规范。与其说是政府再度推进了司法改革,不如说托勒密国王在几十年的内战之后更为成功地加强了对埃及本土的控制,即在希腊和埃及两套法律体系的共生的现状下,规范秩序,限制地方自治势力。上埃及大量法律文书的出现印证了托勒密国王加强在该地区的行政干涉。由于希腊驻军和军事移民的大量存在,希腊人与埃及人交往日益频繁,跨族婚姻不断增多,王国对埃及语契约法律有效性的承认则满足了新的社会需要。客观上来说,政府对埃及法律的干涉推动了上埃及底比斯地区的希腊化。另一方面,埃及语法律文书的地位得到承认,作为埃及人坚持自己传统的一个标志,埃及语文书的活跃也令人不由得质疑托勒密家族的希腊化策略是否奏效。

如果托勒密政府从未真正打算对埃及人进行希腊化,那就另当别论了。国王需要为他效忠的人,有着希腊出身背景或者接受希腊文化教育者自然更容易得到机会。大量任用希腊人的一个结果是王室也受到影响,他们对自己高贵的多利安方言越来越陌生,而适应了当时希腊人的标准语柯因奈希腊语。渴望声名和财富的埃及人主动接受希腊化以求有所作为,只是他们飞黄腾达的难度更大。国王没有明显表现出对埃及人的排斥,但金字塔顶端的王廷长期为马其顿人和希腊人所把持也是不可争辩的事实。公元前二世纪,埃及人的崛起更大程度上依靠的不是接受希腊文化,投合法老所好,而是长期战乱和动荡之后,底比斯地区力量的相对增强。远在亚历山大里亚城法老宫殿之外的埃及“国王亲属”恐怕并不会出现在王廷中为托勒密法老出谋划策,他们在底比斯的一举一动反倒更令人担心。公元前91年,底比斯地区再次反叛。战火平息之后,这甲一度活跃的法律义书也变得沉寂了。

总体而言,托勒密王朝早期,国王曾经试图依赖希腊移民维持对国家的控制,平衡地方势力。在居民管理方面,种种措施之后的核心目标不过是维持军队和增加收入,托勒密政府对国家管理很少有更长远考虑。政策的制定大多实用而灵活,在授予居民特权方面主要原则多少有些“唯才是举”,因而“希腊人”身份也对非希腊人开放。

托勒密国王的这种实用态度大概可以解释何以希腊人特权十分凌乱而政府的"族群"策略有时甚至相互矛盾。政府的"族群"策略在公元前三世纪晚期发生改变,很可能是受到本土暴乱的压力不得不进一步分割利益。到了公元前二世纪中叶,长期的战乱很可能导致王室力量下降,国王的"族群"策略更受制于时势多次变更。

二、族群政策的影响

托勒密二世的"族群"政策多少取得了他想要的效果,甚至到托勒密四世即位之后,仍能够在第四次叙利亚战争(公元前219年—公元前217年)中以五万希腊军人为主力与塞琉古帝国抗衡。托勒密家族成功地改造了税收体系和司法体系,吸引和安置了希腊移民,这些成功之处无需赘述。整体而言,数百年的族群政策也带来了希腊化进程的加速以及本土居民身份认同上的困惑,迫使埃及人对传统文化进行经典化处理,反倒推进了埃及宗教与文化的繁荣。

主要影响有四点:

第一,统治基础扩大,不仅希腊移民,连埃及人也加入"希腊人"特权群体为国王所用。在长达三百余年的漫长统治中,托勒密家族引导了移民潮,并对埃及的族群进行了"改造",重新划分群体并分配特权,打破原有族群边界,加速了族群变迁的进程。从技术层面来说,无论"希腊化"或"埃及化",无疑有利于增加人员,维持国家机器的运转,甚至推进政府行政机构从中心地区向边缘地带延伸。公元前二世纪上埃及的乡村即展示了族群"改造"的成果,残存的官方文书暗示这一时期的托勒密家族已经能够系统性地从偏远地区补充行政和军事能量。在现实利益或需求面前,选择效力王室的人们跨越了族群之间的文化、血缘等障碍,在不同的工作场景下披上"希腊人"或"埃及人"的外衣。居民在身份或是文化选择上可以更自由、更功利,埃及多族群的社会终于趋向于融合。

第二,自治势力逐渐膨胀。其中既有以亚历山大里亚城为代表的希腊城市的力量增长,也有城市以外埃及地方势力的崛起。

亚历山大里亚城显然是托勒密埃及最特殊的城市之一,公民即使相比于其他希腊城市公民也享有更高等级的特权。尽管国王对城市有所监控,一定程度上限制了其自治力量,这里仍是吸引和聚集精英的一块巨大磁石。城市力量的增长也成为国王的潜在隐患,在托勒密王室斗争中,托勒密八世与亚历山大里亚城的关系一度水火不容,国王被迫改变策略,争取埃及人的支持。这可能也是"族群"政策在公元前二世纪晚期走向终结的一个重要原因。

　　国王能够影响到的地域有限，不得不让渡权利，接受某些群体一定程度上的自治。希腊人的城市以及埃及的神庙大都维持了传统的管理和发展模式。封地军人囤聚于城市之外，经营着大量田地和财富。有记录表明，一些封地军人获得的土地远超 100 阿鲁拉，有的多达 154，223，315，342，1640，甚至 10000 阿鲁拉。[①] 税收文书显示，很多封地军人都拥有果园以及相关经济特权。公元前二世纪早期法雍地区近 60% 葡萄酒出自封地军人。范德普和克拉瑞斯估算，希腊人通过葡萄酒业获得收入约为农业生产的 1.5 倍。[②] 地方陈情书显示，有些新贵更是缺乏管束，成了鱼肉邻里的乡村土豪。随着封地军人日益强势，动荡不断的托勒密王室逐渐默许分配给军官的土地世袭，甚至随意租赁买卖。希腊军人滥用军宿权，与地方居民关系紧张，投诉信件不断。更糟的是一些军人变成了地主却不善经营，日渐没落。到了公元前二世纪下半叶，传统的希腊封地军人已经不再是可靠的中坚战力，托勒密家族只得在本土兵源中挖掘新力量。更多埃及军人和高官进入特权阶层，并重新在底比斯崛起。

　　第三、族群划分中涉及的部分特权建立在资源重新分配的基础之上，导致了结构性变革。新移民与传统势力此消彼长，长期偏向性政策不可避免地造成了社会紧张局势并最终演化为暴力冲突。托勒密统治者组织开发法雍地区的新土地解决移民安置问题，但埃及神庙仍然为空降的外来移民，尤其是封地军人付出了代价。神庙占有的土地较法老时期有明显减少。纸草文献表明，相比王田，神庙土地被大量转让。[③] 但是，在土地之外，资源再分配对社会其他方面的冲击有时难以准确评估。史实显示，托勒密王室的税收政策很可能遭到地方的激烈抵制，因此多次进行调整。族群身份的标志之一——奥波尔税在公元前 231 年之后消失，但希腊人和非希腊人两大群体无疑以其他一些形式保持着差异，经济差距可能不断拉大，不满的情绪也继续酝酿。公元前 217 年开始，埃及本土暴乱频发，与资源再分配导致的社会紧张有很大关系，而这背后正是托勒密王朝或明或暗执行了近百年的族群政策。

　　第四、由于族群藩篱日趋模糊，群体差异开始更多体现在职业、经济、司

① P. Jouguet, *Macedonian imperialism and the Hellenization of the East*, p.329.

② *P. Köln* V 221 (Arsinoite, 190 BCE); K. Vandorpe and W. Clarysse, "Viticulture and wine consumption in theArsinoite nome (P. Köln V 221)," AncSoc 28(1997):67 – 73.

③ J.G. Manning, *Land and Power in Ptolemaic Egypt, The Structure of Land Tenure*, Appendix 2.

法等特权等极具官方色彩的要素上,转换文化、族群身份的现象也日渐增多。尤其是公元前二世纪以后,跨族群婚姻开始大量增加,族群身份变动也更为频繁。族群界限的模糊以及文化认同的动摇使得托勒密王室与埃及的人合作变得更容易。比起公元前三世纪的君主,王朝中后期的国王能够进一步加强了与祭司以及本土精英的合作。王室因为长期内战也必须调动尽可能多的力量维持统治或颠覆对手的政权,而更多埃及人则借机进入王廷、在军队中以及地方政府中。希腊文化的推广同样变得更加容易,希腊语书记员开始深入埃及腹地的村庄。埃及精英在君主的支持下将神庙多次重新翻修,担心传统文化和力量遗失的埃及人开始把记载神秘知识和仪式的大量象形文字刻在神庙中,甚至连希腊语也成为神与人沟通的渠道之一,神庙成为埃及人最后的阵地。埃及的文字也得到了进一步发展,在托勒密埃及难以计数的埃及语文献中,学者们惊讶地发现埃及语的字符数在这一时期暴涨了近 10 倍,达到 7000 多个。看起来埃及的传统不仅完成复兴,还比以往更加繁荣了。毫无疑问,埃及人的族群意识也保留在神庙上:托勒密的君主们像过去的法老一样头戴象征上下埃及的红白冠,手持权杖打击异族。他们的名字用圣书体写在王名圈中。这里,马其顿人成为了埃及人,成为一种符号,成为秩序的代表。这种局面甚至维持到罗马统治的时代,而马其顿法老们修建的大量埃及神庙则仍是当今埃及最美丽的风景。

参考文献

外文参考文献

原始资料

J. H. Breasted, *Ancient Records of Egypt*, 5 vols., Chicago: University of Illinois, 2001.

Diodorus Siculus, Bibliotheka Historika/Diodorus of Sicily, The Library of History, trans. C. H. Oldfather et al., London: W. Heinemann, 12 vols., 1933 – 1967.

Herodotos, *Historiai*/Herodotus, The Persian Wars, trans. A. D. Godley, Cambridge: Harvard University Press, 1920.

Lichtheim, M. *Ancient Egyptian Literature: a book of readings*, 3 vols., London: University of California, 1973 – 1980.

Polybius *The Histories*, trans. W. R. Paton, 6 vols, Cambridge: Harvard University Press, 1922 – 1927.

Plutarchos, *Parallel Lives*/Plutarch's Lives, trans. B. Perrin, London; W. Heinemann, 1914 – 1926.

Pausanias, *Ellados Periegesis*/Pausanias, *Description of Greece*, 5 vols., trans. W. H. S. Jones, London: W. Heinemann, 1918 – 1935.

Simpson, W. K. ed., *the Literature of Ancient Egypt*, London: Yale University Press, 2003.

文献集

Austin, M. M. *The Hellenistic World from Alexander to the Roman Conquest: a selection of ancient sources in translation*, Cambridge University Press, 2006.

Bagnall, R. S. *Hellenistic and Roman Egypt: Sources and Approaches*, Aldershot, Hampshire, Ashgate, 2006.

Roger, R. S. and Derow, P. *The Hellenistic Period: Historical Sources in Translation*, Oxford: Blackwell, 2004.

Clarysse, W. and J. K. Winnicki. *The Judean-Syrian-Egyptian conflict of 103 – 101 B. C. A multilingual dossier concerning a "war of sceptres"*, edited by E. Van't Dack. Brussels: 37 – 77, 1989.

Clarysse, W. and D. J. Thompson. *Counting the people in Hellenistic Egypt*, vol. 1, Cambridge Classical Studies. Cambridge: Cambridge University Press, 2006.

La'da C. A. *Foreign Ethnics in Hellenistic Egypt*, Leuven: Peeters, 2002.

Vandorpe, K. *The Bilingual Family Archive of Dryton, His Wife Apollonia, and their Daughter Senmouthis*, Collectanea Hellenistica 4: Brussels, 2002.

Vandorpe, K. and S. Waebens. *Reconstructing Pathyris' Archives. A multicultural community in Hellenistic Egypt*, Brussel, 2009.

在线数据库

TM＝trismegistos

http://www.trismegistos.org/（2022 年 9 月）

DDBDP＝Duke Data Bank of Documentary Papyri.

http://papyri.info/ddbdp/（2022 年 9 月）

纸草文献（缩写）

具体出版信息见约书亚·索辛(Joshua D. Sosin)和罗杰·巴格纳尔(Roger S. Bagnall)等主编的纸草学出版物列表：

http://library. duke. edu/rubenstein/scriptorium/papyrus/texts/clist. html(2022 年 9 月)

BGU ＝ Ägyptische Urkunden aus den Staatlichen Museen zu Berlin, Griechische Urkunden Berlin, *London, Paris*, ed. U. Wilcken. Berlin 1887. (*AbhBerlin* 1886, Anhang, Abh. 1; rp. in U. Wilcken, *Berliner Akademieschriften zur Alten Geschichte und Papyruskunde* I [Leipzig 1970] 39—104). Nos. 1—12. Republished in *UPZ* II 205—207, 214—215, 217—221, 226—228. [MF 1.10; rp. DZA]

CPR＝*Corpus Papyrorum Raineri*. Vienna.

P. Adl. = *The Adler Papyri*, Greek texts ed. E. N. Adler, J. G. Tait, F. M. Heichelheim. Demotic texts ed. F. Ll. Griffith. Oxford 1939

P. Amh. = *The Amherst Papyri, Being an Account of the Greek Papyri in the Collection of the Right Hon. Lord Amherst of Hackney, F. S. A. at Didlington Hall, Norfolk*, ed. B. P. Grenfell and A. S. Hunt. London.

P. Amh. Eg. = *The Amherst Papyri, Being an Account of the Egyptian Papyri in the Collection of the Right Hon. Lord Amherst of Hackney, F. S. A. at Didlington Hall, Norfolk*, ed. P. E. Newberry with an appendix on a Coptic papyrus by W. E. Crum. London 1899. The Coptic text, which is on pp. 59—61, was later republished as *P. KRU* 69.

P. Berl. Spieg. = *Demotische Papyrus aus den Königlichen Museen zu Berlin*, ed. von der Generalverwaltung mit erläuterndem Texte von W. Spiegelberg. Berlin and Leipzig 1902.

P. Grenf.

I, *An Alexandrian Erotic Fragment and other Greek Papyri chiefly Ptolemaic*, ed. B. P. Grenfell. Oxford 1896. Nos. 1—70. [MF 2.105; rp. CG]

II, *New Classical Fragments and Other Greek and Latin Papyri*, ed. B. P. Grenfell and A. S. Hunt. Oxford 1897. Nos. 1—113. [MF 2.110; rp. CG]

P. Cair. = Service des Antiquités de l'Égypte, Catalogue Général des Antiquités égyptiennes du Musée du Caire. *Die demotischen Denkmäler.*

P. Cair. Zen. = *Zenon Papyri, Catalogue général des antiquités égyptiennes du Musée du Caire*, ed. C. C. Edgar. Cairo.

P. Count = *Counting the People in Hellenistic Egypt*, ed. W. Clarysse and D. J. Thompson, I: *Population Registers (P. Count).* Cambridge 2006. Nos. 1 – 54. [Cambridge Univ. Press]

P. Dryton = *The Bilingual Family Archive of Dryton, his Wife Apollonia and their Daughter Senmouthis*, ed. K. Vandorpe. Brussels 2002.

P. Edfou = Papyri published in *Fouilles Franco-Polonaises* I—III, a series issued by the Institut Français d'Archéologie Orientale du Caire and the University of Warsaw.

P. Edg. = "Selected Papyri from the Archives of Zenon," ed. C. C. Edgar, in *Annales du Service des Antiquités de l'Égypte*. Cairo.

P. Eleph. = *Aegyptische Urkunden aus den Königlichen Museen in Berlin: Griechische Urkunden*, Sonderheft. *Elephantine-Papyri*, ed. O. Rubensohn. Berlin 1907.

P. Eleph. Dem. = *Demotische Papyrus von der Insel Elephantine*, ed. W. Spiegelberg. Leipzig 1908.

P. Enteux. = ΕΝΤΕΥΞΕΙΣ: *Requêtes et plaintes adressées au Roi d'Égypte au IIIe siècle avant J.-C.*, ed. O. Guéraud. Cairo 1931— 32. (Publ. Soc. Fouad I). Nos. 1—113 and appendix of 4 texts. [MF 1.52]

P. Erbstreit = *Ein Erbstreit aus dem ptolemäischen Ägypten*, ed. O. Gradenwitz, F. Preisigke, W. Spiegelberg. Strassburg 1912.

P. Gebelen = *Die demotischen Gebelen-Urkunden der Heidelberger Papyrus-Sammlung*, ed. U. Kaplony-Heckel. Heidelberg 1963.

P. Giss. = *Griechische Papyri im Museum des oberhessischen Geschichtsvereins zu Giessen*, ed. O. Eger, E. Kornemann, and P. M. Meyer. Leipzig-Berlin 1910—1912. Pt. I, nos. 1—35 (1910); Pt. II, nos. 36—57 (1910); Pt. III, nos. 58—126 (1912). [Rp. CG]

P. Hal. = *Dikaiomata: Auszüge aus alexandrinischen Gesetzen und Verordnungen in einem Papyrus des Philologischen Seminars der Universität Halle (Pap. Hal. 1) mit einem Anhang weiterer Papyri derselben Sammlung*, ed. by the Graeca Halensis. Berlin 1913.

P. Hamb. = *Griechische Papyrusurkunden der Hamburger Staats- und Universitätsbibliothek*.

P. Hausw. = *The Hauswaldt Papyri*, ed. J. Manning. Sommerhausen 1997. (Dem. Stud. XII). Nos. 1—25.

P. Heid. = *Veröffentlichungen aus der Heidelberger Papyrussammlung*.

P. Lille = *Papyrus grecs* (Institut Papyrologique de l'Université de Lille).

P. Lond. = *Greek Papyri in the British Museum*. London. At present 7 vols. (Vol. VI continues the numerical sequence of the London papyri, but forms a separate publication regarded as vol. VI only retroactively. Up to the end of vol. III, texts are usually cited by volume no., serial no., and page.) There are separate atlases of plates to vols. I—III. [Atlases, MF 2.111, 2.112, and 2.113]

P. *Louvre* = *Griechische Papyri aus Soknopaiu Nesos*, ed. A. Jördens mit Beiträgen von K.-Th. Zauzich. Bonn 1998.

P. *Lund* = *Aus der Papyrussammlung der Universitätsbibliothek in Lund*, published in K. Humanistiska Vetenskapssamfundet i Lund; Arsberättelse. Years and page nos. are indicated for each part. [I—VI, MF 1.45]

P. *Oxy.* = *The Oxyrhynchus Papyri*. Published by the Egypt Exploration Society in Graeco-Roman Memoirs. London.

P. *Paris* = *Notices et textes des papyrus du Musée du Louvre et de la Bibliothèque Impériale*, ed. J. A. Letronne, W. Brunet de Presle and E. Egger. Paris 1865.

P. *Petr.* = *The Flinders Petrie Papyri*. Dublin. (Royal Irish Academy, Cunningham Memoirs).

P. *Petr.*^{2}I = *The Petrie Papyri, Second Edition 1, The Wills*, ed. W. Clarysse. Brussels 1991. (Coll. Hellen. II). Nos. 1—31.

P. *Rain. Cent.* = *Festschrift zum 100-jährigen Bestehen der Papyrussammlung der Österreichischen Nationalbibliothek, Papyrus Erzherzog Rainer*. Vienna 1983. Nos. 1—166. Nos. 1—2 are hieroglyphic; 3—5 Demotic; 6—12 Coptic; 13 Pehlevi; 14—19 Hebrew; 20—162 Greek; nos. 163—166 Latin. All these texts are on papyrus. Separate volume of plates. [ÖNB]

P. *Rev.* = *Revenue Laws of Ptolemy Philadelphus*, ed. B. P. Grenfell. Oxford 1896.

P. *Ryl.* = *Catalogue of the Greek and Latin Papyri in the John Rylands Library, Manchester*. Manchester.

P. *Ryl. Dem.* = *Catalogue of the Demotic Papyri in the John Rylands Library, Manchester*, ed. F. Ll. Griffith. Manchester 1909.

P. *Select.* = *Papyri Selectae*, ed. E. Boswinkel, P. W. Pestman and P. J. Sijpesteijn. Leiden 1965.

PSI = *Papiri greci e latini*. (Pubblicazioni della Società Italiana per la ricerca dei papiri greci e latini in Egitto). Florence. The first eleven volumes were edited by a number of persons under the general direction of G. Vitelli and M. Norsa. A list of reeditions of documentary texts is given by P. Pruneti in *Pap. Flor.* XIX. 2, pp. 475—502.

P. Sorb. = *Papyrus de la Sorbonne*

I, ed. H. Cadell. Paris 1966. (Publications de la Faculté des Lettres et Sciences Humaines de Paris, Série "Textes et Documents," t. X: Travaux de l'Institut de Papyrologie de Paris IV). Nos. 1—63 are papyri, nos. 64—68 ostraca. [PUF]

II, *Un Codex fiscal Hermopolite* (*P. Sorb.* II *69*), ed. J. Gascou. Atlanta 1994. (Am. Stud. Pap. XXXII). No. 69. [Oxbow]

P. Stras. = *Griechische Papyrus der Kaiserlichen Universitäts- und Landes-bibliothek zu Strassburg*, ed. F. Preisigke. Leipzig.

P. Tebt. = *The Tebtunis Papyri*. London.

I, ed. B. P. Grenfell, A. S. Hunt and J. G. Smyly. 1902. (Univ. of California Publications, Graeco-Roman Archaeology I; Egypt Exploration Society, Graeco-Roman Memoirs 4). Nos. 1—264. [EES]

II, ed. B. P. Grenfell and A. S. Hunt. 1907. (Univ. of California Publications, Graeco-Roman Archaeology II). Reprint 1970. (Egypt Exploration Society, Graeco-Roman Memoirs 52). Nos. 265—689. Ostraca (numbered separately) 1—20. [Rp. EES]

III, pt. I, ed. A. S. Hunt and J. G. Smyly, assisted by B. P. Grenfell, E. Lobel and M. Rostovtzeff. 1933. (Univ. of California Publications, Graeco-Roman Archaeology III; Egypt Exploration Society, Graeco-Roman Memoirs 23). Nos. 690—825. [EES]

III, pt. II, ed. A. S. Hunt, J. G. Smyly and C. C. Edgar. 1938. (Univ. of California Publications, Graeco-Roman Archaeology IV; Egypt Exploration Society, Graeco-Roman Memoirs 25). Nos. 826—1093. [EES]

IV, ed. J. G. Keenan and J. C. Shelton. 1976. (Egypt Exploration Society, Graeco-Roman Memoirs 64). Nos. 1094—1150. [EES]

V, *Regaling Officials in Ptolemaic Egypt*, ed. A. Verhoogt. Leiden and Boston 2005. (Pap. Lugd. Bat. XXXII). Nos 1—5 are *P. Tebt.* V 1151—1155. [EJB]

SB = *Sammelbuch griechischer Urkunden aus Aegypten.* = *Sammelbuch griechischer Urkunden aus Aegypten.* (A collection of documentary papyri, ostraca, inscriptions, mummy tablets and related texts published in journals or unindexed catalogues. Begun by F. Preisigke in 1915, continued by F. Bilabel, E. Kiessling, and H.-A. Rupprecht). In progress.

UPZ = *Urkunden der Ptolemäerzeit (ältere Funde)*, ed. U. Wilcken. (Re-publication of texts published in the nineteenth century, up to but not including the Petrie papyri. There is a concordance at *BL* IV, pp. 118—123.)

I, *Papyri aus Unterägypten*. Berlin — Leipzig 1927. Nos. 1—150. [MF 2.14; rp. WdG]

II, *Papyri aus Oberägypten*. Berlin 1935—1957. Nos. 151—229. [Rp. WdG]

铭文集

IG = *Inscriptiones Graecae, XII. Inscriptiones insularum maris Aegaei praeter Delum*, 1. *Inscriptiones Rhodi, Chalces, Carpathi cum Saro, Casi*, ed. Friedrich Hiller von Gaertringen. Berlin 1895.

OGIS = Dittenberger, Wilhelm. *Orientis Graeci Inscriptiones Selectae*. 2 vols. Leipzig 1903 – 1905. — For Egypt, Nubia and Abyssinia: see Étienne Bernand. *Inscriptions grecques d'Égypte et de Nubie: Répertoire bibliographique des OGIS*. « Annales littéraires de l'Université de Besançon », 272. « Centre de Recherche d'Histoire Ancienne», 45; Paris 1982.

SEG = *Supplementum Epigraphicum Graecum*. Vols. 1 – 11, ed. Jacob E. Hondius, Leiden 1923 – 1954. Vols. 12 – 25, ed. Arthur G. Woodhead. Leiden 1955 – 1971. Vols. 26 – 41, eds. Henry W. Pleket and Ronald S. Stroud. Amsterdam 1979 – 1994. Vols. 42 – 44, eds. Henry W. Pleket, Ronald S. Stroud and Johan H. M. Strubbe. Amsterdam 1995 – 1997. Vols. 45 – 49, eds. Henry W. Pleket, Ronald S. Stroud, Angelos Chaniotis and Johan H. M. Strubbe. Amsterdam 1998 – 2002. Vols. 50 –, eds. Angelos Chaniotis, Ronald S. Stroud and Johan H. M. Strubbe. Amsterdam 2003.

专著与论文：

Allam, S. "Egyptian Law Courts in Pharaonic and Hellenistic Times," *Journal of Egyptian Archaeology*, vol. 77, 1991: 109 – 127.

Austin, M. M. *Greece and Egypt in the archaic Age*, Cambridge: Cambridge Philological Society, 1970.

Baines, J. "Contextualizing Egyptian Representations of Society and Ethnicity." In *Study of the ancient Near East in the twenty-first century: William Foxwell Albright centennial conference*, edited by J. Baines, 339 – 384, Winona Lake, Indiana: Eisenbrauns, 1996.

Bagnall, R. S. The origins of Ptolemaic cleruchs. *BASP* 21: 7 – 20, 1984.

Bagnall, R. and R. Cribiore *Women's Letters from Ancient Egypt 300 BC – AD 800*, Ann. Arbor, 2006.

Bagnall, R. and D. Rathbone *Egypt from Alexander to the Early Christians: an Archaeological and Historical Guide*, Los Angeles, Calif.: The J. Paul Getty Museum, 2004.

Brady, T. A. "The gymnasium in Ptolemaic Egypt", University of Missouri Studies 2, 1936, 9 – 20.

Bernand, E. "Laarque", *REG* 84(1971): 342 – 349.

Bernand, A. and O. Masson. "Les inscriptions grecques d'Abou-Simbel", *REG* 70(1957): 1 – 46.

Bianchi, R. S. and R. A. Fazzini. *Cleopatra's Egypt: Age of the Ptolemies*, Brooklyn, N. Y.: Brooklyn Museum, 1988.

Bickermann, E. Beiträge zur antiken Urkundengeschichte I, *Archiv für Papyrusforschung* 8, (1927): 216 – 239.

Bilde, P. and T. Engberg-Pedersen. *Ethnicity in Hellenistic Egypt*, Aarhus: Aarhus University Press, 1992.

Bing, P. "Posidippus and the Admiral: Kallikrates of Samos in the Milan Epigrams." In *Greek, Roman and Byzantine Studies 43* edited by L. Hannestad and J. Zahle, (2002 – 2003): 243 – 266.

Bingen, J. "Présence grecque et milieu rural ptolèmaique." In *Problemes de la terre en Grèce ancienne* edited by M. I. Finley, 215 – 222, Paris: Mouton, 1973.

Bingen, J. *Hellenistic Egypt. Monarchy, Society, Economy, Culture*, Berkeley-Los Angeles: University of California Press, 2007.

Bleiberg, E. "The King's Privy Purse During the New Kingdom: An Examination of INW", *JARCE* 21(1984):156 – 167.

Bogaert, R. Trapezitica aegyptiaca: Recueil de recherches sur la banque en Egypte gréco-romaine. *Papyrologica Florentina* 25. Florence, 1994.

Booth, C. *The Role of Foreigners in Ancient Egypt: A study of non-stereotypical artistic representations*, Oxford: Archaeo press, 2005

Bowman, A. K. *Egypt after the Pharaohs: 332 BC – AD 642: from Alexander to the Arab Conquest*, Berkeley: University of California Press, 1986.

Brunsch, W. "Ein demotischer Ehevertrag aus Gebelen", *Orientalia* 56 (1987):76 – 83.

Chaniotis, A. "Zur Frage der Spezialisierung im griechischen Theater des Hellenismus und der Kaiserzeit auf Grundlage der neuen Prosopographie", *Ktema* 15(1990):89 – 108.

Chauveau, M. "Nouveaux documents des archives de Pétéharsemtheus fils de Panebchounis." In *Acts of the Seventh International Conference of Demotic Studies Copenhagen 23 – 27 August 1999* (CNI Publications 27), edited by K. Ryholt, Copenhagen 2002:45 – 57.

Christesen, P. and Z. Martirosova-Torlone. "The Olympic Victor List of Eusebius: Background, Text, and Translation." *Traditio* 61(2006): 31 – 93.

Clarysse, W. "Notes on Some Graeco-Demotic Surety Contracts." *Enchoria* 8(1978):5 – 8.

Clarysse, W. "A Royal Visit to Memphis and the End of the Second Syrian War." In *Studies on Ptolemaic Memphis*, edited by D. J. Crawford, J. Quaegebeur, J. and W. Clarysse, Studia Hellenistica 24, 83 – 89, Leuven, 1980.

Clarysse, W. "Greeks and Egyptians in the Ptolemaic Army and Administration." *Aegyptus* 65(1985):57 – 66.

Clarysse, W. "Greek loan-words in demotic." In *Aspects of demotic lexicography. Acts of the second international conference for demotic studies,* edited by S.P. Vleeming, *Leiden, 19 – 21 September 1984*, 9 – 33, Leuven, 1987.

Clarysse, W. "Some Greeks in Egypt." In *Life in a Multicultural*

Society, edited by J. H. Johnson, 51 – 56, Chicago: The Oriental Institute, 1992.

Clarysse, W. "Egyptian Scribes Writing Greek." Chronique d'Egypte 68 (1993):186 – 201.

Clarysse, W. Review of C. A. R. Andrews. *Catalogue of demotic papyri in the British Museum*. IV: *Ptolemaic legal texts from the Theban area* (London 1990), *Bibl. Or*. 50.5/6, cols. 591 – 594,1993.

Clarysse, W. "Jews in Trikomia." In *Proceedings of the XXth International Congress of Papyrologists*, 193 – 203. Copenhagen, 1994.

Clarysse, W. "Demotic for papyrologists. A first acquaintance", *Atti del V seminario internazionale di papirologia, Lecce 27—29 giugno* 1994 =*Papyrologica Lupiensia* 4,87 – 114.

Clarysse, W. "Greeks and Persians in a Bilingual Census List." *Egitto e Vicino Oriente* 17(1994):69 – 77.

Clarysse, W. "Nomarchs and toparchs in the third century Fayum", In *Archeologia e papiri nel Fayyum. Storia della ricerca, problemi e prospettive. Atti del convegno internazionale, Siracusa, 24 – 25 Maggio 1996*. Quaderni del Museo del Papiro 8,69 – 76. Syracuse.

Clarysse, W. Review of J. F. Oates, *The Ptolemaic basilikos grammateus*, *CE* 72(1997):367 – 369.

Clarysse, W. "Ethnic diversity and dialect among the Greeks of Hellenistic Egypt." In *The Two Faces of Graeco-Roman Egypt: Greek and Demotic and Greek — Demotic Texts and Studies presented to P.W. Pestman*, edited by A. Verhoogt and S. P. Vleeming, 59 – 70, Leiden: Brill, 1998.

Clarysse, W. "Ptolémées et temples." In *Le Décret de Memphis: colloque de la Fondation Singer-Polignac à l'occasion de la célébration du bicentenaire de la découverte de la Pierre de Rosette: Paris, 1er juin 1999*, edited by D. Valbelle and J. Leclant, 41 – 65, Paris: Fondation Singer-Polignac, 2000.

Clarysse, W. "The Real Name of Dionysios Petosarapis." In *Elkab and Beyond. Studies in Honour of Luc Limme (Orientalia Lovaniensia Analecta* 191), edited by W. Claes, H. De Meulenaere, S. Hendrickx,

213 – 222, Leuven: Peeters Publishing, 2009.

Clarysse, W. and Van der Veken *The Eponymous Priests of Ptolemaic Egypt (P. L. Bat. 24)*. Leiden: Brill, 1983.

Clarysse, W. and D. J. Thompson. *Counting the people in Hellenistic Egypt*, vol. 2, Cambridge Classical Studies. Cambridge: Cambridge University Press, 2006.

Clarysse, W. and K. Vandorpe. The Ptolemaic Apomoira, In *Le culte du souverain dans l'Égypte ptolémaïque au IIIe siècle avant notre ère. Actes du colloque international, Bruxelles 10 mai 1995*. Studia hellenistica 34, edited by H. Melacrts, 5 – 42, Leuven, 1998.

Crawford, D. J. *Kerkeosiris: an Egyptian Village in the Ptolemaic Period*, London: Cambridge University Press, 1971.

Crespo, E. The Linguistic Policy of the Ptolemaic Kingdom, In *Actes du Ve Congrès international de dialectologie grecque: Athènes, 28 – 30 septembre 2006*, edited by M. B. Hatzopoulos, 35 – 49, Athenes, 2007.

Cribiore, R. *Writing, Teachers, and Students in Graeco-Roman Egypt*. Atlanta, 1996.

Cribiore, R. *Gymnastics of the Mind: Greek Education in Hellenistic and Roman Egypt*. Princeton: Princeton University Press, 2001.

Davoli, P. Graeco-Roman Settlements, in A. B. Lloyd, ed., *A Companion to Ancient Egypt*, 350 – 369, Oxford: Wiley-Blackwell, 2010.

Derchain, P. "La couronne de la justification. Essai danalyse dun rite ptolémaïque." *CdÉ* 30:225 – 287, 1955.

Devauchelle, D. *Ostraca démotiques du Musée du Louvre* 1: *Reçus. Bibliothèque d'étude 92*. Cairo, 1983.

Depauw, M. *A Companion to demotic studies*. Papyrologica Bruxellensia 28. Brussels, 1997.

Depauw, M. *The archive of Teos and Thabis from early Ptolemaic Thebes*. Turnhout: Brepols, 2000.

El-Abbadi, M. A. H. "The Alexandrian Citizenship." *JEA* 48 (1962): 106 – 123.

Erskine, A. "Culture and Power in Ptolemaic Egypt: The Museum and

Library of Alexandria." *Greece and Rome* 42 1995:38 – 48.

Erskine, A. *A Companion to the Hellenistic World*. Oxford: Blackwell, 2003.

Eyre, C. The Economy: Pharaonic, In *A Companion to Ancient Egypt*, edited by, A.B. Lloyd, 291 – 308, Oxford: Wiley-Blackwell, 2010.

Fabian, J. *Language and colonial power: the appropriation of Swahili in the former Belgian Congo, 1880 – 1938*. Berkeley, Los Angeles, CA, and Oxford, 1986.

Finley, M. I. *The Ancient Economy*, 2nd edn, Berkeley: University of California Press, 1999.

Fischer-Bovet, C. *Counting the Greeks in Egypt: Immigration in the First Century of Ptolemaic Rule*, Princeton/Stanford Working Papers in Classics Paper No.100701, Stanford University, 2007.

Fischer-Bovet, C. *Army and society in Ptolemaic Egypt*, Stanford University, 2011.

Fischer-Bovet, C. "Egyptian warriors: the machimoi of Herodotus and the Ptolemaic army" in *Classical Quarterly* 63,2013, pp.209 – 236.

Fraser, P.M. *Ptolemaic Alexandria*, Oxford, Clarendon Press, 1972.

Gauthier, P. and M. B. Hatzopoulos. *La Loi Gymnasiarchique de Beroia*. MEλETHMATA 16, Athens and Paris, 1993.

Glazer, N. and D. P. Moynihan. *Ethnicity: Theory and Experience*, Cambridge: MIT and Harvard University Press, 1963.

Gohen, G. M. "Colonization and Population Transfer in the Hellenistic World." In *Egypt and the Hellenistic World, Proceedings of the International Colloquium Leuven 24 –26 May 1982*, edited by E. Van'T Dack, P. Van Dessel and W. Van Gucht, 63 – 74 Leuven, Lovaina Lovanii, 1983.

Gorre, G. *Les relations du clergé égyptien et des lagides d'après des sources privées*. Leuven: Peeters, 2009.

Goudriaan, K. *Ethnicity in Ptolemaic Egypt*, Amsterdam: Gieben, 1988.

Goudriaan, K. "Ethnical Strategies in Graeco-Roman Egypt." In *Ethnicity in Hellenistic Egypt*, edited by Per Bilde, T. Engberg-Pedersen, Lise Hannestad, and J. Zahle, 74 – 99, Studies in Hellenistic

Civilization 3, Aarhus: Aarhus University Press, 1992.

Goyon, J. C. *Confirmation du pouvoir royal au nouvel an: Brooklyn Museum papyrus 47. 218. 50*, Le Caire: Institut franc,ais d'archéologie orientale, 1972.

Graham, S. *Encyclopedia of Greece and the Hellenic Tradition* (2 vols.), London/Chicago: Fitzroy Dearborn, 2000.

Guermeur, I. "Le syngenes Aristonikos et la ville de To-bener (Statue Caire JE 85743)." *Revue d'Égyptologie* 51 2000:69 - 81.

Habicht, C., "Die herrschende Gesellschaft in den hellenistischen Monarchien." *Vierteljahrschrift für Sozial- und Wirtschaftsgeschichte* 45 1958:1 - 16.

Hall, J. M. *Ethnic Identity in Greek Antiquity*, Cambridge, 1997.

Hall, S. *The Pharaoh Smites his Enemies: A Comparative Study*, Munich: Deutscher Kunstverlag, 1986.

Hammond, N. G. L. "Royal pages, personal pages, and boys trained in the Macedonian manner during the period of the Temenid monarchy", *Historia* 39(1990):261 - 290.

Hammond, N. G. L. "Alexander's non-European troops and Ptolemy I's use of Such troops" *BASP* 33(1996):99 - 109.

Hansen, E. V. *The Attalids of Pergamum*, 2nd edn, Ithaca, 1971.

Haring, B. Div*ine Households: Administrative and Economic Aspects of the New Kingdom Royal Memorial Temples in Western Thebes*, Egyptologische Uitgaven 12, Leiden (1997):46 - 51.

Haring, B. "Administration and Law: Pharaonic", In *A Companion to Ancient Egypt*, edited by A. B. Lloyd, 218 - 236, Oxford: Wiley-Blackwell, 2010.

Harrauer, H. *Griechische Texte IX. Neue Papyri zum Steuerwesen im 3. Jh. V. Chr*. Corpus Papyrorum Raineri XIII. Vienna, 1987.

Harris, W. *Ancient Literacy*. Cambridge: Mass, 1989.

Hatzopoulos, M. B. *Macedonian Instittions under the Kings*, MEλETHMATA 22, Athens, 1996.

Hauben, H. Callicrates of Samos: A Contribution to the Study of the Ptolemaic Admiralty, *Studia Hellenistica*, 18; Leuven: Leuvense Universitaire Uitgaven, 1970.

Hauben, H. "A Jewish shipowner in third-century Ptolemaic Egypt" *Ancient Society*, 10:(1979):167 – 170.

Hayes, W. C. *The Scepter of Egypt, A Background for the Study of the Egyptian Antiquities in The Metropolitan Museum of Art. Vol.2, The Hyksos Period and the New Kingdom* (1675 – 1080 B.C.), New York: Plantin, 1990.

Herman, G. "The Court Society of the Hellenistic Age." In *Hellenistic Constructs*, edited by P. Cartledge, P. Garnsey, and E. Gruen, 199 – 224, Berkeley and Los Angeles: University of California Press, 1997.

Hölbl, G. *A History of the Ptolemaic Empire.* Translated by Tina Saavedra. London: Routledge, 2000.

Honigman, S. Les divers sens de l'ethnique Arabs dans les sources documentairesgrecques d'Égypte, *Ancient Society* 32(2002):43 – 72.

Horrocks, G. *Greek. A History of the Language and its Speakers.* London and New York: Longman, 1997.

Janssen, J. *Commodity Prices from the Ramessid Period*, Leiden, 1975.

Jones, D. *An Index of Ancient Egyptian Titles, Epithets and Phrases of the Old Kingdom*, 2 vols. BAR International Series 866, Oxford: Archaeo press, 2000.

Jones, S. "Discourses of identity in the interpretation of the past." In *Cultural Identity and Archaeology*, edited by P. Graves-Brown, S. Jones, and C. Gamble, 62 – 80. London: Routledge, 1996.

Johnson, J. H. "Ptolemaic Bureaucracy form an Egyptian Point of View." In *The Organization of Power. Aspects of Bureaucracy in the Ancient Near East*, SAOC 46, edited by M. Gibson and R. D. Biggs, Chicago: The University of Chicago Press, 1991,123 – 131.

Jouguet, P. *Macedonian imperialism and the Hellenization of the East*, New York: Alfred A. Knopf, 1928.

Jouguet, P. *La vie municipale dans l'Égypte romaine*, BEFAR 104, Paris, 1911.

Kaiser, W. "Zur Datierung realistischer. Rundbildnisse ptolemäisch-römischer Zeit". *MDAI(K)* 55(1999):237 – 263.

Kasher, A. "The Civic Status of the Jews in Ptolemaic Egypt." In *Ethnicity in Hellenistic Egypt*, edited by Per Bilde, Troels Engberg-

Pedersen, Lise Hannestad, and Jan Zahle, 74 – 99, Studies in Hellenistic Civilization 3, Aarhus: Aarhus University Press, 1992.

Kaplony-Heckel, U. *Die demotischen Tempeleide*, Ägyptologische Abhandlungen 6. Wiesbaden: Otto Harrassowitz, 1963.

Kaplony-Heckel, U. Schüler und Schulwesen in der ägyptischen Spätzeit, in: *Studien zur Altägyptischen Kultur* 1(1974):227 – 246.

Kaplony-Heckel, U. "Das Getreide-Darlehn P. Haun. Inv. Demot. 2 in Kopenhagen." In *Acts of the Seventh International Conference of Demotic Studies. Copenhagen, 23 – 27 August 1999* (Carsten Niebuhr Institute Publications 27), edited by K. Ryholt, 229 – 248, 2002.

Koenen, L. "The Ptolemaic King as a Religious Figure." In *Image and Ideologies: Self-Definition in the Hellenistic World*, edited by A. W. Bulloch, E. S. Gruen, A. A. Long and A. Stewart, 25 – 115, Berkeley: University of California Press, 1993.

Kyrieleis, H. *Bildnisse der Ptolemäer*, Berlin: Ann, 1975.

La'da, Csaba A. "One Stone: Two Messages." In *Proceedings of the 20th International Congress of Pafyrologists*, edited by A. Bülow-Jacobsen, Copenhagen (1994):160 – 164.

La'da, Csaba A. "Ethnicity, Occupation, and Tax-Status in Ptolemaic Egypt," in *Acta Demotica: Acts of the Fifth International Conference for Demotists, Pisa, 4th – 8th September* 1993, 183 – 189, 1994, Pisa: Giardini.

La'da, Csaba A. "Ethnic Designations in Ptolemaic Egypt", Cambridge University, 1996.

La'da, Csaba A. "Who were those "of the Epigone"?" In *Akten des 21. Internationalen Papyrologenkongresses* I, 563 – 569. Archive Beiheft 3. Stuttgart and Leipzig, 1997.

La'da, Csaba A. "Encounters with Ancient Egypt: The Hellenistic Greek Experience." In *Ancient Perspectives on Egypt*, edited by R. Matthews and C. Roemer, 157 – 170, London: University College London Press, 2003.

La'da, Csaba A. "The Demotic Designations rmt Pr-iy-lq, rmt Yb and rmt Swn", In *Akten des 23. Internationalen Papyrologenkongresses. Wien, 22. – 28. Juli 2001* (Papyrologica Vindobonensia 1), edited by H.

Harrauer and B. Palme, 369 – 380, Wien 2007.

Launey, M. *Recherches sur les armées hellénistiques* (Bibliothèque des Écoles françaises d'Athènes et de Rome, fasc. 169), Paris, 1987.

Lesquier, J. *Les institutions militaires de l'Égypte sous les Lagides.* Paris: Leroux, 1911.

Lewis, N., *Greeks in Ptolemaic Egypt: case studies in the social history of the Hellenistic world.* Oxford: Clarendon Press, 1986.

Liebesny, H. "Ein Erlass des Königs Ptolemaios II Philadelphos über die Deklaration von Vieh und Sklaven in Syrien und Phönizien. PER 24. 552," *Aeg* 16(1936):256 – 291.

Liverani, M. *Prestige and Interest. International relations in the Near East c. 1600 – 1100 BC*, Padova: Sargon, 1990.

Lloyd, A. B. "The Egyptian Elite in the Early Ptolemaic Period: Some Hieroglyphic Evidence." In *The Hellenistic World. New Perspectives*, edited by D. Ogden, 117 – 136, London: Duckworth, 2002.

Lloyd, A. B. *A Companion to Ancient Egypt*, Oxford: Wiley-Blackwell, 2010.

Loprieno, A. *Ancient Egyptian. A Linguistic Introduction.* Cambridge: Cambridge University Press, 1995.

Loprieno, A. "Egyptian and Coptic" In *The Ancient Languages of Mesopotamia, Egypt, and Aksum*, edited by R. D. Woodard, . 153 – 184, Cambridge: Cambridge University Press, 2008.

Lukaszewicz, A. Le papyrus Edfou 8 soixante ans après. In *Tell-Edfou soixante ans après. Actes du colloque franco-polonais. Le Caire-15 Octobre 1996*. Cairo. 29 – 35, 1999.

Malkin, I. *Ancient Perceptions of Greek Ethnicity*, Washington, D. C. Center for Hellenic Studies, Trustees for Harvard University, 2001.

Manning, J. G. *Land and Power in Ptolemaic Egypt. The Structure of Land Tenure.* Cambridge: Cambridge University Press, 2003.

Manning, J. G. "Coinage as 'code' in Ptolemaic Egypt." In *The Monetary Systems of the Greeks and Romans*, edited by W. Harris, 84 – 111, Oxford: Oxford University Press.

Manning, J. G. *The Last Pharaohs: Egypt Under the Ptolemies, 305 –*

330 BC, Princeton: Princeton University Press, 2010.

Masson, O. and J. Yoyotte. "Une inscription ionienne mentionnant Psammétique Ier." *Epigraphica Anatolica* 11(1988):171–179.

Maehler, H. "Die griechische Schuleim ptolemäischen Agypten." In *Egypt and the Hellenistic World*, edited by E. Van't Dack, P. Van Dessel and W. van Gucht, Studia Hellenistic 27, 191–203. Leuven, 1983.

Martin, C. J. "The demotic texts." In *The Elephantine papyri in English: Three millennia of cross-cultural coninuity and change*, edited by B. Porten, 277–385, Leiden: E. J. Brill, 1996.

Martin, C. J. "Saite 'Demoticisation' of Southern Egypt." In *Literacy and the State in the Ancient Mediterranean*, edited by K. Lomas, R. D. Whitehouse and J. B. Wilkins, 25–38, London: Accordia Research Institute, 2007.

Mattha, G. and R. Hughes. *The Demotic Legal Code of Hermopolis West*, Cairo: IFAO, 1975.

McGing, B. C. "Revolt Egyptian Style: Internal Opposition to Ptolemaic Rule." *Archiv Pap*. 43(1997):273–314.

McGing, B. C. "Revolt in Ptolemaic Egypt: nationalism revisited." In *Actes du 26e Congres international de papyrologie*, edited by P. Schubert, 505–516, Geneva, Droz, 2012.

Mehl, A. "Erziehung zum Hellenen — Erziehungzum Weltburger: Bemerkungen zum Gymnasion im hellenistichsen Osten." *Nikephoros*, 5(1992):43–74.

Mélèze-Modrzejewski, J. "Law and justice in Ptolemaic Egypt." In *Legal documents of the Hellenistic world*: Papers from a seminaer, edited by M. J. Geller and H. Maehler, 1–19, London: Warburg Institute, 1995.

Mélèze-Modrzejewski, J. "Greek Law in the Hellenistic Period: Family and Marriage" In *The Cambridge Companion to Ancient Greek Law*, edited by M. Gagarin and D. Cohen, 343–354, New York: Cambridge University Press, 2005.

Mooren, L. *The Aulic Titulature in Ptolemaic Egypt: Introduction and Prosopography*. Verhandelingen van de Koninklijke Academie voor

Wetenschappen, Letteren en Schone Kunsten van Belgie, Klasse der Letteren. Jaarg. 37, nr. 78. Brussels: Paleis der Academien, 1975.

Mooren, L. *La hiérarchie de cour ptolémaïque: contribution à l'étude des institutions et des classes dirigeantes à l'épogue hellénistique*. Leuven: Duculot, 1977.

Moretti, L. "Supplemento al catalogo degli Olympionikai." in the journal *Klio* 52(1970):295 – 303.

Moretti, L. "Olympionikai I vincitori negli antichi agoni olimpici", *Atti della accademia nazionale dei Lincei: Mem. scienze morali* 8(1957): 53 – 198.

McKenzie, J., S. Gibson, and A. T. Reyes. "Reconstructing the Serapeum in Alexandria from Archaeological Evidence." *Journal of Roman Studies* 94(2004):73 – 114.

Morrison, A. D. *The Narrator in Archaic Greek and Hellenistic Poetry*, Cambridge: Cambridge University Press, 2007.

Möller, A. "Classical Greece: Distribution." In *The Cambridge economic history of the Greco-Roman world*, edited by W. Scheildel, I Morris, and R Saller, 362 – 384, Cambridge: Cambridge University Press, 2007.

Mu-chou Poo, *Enemies of Civilization: Attitudes toward Foreigners in Ancient Mesopotamia, Egypt, and China*, New York: State University of New York Press, 2005.

Muhs, B.P., *Tax Receipts, Taxpayers, and Taxes in Early Ptolemaic Thebes*, Chicago: Edwards Brothers, 2005.

Mueller, K. *Settlements of the Ptolemies: City Foundations and New Settlement in the Hellenistic World*, Dudley, Peeters, 2006.

Oates, J. F. "The Status Designation: Πέρσης, Τῆς Ἐπιγονῆς", in *Yale Classical Studies* 18(1963):130.

O'Neil, L. Places and Origin of the Officials of Ptolemaic Egypt, *Historia: Zeitschrift für Alte Geschichte*, Bd. 55, H. 1 (2006): 16 – 25.

Orrieux, C. *Les papyrus de Zénon: l'horizon d'un grec en Égypte au IIIe siècle avant J.C.* Paris, 1983.

Paganini, M. C. D. "The invention of the gymnasiarch in rural Ptolemaic

Egypt." In: *Actes du 26e congrès international de papyrology*, Genève (2013):591 – 597.

Peremans, W. *Vreemdelingen en Egyptenaren in Vroeg-Ptolemaeisch Egypte*, Leuven: Bureaux du Recueil, 1937.

Peremans, W. and E. Van't Dack. *Prosopographia Ptolemaica* (Leuven, 1950 – 1981), Pros. Ptol. II/VIII 2044 – 2050.

Peremans, W. "Les Revolutions Égyptiennes sous les Lagides." In *Das Ptolemdische Ägypten*. *Akten des internat. Symposions, 27 – 29 September 1976 in Berlin*, edited by H. Maehler and M. Strocka, 39 – 50. Mainz: von Zabern, 1978.

Pestman, P. W. "A proposito dei documenti di Pathryis II: Πέρσης, Τῆς Ἐπιγονῆς", in *Aegyptus* 43(1963)15 – 53.

Pestman, P. W. "Sur l'identification des Égyptiens et des étrangers dans l'Égypte des Lagides." *Ancient Society* 1(1970):25 – 38.

Pestman, P. W. "L'agoranomie: un avant-poste de l'administration grecque enlevé par les égyptiens." In *Das Ptolemäische Ägypten*, edited by H. Maehler and V. Strocka, 203 – 210, Mainz: Philipp von Zabern, 1978.

Pestman, P. W. *Les archives privées de Dionysios, fils de Kephalas*,. Leiden, 1982.

Pestman, P. W. "Agoranomoi et actes agoranomiques." In *Textes et études de papyrologie grecque, démotique et copte* (Pap. Lugd. Bat. XXIII), edited by P. W. Pestman, Leien, 1985:45 – 59.

Pestman, P. W. "Registration of demotic contracts in Egypt, P. Par. 65; 2nd cent. B. C." In *Satura Roberto. Feenstra sexagesimum quintum annum aetatis complenti ab alumnis collegis amicis oblata*, edited by J. A. Ankum, J. E. Spruit and F. B. J. Wubbe, 17 – 25, Freiburg, Université de Fribourg, 1985.

Pestman, P. W. "The Competence of Greek and Egyptian Tribunals according to the Decree of 118B. C." *Bulletin of the American Society of Papyrologists 22* (1985):265 – 269.

Pestman, P. W. *Les papyrus démotiques de Tsenhor (P. Tsenhor): Les archives privées d'une femme égyptienne du temps de Darius 1er*. Louvain: Peeters, 1995.

Pollard, N. "Military Institutions and Warfare: Graeco-Roman." In *A Companion to Ancient Egypt*, edited by A. B. Lloyd, 446 – 465, Oxford: Wiley-Blackwell, 2010.

Pomeroy, S. *Women in Hellenistic Egypt, from Alexander to Kleopatra*, New York: Wayne State University Press, 1990.

Préaux, C. "Politique de race ou politique royale?", *Chronique d'Égypte* 11(1936) No. 21, 111 – 138.

Préaux, C. *L'économie royale des Lagides*. Bruxelles, 1939.

Préaux, C. *Le monde hellénistique. La Grèce et l'Orient de la mort d'Alexandre à la conquête romaine de la Grèce* (323 – 146 av. J. - C.). Tome premier; -Tome second. (Nouvelle Clio. 6; – 6 bis.), Paris: Presses Universitaires de France, 1978.

Préaux, C. *L'Économie Royale Des Lagides*, New York: Arno Press, 1979.

Quaegebeur, J. "La Justice ála porte des temples et le toponyme Premit." In *Individu, société et spiritualité dans Égypte pharaonique et copte*, edited by C. Cannuyer and J. M. Kruchte, 201 – 220, Ath-Bruxelles-Mons: Association Montoise d'Égyptologie, 1993.

Ray, J. D. C., "How Demotic is Demotic?" *EVO* 17(1994):251 – 264.

Rathbone, D. "Villages, Land and Population in Graeco-Roman Egypt", *PCPhS* 216＝N. S., 36(1990):103 – 142.

Redford, D. B. "The so-called "codification" of Egyptian law under Darius I." In *Persia and Torah: The theory of imperial authorization of the Pentateuch*, edited by J. W. Watts, 135 – 159. Atlanta: Society of Biblical Literature, 2001.

Remijsen, S., "challenged by egyptians: Greek Sports in the third century bc." *International Journal of the History of Sport* 26 (2011): 246 – 271.

Ritner, R. K., "A Property Transfer from the Erbstreit." In *Grammata demotika: Festschrift für Erich Lüddeckens zum 15. Juni 1983*, edited by H. -J. Thissen and K. -Th. Zauzich, 171 – 187, Würzburg, 1984.

Ross, L. *Nubia and Egypt 10, 000 B. C. to 400 A. D.: From Pre-History to the Meroitic Period*, Lampeter: The Edwin Mellen Press, 2012.

Rostovtzeff, M. *The social and economic history of the Hellenistic world*, 3 vols. Oxford: Clarendon Press, 1941.

Roux, G. *L'Amphictionie, Delphes et le temple d'Apollon au IVe siècle*, Lyon, 1979.

Rowlandson, J. "Freedom and subordination in ancient agriculture: The case of the *Basilikoi Georgoi* of Ptolemaic Egypt." *History of Political Thought* 6(1985):327 – 347.

Rowlandson, J. *Women and society in Greek and Roman Egypt*, New York: Cambridge University Press, 1998.

Rowlandson, J. "Town and country in Ptolemaic Egypt." In *A Companion to the Hellenistic World*, edited by A. Erskine, 249 – 263, Oxford: Blackwell, 2003.

Rowlandson, J. "The Character of Ptolemaic Aristocracy: Problems of Definition and Evidence." In *Jewish Perspectives on Hellenistic Rulers*, edited by T. Rajak, S. Pearce and J. Aitken, and J. Dines, 29 – 49, Berkeley and Los Angeles: University of California Press, 2007.

Rowlandson, J. "Administration and law: Graeco-Roman", In *A Companion to Ancient Egypt*, edited by A. B. Lloyd, 237 – 254, Oxford: Wiley-Blackwell, 2010.

Royce, A. P. *Ethnic Identity. Strategies of diversity*, Bloomington: Indiana University Press, 1982.

Samuel, A. *The Shifting Sands of History: Interpretations of Ptolemaic Egypt*, Lanham-New York-London: University Press of America, 1989.

Schubart, W. "Alexandrinische Urkunden aus der Zeit des Augustus", *Archiv Pap*. 5(1909 – 1913):35 – 131.

Schulman, A. R. The royal butler Ramessessami'on: an addendum. *Chronique d'Égypte* 65(1990):12 – 20.

Schönbauer, E. "Studien zum Personalitatsprinzip im antiken Rechte", ZGR (1929):345 – 403.

Segré, A. "Note sullo Status Civiatis degli Ebrei nell' Egitto Tolmaico e Imperiale", *BSAA* 23(1933):148 – 182.

Shaw, I. *The Oxford History of Ancient Egypt*, Oxfrod: Oxford University Press, 2000.

Shear, L. "Royal Athenians: The Ptolemies and Attalids at the Panathenaia." In *The Panathenaic Games. Proceedings of an International Conference held at the University of Athens, May 11 – 12, 2004*, edited by O. Palagia and A. Choremi – Spetsieri, 135 – 145, Oxford: Oxbow Books, 2007.

Shelton, J.C. "Zum Steuersatz bei der frühptolemäischen ἁλική", *ZPE* 20 (1976):35 – 39.

Sherk, R.K. The eponymous officials of Greek citys IV. *ZPE* 93(1992): 223 – 272.

Shih-Wei Hsu, *Captured, Defeated, Tied and Fallen: Images of Enemies in Ancient Egypt*, Göttinger Miszellen: Beiträge zur ägyptologischen Diskussion, 2017.

Smith, A. D. *The ethnic origins of nations*, Oxford, 1986.

Smith, S.T. *Wretched Kush: Ethnic Identities and Boundries in Egypt's Nubian Empire*, London: Routledge, 2003.

Shore, A.F. "Votive objects from Dendera of the Graeco-Roman period." In *Gimpses of Ancient Egypt. Studies in honour of H.W. Fairman*, edited by J. Ruffle, G. A. Gaballa and K. A. Kitchen, Warminster (1979)138 – 160.

Spawforth, A.J.S. "The Court of Alexander the Great between Europe and Asia." In *The Court and Cour Society in Ancient Monarchies* edited by A. J. S. Spawforth, 82 – 120, Cambridge: Cambridge University Press, 2007.

Spiegelberg, W. Der Stratege Pamenches (mit einem Anhang über die bisher aus ägyptischen Texten bekannt gewordenen Strategen), *ZÄS* 57 (1922):88 – 92.

Tait, W. J. "Demotic Literature and Egyptian Society." In *Life in a Multi-Cultural Society: Egypt From Cambyses to Constantine and Beyond*, edited by J. H. Johnson, 303 – 310, Chicago: Oriental Institute of the University of Chicago, 1992.

Tassier, E. "Greek and Demotic School-Exercises." In *Life in a Multi-Cultural Society: Egypt From Cambyses to Constantine and Beyond*, edited by J.H. Johnson, 311 – 315, Chicago, 1992.

Taubenschlag, R. *The Law of Greco-Roman Egypt in the Light of the*

Papyri from 332 B.C. - 640 A.D., Warszawa, 1955.

Thompson, D.J. *Memphis Under the Ptolemies*, Princeton, 1988.

Thompson, D. J. "Literacy and the Administration in Early Ptolemaic Egypt." In *Life in a Multi-Cultural Society: Egypt From Cambyses to Constantine and Beyond*, edited by J.H. Johnson, 323 - 326, Chicago: Oriental Institute of the University of Chicago, 1992.

Thompson, D.J. "Language and literacy in early Hellenistic Egypt." In *Ethnicity in Hellenistic Egypt*, edited by Per Bilde, T. Engberg-Pedersen, Lise Hannestad, and J. Zahle, 39 - 52, Studies in Hellenistic Civilization 3, Aarhus: Aarhus University Press, 1992.

Thompson, D.J. "Literacy and Power in Ptolemaic Egypt." In *Literacy and Power in the Ancient World*, edited by A. K. Bowman and G. Woolf, 67 - 83, Cambridge: Cambridge University Press, 1994.

Thompson, D. J. "Policing the Ptolemaic countryside", in *Akten des 21. Internationalen Papyrologenkongresses* II, 961 - 966. Archiv Beiheft 3. Stuttgart and Leipzig (1997):962 - 963.

Thompson, D. J. "New and Old in the Ptolemaic Fayyum." In *Agriculture in Egypt: From Pharaonic to Modern Times*, edited by A.K. Bowman and E. Rogan, 123 - 138, Oxford, 1999.

Thompson, D.J. "Hellenistic Hellenes: the case of Ptolemaic Egypt." In *Ancient perceptions of Greek ethnicity*, edited by I. Malkin, 301 - 322, Cambridge: Mass, 2001.

Thompson, D.J. "Ethne, Taxes and Administrative Geography in Early Ptolemaic Egypt." In *Atti del XXII congresso internazionale di papirologia, Firenze, 23 - 29 agosto 1998*, II, 255 - 263. Florence, 2001.

Thompson, D. J. "Posidippus, Poet of the Ptolemies." In *The New Posidippus: A Hellenistic Poetry Book*, edited by K. Gutzwiller, 269 - 283, Oxford: Oxford University Press, 2005.

Thompson, D.J. "Slavery in the Hellenistic World." In *The Cambridge World History of Slavery*, edited by K. R. Bradley, 194 - 213, Cambridge: Cambridge University Press, 2011

Uebel, F. *Die Kleruchen Ägyptens unter den ersten sechs Ptolemäern*, Abh. Berlin, 1968.

Valbelle, D. Les recensements dans l'Egypte pharaonique des troisième et deuxième millénaires. *CRIPEL*, 9(1987):33 – 49.

Van't Dack, E. and H. Hauben. "L'apport égyptien à l'armée navale Lagide." In *Das ptolemäische Ägypten, Akten des internationalen Symposions 27 – 29. September 1976 in Berlin*, edited by H. Maehler and M. Strocka, 59 – 94, Mainz-am-Rhein, Germany: Philipp von Zabern, 1978.

Vandorpe, K. and W. Clarysse. "Viticulture and wine consumption in theArsinoite nome (P. Köln V 221)," AncSoc 28(1997):67 – 73.

Vandorpe, K. "The Ptolemaic Epigraphe or Harvest Tax (shemu)," *AfP* 46(2000):169 – 232.

Vandorpe, K. "Apollonia, a Businesswoman in a Multicultural Society (Pathyris, 2nd – 1st centuries B.C.)'." In *Le rôle et le statut de la femme en Egypte hellénistique, romaine et byzantine* (Studia Hellenistica 37), edited by H. Melaerts and L. Mooren, 325 – 336, Louvain, 2002.

Vandorpe, K. "Persian Soldiers and Persians of the Epigone. Social Mobility of Soldiers-herdsmen in Upper Egypt." In *AfP* 54(2008):87 – 108.

Vandorpe, K. "The Ptolemaic Period." In *A Companion to Ancient Egypt*, edited by A.B. Lloyd, 159 – 179, Oxford: Wiley-Blackwell, 2010.

Vandorpe, K. "The Ptolemaic Army in Upper Egypt (2nd – 1st centuries B.C.)." In *L'armée en Egypte aux époques perse, ptolémaïque et romaine*, edited by A-E Veïsse and S. Wackenier, 105 – 135, Genève: Librairie Droz, 2014.

Vandorpe, K. ed., *A Companion to Greco-Roman and Late Antique Egypt*, Hoboken: Wiley Blackwell press, 2019.

Van Heel, D. "*Abnormal Hieratic and Early Demotic Texts*", Ph.d. Dissertation, Leiden, 1995.

Van Minnen, P., "*The Future of Papyrology.*" In *The Oxford Handbook of Papyrolog*, edited by R.S. Bagnall, 644 – 660, Oxford: Oxford University Press, 2009.

Veisse, A.-E. *Les révoltes égyptiennes. Recherches sur les troubles intérieurs en Égypte du règnede Ptolémée III Évergète à la conquête romaine* (Studia Hellenistica, 41), Leuven, 2004.

Verhoogt, A. M. F. W. and S. P. Vleeming. The two faces of Graeco-Roman Egypt, *Papyrologica Lugduno-Batava* 30. Leiden, 1998.

Vleeming, S. P. *Papyrus Reinhardt: An Egyptian Land List from the Tenth Century B. C.*, Hieratische Papyri aus den Staatlichen Museen zu Berlin 2, Berlin, 52 – 54, 1993.

Vleeming, S. P. "Some notes on demotic scribal training in the Ptolemaic period." In *Proceedings of the 20th international congress of papyrologists*, 185 – 7, Copenhagen, 1994.

Vierros, M. "Greek or Egyptian? The language choice in Ptolemaic documents from Pathyris." In *Et maintenant ce ne sont plus que des villages: Thebes et sa region aux epoques hellenistique, romaine et byzantine actes du colloque tenu a Bruxelles les 2 et 3 decembre 2005*, edited by A. Delattre and P. Heilporn, 73 – 86, Bruxelles: Association egyptologique Reine Elisabeth, 2008.

Vierros, M. *Bilingual Notaries in Hellenistic Egypt: A Study of Language Use*, Brussels: Helsinki University Press, 2012.

Walbank, F. W., *A historical commentary on Polybius*, Oxford: Clarendon Press, 1957.

Wilkinson, T. ed., *The Egyptian World*, New York: Routledge, 2007.

Wilson, P. *A Ptolemaic Lexikon: A Lexikographical Study of the Texts in the Temple of Edfu*. Leuven: Peeters, 1997.

Winnicki, J. K. *Ptolemaerarmee in Thebais*, Archiwum Filologiczne 38, Warszawa, 1978.

Winnicki, J. K. "Die Ägypter und das Ptolemäerheer", Aegyptus 65 (1985):41 – 55.

Winnicki, J. K. "Zwei Studien über die Kalasirier", *OLP* 17 (1986): 17 – 32.

Winnicki, J.K. "Das ptolemaische und das hellenistische Heerwesen." In *Egitto e storia antice dall'ellenismo all'età araba. Bilancio di un confronto. Atti del colloquio internazionale. Bologna, 31 agosto 1 – 2 settembre 1987*, edited by L. Criscuolo and G. Geraci, 213 – 230, Bologna, 1989.

Winnicki, J. K. "Der Besuch Drytons in den Königsgräbern von Theben." In M. Capasso, *Papiri documentari greci* (Pap. Lup. 2), Lecce, 89 – 94, 1995.

Wolff, H. J. Plurality of laws in Ptolemaic Egypt. *Revue internationale des Droits de L'antiquité* 3(1960):191 – 223.

Wolff, H. J. Das Justizwesen der Ptolemäer, *Münchener Beiträge zur Papyrusforschung und antiken Rechtsgeschichte* 44. Munich: Beck, 1962.

Wolff, H. J. *Das Recht der griechischen Papyri Ägyptens in der Zeit der Ptolemäer und des Prinzipats*, vol. 1: Bedingungen und Triebkräfte des Rechtsentwicklung. Munich: Beck, 1978.

Youtie, H. C. *Scriptiunculae*, I. Amsterdam: Hakkert, I973.

Yiftach-Firanko, U., "Law in Graeco-Roman Egypt: Hellenization, Fusion, Romanization." In *The Oxford Handbook of Papyrolog*, edited by R. S. Bagnall, 541 – 560, Oxford: Oxford University Press, 2009.

Zacharia, K. *Hellenisms: Culture, Identity, and Ethnicity from Antiquity to Modernity*, Burlington: Ashgate Variorum Press, 2008.

Zivie, A. P. *Découverte à Saqqarah: le vizir oublié*, Paris: Seuil, 1990.

中文参考文献

原始资料

[古希腊]希罗多德:《历史》,王以铸译,北京:商务印书馆,1997 年。

[古希腊]斯特拉波:《地理学》,李铁匠译,上海:上海三联书店,2014 年。

中文论文与专著

陈恒:《希腊化研究》,北京:商务印书馆,2006 年。

郭丹彤:《埃及人心中的异邦》,《东北师大学报(哲学社会科学版)》2017 年第 3 期。

[美]扎拉·巴拉尼,《古代美索不达米亚的种族与族群》,唐启翠译,《马克思主义美学研究》2012 年第 1 期。

刘文鹏:《古代埃及史》,北京:商务印书馆,2000 年。

[比利时]威利·克拉瑞斯:《托勒密时期的埃及:一个双面的社会》,颜海英译,《古代文明》,北京:文物出版社,2002 年。

［英］威廉·塔恩,《希腊化文明》,陈恒、倪华强、李月译,上海：上海三联书店,2014 年。

徐昊:《古埃及文献中的外族人及其形象建构研究》,《常熟理工学院学报(哲学社会科学)》2018 年第 3 期。

徐晓旭:《古希腊人的"民族"概念》,《世界民族》2004 年第 2 期。

徐晓旭:《文化选择与希腊化时代的族群认同》,《中国社会科学》2015 年第 3 期。

徐晓旭:《古代希腊人的族群话语》,《古代文明》2017 年第 2 期。

颜海英:《托勒密时期埃及奴隶制评析》,《历史研究》1996 年第 6 期。

张春梅:《从托勒密埃及的统治模式看"希腊化"》,《唐都学刊》2006 年第 5 期。

张春梅:《"希腊化"还是"埃及化"——托勒密埃及希腊移民的文化地位研究》,《史学集刊》2007 年第 1 期。

附录

1 盐税税单

1）阿尔西诺省（Arsinoite nome）人口和税收统计文书

A. 阿尔西诺省人口和税收统计文书纸草原件

时间：公元前254年至公元前231年

出版：*P. Sorb*. inv. 10

残片1

内容简介：全省人口统计，分别记录特权者群体和非特权群体。

P. Sorb. inv. 10, fragment 1

图片来源：http://www. papyrologie. paris-sorbonne. fr/
menu1/collections/pgrec/pcount. htm♯pcount01(2020年9月）

残片 2、3、4

简介:残片 2 为残片 1 接下来的内容;残片 3 和 4 记录了军队的缴税情况。

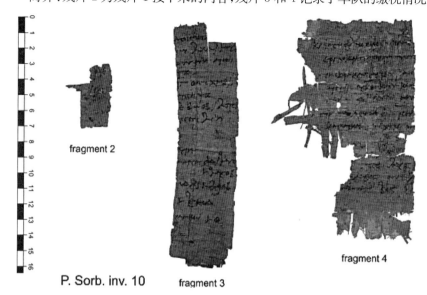

P. Sorb. inv. 10　fragment 3

B. 阿尔西诺省人口和税收统计文书部分译文:

残片 3

Line35 – 39	35—39 行
[(γίνονται) ἀρσενι(κὰ) A]ψζ	全部男性 共计 1707 人
[Πο(λέμωνος) με(ρίδος) ἀρσενι(κὰ) ψι]γ	托勒蒙区 男性 713 人,女性 645 人,
θηλυ(κὰ) χμε (γίνονται) A[τνη]	共计 1358 人
[λαικὰ .. (γίνονται)] ἀρσενι(κὰ) ψζ	本地人……共计 男性 707 人
[Θε(μίστου) με(ρίδος) ἀρσενι(κὰ) Aμ]ε	特米斯托斯区 男性 1045 人,女性
θηλυ(κὰ) ωοβ (γίνονται) Aϡιζ	872 人,共计 1917 人
[λαικὰ ιγ (γίνονται)] ἀρσενι(κὰ) Aνη	本地人 13,共计 男性 1058 人
LIne40 - 44	40—44 行
[(γίνονται) ἀρϲενι(κὰ) Γ]υιη	全部男性 3418 人
[λαικὰ προγεγρα]μμένα νδ (γίνονται) Γυο[β]	另 本地人 54,共计 3472 人 男性
[ἀν(ὰ) (δραχμὴ) (γίνονται)] (δραχμαὶ) Γυοβ	每人缴纳 1 德拉克马　3472 德拉克马
[θηλυ(κὰ) Γρ]μδ ἀν(ὰ) (τριώβολον) (δραχμαὶ) Aφοβ	女性 3144 人
[ἀπὸ σωμά(των) Ϛχιϛ] (δραχμαὶ) Eμδ	每人缴纳 3 奥波尔 1572 德拉克马
	纳税者共 6616 人:共计 5044 德拉克马

残片 4

Line50－54	50—54 行
ἀρσενι(κὰ) υκθ καὶ λαικὰ π[ροσγεγρα-]	男性 429 人 另 本地人 4，
μένα δ (γίνονται) υλγ,	共计 433；女性……共计……
θηλ[υ(κὰ) ..,(γίνονται) ...]	托勒蒙区 男性……
τῆς Πολέμωνος ἀρσεν[ι(κὰ) ...]	本地人 15 总计 645 女性…… 共
καὶ λαικὰ . ε (γίνονται) χμε, θη[λυ(κὰ) ...	计……
(γίνονται) ...]	特米斯托斯区 男性……
[τῆς Θεμίστου ἀρσενι(κὰ) ...]	
Line55－58	55—58 行
(γίνονται) ...]	本地人 1 共计 348 人，……女性……
[λαικὰ κ καὶ] ἀρσενι(κὰ) Αυς (γίνονται)	共计……
[Αυκς]	本地人 20 男性 1406，共计 1426（男
[ἀνὰ (δραχμὴ) (γίνονται) (δραχμαὶ)]	性）
Αυκς θηλυ(κὰ) Α[π ἀνὰ (τριώβολον)	每人 1 德拉克马，共计 1426 德拉克
(γίνονται) (δραχμαὶ) φμ]	马 女性 1080，每人 3 奥波尔，共计
[(γίνονται)] ἀπὸ σωμάτων Βφς (δραχμαὶ)	540 德拉克马
Α[Ͻξς]	共计 纳税者 2506 人：1966 德拉克马

2）世俗体埃及语（Demotic）家庭税收记录（Kat' oikian）

A. 家庭税收记录纸草原件

地点：阿尔西诺省首府克罗克迪隆波利斯（Krokodilon polis）

P. Sorb. inv. 225

图片来源：http://www.papyrologie.paris-sorbonne.fr/menu1/
collections/pgrec/pcount.htm#pcount04（2020 年 9 月）

时间：公元前 254 年至公元前 231 年

出版：*P. Sorb.* inv. 225

内容简介：记录克罗克迪隆波利斯家庭盐税和奥波尔税征收情况，包括具体家庭成员姓名和职业、缴纳税款数目等。

B. 世俗体埃及语家庭税收记录（*P. Sorb.* inv. 225 31–44）部分译文：

31	*Sbk-mn s3 Sbk-Ḥ°py p3y=f sn (?)*	*ḥd qt 1/2 1/12*
	p3 °.wy P3-šr-I°ḥ s3 P3-šr-B3st.t p3 ḥ°q	*ḥd qt 1/2 1/12*
	Ḥw.t-Ḥr-iy.t t3y=f rmt.t	*qt 1/4*
	p3 °.wy M3°.t-R° s3 Sbk-ḥtp p3 wn-pr	
索克美尼斯，索克诺皮斯之子，他的兄弟		1 德拉克马 1 奥波尔
帕森亚赫家，帕森亚赫，帕森诺斯提斯之子，裁缝		1 德拉克马 1 奥波尔
他的妻子哈特莱提斯		3 奥波尔
梅莱斯家，梅莱斯，索科特斯之子，祭司 *patophoros*		
35	*⌜G⌝pl3n*	*ḥd qt 1/2*
	3my3 t3y=f rmt.t	*qt 1/4*
	p3 °.wy Pa-w3 (s3) M3°.t-R° p3 wn-pr	*1/3*
	t3 šym Pa-iw s3 P3-di-Itm	
	p3 °wy Dd-ḥr (s3) Sbk-nb-knḥy	
科法隆		1 德拉克马
他的妻子阿米娅		3 奥波尔
鲍埃斯家，鲍埃斯，梅莱斯之子，祭司 *patophoros*		4 奥波尔
帕乌，佩特提米斯之子，		
泰奥斯家，泰奥斯，巴克奈布凯奈希之子		
40	*⌜n-dr.t⌝ [Pa-]n-Is.t.. (s3) Dd-ḥr p3 ⌜.⌝*	*[ḥd qt 1/2] ⌜1/12⌝*
b3k	*T3-ikš t3y=f rmt.t*	*qt 1/4*
	p3 °.wy P3-di-Ḫnsw s3 Iy-m-ḥtp p3 ⌜sḥ⌝	*ḥd qt 1/2*
	⌜Ta-⌝ḥs (?) t3y=f rmt.t	*qt 1/4*
	Twtw p3y=f ḥl	*ḥd qt 1/2 1/12*
法奈西斯，泰奥斯之子，……		1 德拉克马 1 奥波尔
他的妻子泰基西斯		3 奥波尔
佩特科奈西斯家，佩特科奈西斯，伊莫特斯之子，书吏		1 德拉克马
他的妻子塔希艾丝		3 奥波尔
他的仆人托特埃斯		1 德拉克马 1 奥波尔
45	*p3 °.wy Imn-⌜iw⌝ s3 Pa-ḥr-whr*	
	[n-dr.t .].. [. .]..	*⌜1/3⌝*
	p3 °.wy Pa-w3 (s3) Ir.t-Ḥr-r.r=w p3 gl-šr	
\	*n-dr.t Dd-ḥr s3 Dd-Imn-iw=f-°nḥ p3 gl-šr*	*ḥd qt 1/2 1/12*
\	*Dd-ḥr s3 Dd-ḥr p3 gl-šr*	*ḥd qt 1/2 1/12*

阿梅诺斯家,阿梅诺斯,帕赫乌尔之子 通过?……	4 奥波尔
鲍埃斯家,鲍埃斯,伊纳罗斯之子,警察	1 德拉克马 1 奥波尔
通过? 泰奥斯,泰莫纳菲基斯,警察	1 德拉克马 1 奥波尔
泰奥斯,泰奥斯之子,警察	1 德拉克马 1 奥波尔

2　国王法令

A. 托勒密八世(King Ptolemy VIII Euergetes II)大赦法令残篇

保存:加利福利亚大学伯克利分院,班克罗夫特图书馆(Bancroft Library)

编号:P. Tebt. 0005

地点:亚历山大里亚

时间:托勒密八世第 52 年法尔木提(Pharmouthi)月 9 日(公元前 118年 4 月 28 日)

出版:*P. Tebt.* I. 5

来源:APIS record:berkeley. apis. 263(共七片) http://wwwapp. cc. columbia. edu/ldpd/apis/item? mode＝item&key＝berkeley. apis. 263(2020 年 9 月)

残片 1

残片 2

残片 3

残片 4

残片 5

残片 6

残片 7

3 托勒密八世(King Ptolemy VIII Euergetes II)大赦法令译注[①]

【时代背景】公元前 217 年拉菲亚战役(Battle of Raphia)之后,托勒密四世虽然战胜了塞琉古,随后就开始面临国内的叛乱,托勒密王朝逐渐结束了在地中海东部的强势表现,竭力应对复杂的国内局势。虽然王朝最终能够镇压一系列叛乱,勉强维持统一。托勒密六世(Ptolemy VI Philometor,181‐164 BC,163‐145 BC)统治时期又遭遇同室操戈,托勒密八世(Ptolemy VIII Euergetes II 170‐163 BC,145‐116 BC)先后与兄长托勒密六世及其遗孀克莱奥巴特拉二世(Cleopatra II Philometora Soteira,131‐127 BC)争斗,数次流亡。托勒密八世晚年与克莱奥巴特拉二世和解,颁布大赦法令,安抚国民。公元前二世纪的埃及历经多年地方暴乱,多次出现政权分裂的局面,虽然不再是地中海强国,但是长期内战导致政府加强了对地方的管理,也促使更多希腊人深入埃及内陆,与埃及人的交往日益频繁,不同族群缔结婚约的案例大幅增加。托勒密八世的法令显示出国王对民生的关注,其法令涉及宽赦罪犯、减免税收债务、规范司法审判、吏治整顿等多方面内容。其中,值得注意的是,在这次大赦法令中,官方首次将国民简单划分为希腊人和埃及人,并依据他们使用的语言(希腊语或埃及语)移交不同法庭断案。某种意义上承认埃及地方法律的效力,也肯定了埃及本土居民和希腊移民的平等法律身份,具有重要的现实意义。另一方面,这项法律规定在一定程度上反映了埃及族群融合的趋势。

[①] 埃及南部柯尔克奥西里斯(Kerkeosiris)的村书吏抄写了托勒密八世的大赦法令。文献有残缺,现保存于加利福利亚大学伯克利分院班克罗夫特图书馆(Bancroft Library),编号为 P. Tebt. 0005。撰写时间为托勒密八世第 52 年法尔木提(Pharmouthi)月 9 日(即公元前 118 年 4 月 28 日)。文献编订在 1902 年出版的《特布图尼斯纸草》第一卷(Grenfell, B.P., A.S. Hunt and J.G. Smyly edit, *The Tebtunis Papyri* I, London: Univ. of California Publications, Graeco-Roman Archaeology I; Egypt Exploration Society, Graeco-Roman Memoirs 4, Nos.1—264,1902.),编号为 P. Tebt. I. 5。译文参考高级纸草信息网(The Advanced Papyrological Information System),电子数据检索:http://papyri.info/ddbdp/p.tebt;1;5(2022 年 10 月)

Line1 - 13

ὑπ(ὲρ) δα(πάνης) ρ.

καὶ ὧν μοι κέχρηκε Ἀμμώ(νιος)

Ἡμέραι Ἰρηναίου κερα(μίων) η,

5καὶ πρὸς Πτολε(μαῖον) ἐσχή(κεσαν)

οἱ πὰ τοῦ πράκτορος κε(ραμία) γ,

δαπάνης λημά(των) α,

αὐτῳι εἰς πιεῖν β, ἑκουσίοις καὶ ἱεροσυλίαις ἐνεχομ[ένων.]

προστετά[χα]σι δὲ καὶ τοὺς ἀνακεχωρηκότας δ[ιὰ τὸ ἐνέχεσθαι]

[λ]ήαις καὶ ἑτέρας αἰτίαις καταπορευομένους εἰς [τὰς ἰδίας] εἰς [τὰς ἰδίας]

[γ]ίνεσθαι π[ρ]ὸς αἷς καὶ πρότερον ἦσαν ἐργασία[ις καὶ κομίζεσθαι]

[τὰ] ἔτι ὑπάρ[χοντα] ἄπρατα ἀπὸ τῶν διὰ τα[ῦτα ἠνεχυρασμένων]

[——]

10[ἀπολύουσι] δὲ π[ά]ν[τας] τῶ[ν ὀφ]ειλ[ο]μένων π[ρὸς τοὺς ἕως]

[τοῦ] ν (ἔτους) χρόνους πρός τε τὴν σιτικὴν μί(σθωσιν) κα[ὶ ἀργυ(ρικὰς) πρ(οσόδους)]

πλὴν

τῶν μεμισθωμένων εἰς τὸ πατρικὸν [καὶ ὧν δ[ι]εγγύ(ημα)

ὑπάρχει.

1—13 行

国王托勒迈和王后克勒奥巴特拉,妹妹以及王后克勒奥巴特拉二世,妻子克勒奥巴特拉三世宣布,赦免(托勒密八世)第 52 年法尔木提月(Pharmouthi)9 日之前所有过错、犯罪、受指控的属民,但不包括蓄意谋杀和渎神者。他们颁布法令:因盗窃罪而躲藏者或受到其他指控者均应回家,重拾旧业。不得变卖他们的财产……他们还免除之前所欠之谷物租金和货币税款,但世袭租客的保证金不在此列。……①

---

① 公元前 145 年,托勒密六世在叙利亚因伤重不治而亡,托勒密八世重登王座,娶其遗孀克勒奥巴特拉二世,与之共治,而公元前 141 年,托勒密八世又娶托勒密六世与克勒奥巴特拉二世之女——克勒奥巴特拉三世,三人共治,克勒奥巴特拉二世保留"王后"(βασίλισσα)和"妹妹"(ἡ ἀδελφή)称号,而克勒奥巴特拉三世则冠以"妻子"(ἡ γυνή)称号,以示区分。文献中共治者信息残缺,托勒密八世名字之后残留οἱ一词,残损内容很可能是另外两位共治者,即克勒奥巴特拉二世及克勒奥巴特拉三世。结合时代背景以及英译文附上当时共治者及其头衔。、7

Line14—21

ὁμοίως δὲ καὶ τ[ο]ὺς ὀφείλοντάς πρός τε τὸ (ἡμιαρτάβιον) καὶ [..]..

15καὶ τὴν (διαρταβίαν) καὶ τὸ φυλα(κιτικὸν) καὶ τὸ ναύβι[ον] τὰ π[αρα-]
π[λ]ήσια καὶ τὸ χω[μα]τικὸν μέχρι τῶν [α]ὐ[τῶν χρόνων].

———

[ἀπολύουσι][δὲ] κ[αὶ τῶν] παραγρ(αφομένων) πρὸς τὴ[ν] ἀπ[ό]μοιραν καὶ τὸ ἐπαρ(ούριον)

[καὶ τοὺς φόρους καὶ] τἆλα τα[....]..[..... ἕως τ]οῦ αὐ(τοῦ) χρόνου

———

ἀφειας δὲ [καὶ το]ὺς ὀφε[ίλον]τας στρα(τιώτας) τ[ού]ς τε πε[ζοὺς καὶ τοὺς]
20ἐκ τοῦ [βα(σιλικοῦ) ἀναδ]εδομένω[ν] αὐτοῖς τιμῆς κ[.... ων καὶ ὅπλων]

14—21 行

同样,对于那些拖欠半阿尔塔巴水以及……以及两个阿尔塔巴税,治安税,堤防徭役和类似工作以及堤坝税,截止于同样日期。他们赦免了拖欠的奉献税(apomoira),土地税(eparourion),租金和其他……截止于同样的日期。①

Line22 - 35

[προστετάχα]σι δὲ καὶ τὸ[ν]
ων ἐρευνῶν ερ[..].[...]..
ετ[α]ξὺ τῶν φυλακῶν
25μηδὲ ἐπιλαμβάνεσθαι ἐὰν μὴ ἐπὶ τῶν κατ' Ἀλεξά(νδρειαν) ὅρ[μων]
[ἐ]πὶ τῆς ἐξαιρεως εὑρί[σκ]ηι τι τῶν μὴ τετελωνημέν[ων]
ἢ τῶν ἀπορρήτων, τ[αῦ]τα δὲ ἀνάγειν ἐπὶ τὸν διοικητήν.

———

[ὁμ]οίως δὲ καὶ τοὺς πεζῇι ἀ[ν]απορε[υομένους] ἐκ τῆς πόλεως τὴν
[ἄ]γουσαν πεζὴν ὁδὸν παραγε[........] καὶ τοὺς ἀπὸ τῶν
30[τ]αινιῶν ἐ[πὶ τ]ὰς ταινίας μη[δὲ ἀπαι]τεῖν μηδὲ πράσσε[ιν]
[τι κα]θ' οὑντ[ιν]οῦν τρόπον ἐ[κτὸ]ς τῶν καθηκόντων λελεῖσθαι
[.....].[...]
[———]
[ὁμοίως δὲ περ]ὶ τῶν εἰσαγό[ντων] διὰ τοῦ ξενικοῦ
ὁμοίω(ς) μισθὸν παιδ(..) Νουμη(νίου) διαφυ(..) ρν,
35..[ἐπ' α]ὐτῆς τῆς πύλης ἢ ἐπί-
λημψις [......].

———

① 托勒密二世统治时期,王室进行税制改革,对葡萄园和果园征税,统称为 apomoira,其中对葡萄园征收货币或成品葡萄酒,对果园则只接受货币。B. P., Muhs, *Tax Receipts, Taxpayers, and Taxes in Early Ptolemaic Thebes*, Chicago: Edwards Brothers, 2005, p. 63.

22—35 行

他们颁布法令:(税务官)不得……也不得侵吞亚历山大里亚港码头的货物,除非该货物未缴纳关税或者属于违禁品;他们需将其转交财政大臣(dioiketes)。同样,从亚历山大里亚到乡村经陆路徒步经销者……从一个岬角地到另一个岬角地而未按要求纳税者或向那些免税者索取钱财。同样,在从外邦集市进口货物者的案例中……货物没收的程序必须在海关署进行。

Line36 - 42

προστετάχα[σι] δὲ κ[αὶ] τοὺ[ς] κεκληρουχημένους πάντας καὶ τοὺς
τὴν ἱερὰν γῆν καὶ τὴν ἄλλην τὴν ἐν ἀφέσει γῆν ἐχόντων
[π]άντας καὶ τοὺς ἐπιβεβηκότας ἐπὶ τὴν βα(σιλικὴν) καὶ τοὺς ἄλλους
[τ]οὺς τὴν πλείωι γῆν ἔχοντας τῆς καθηκούσης ἀποβάν-
40τας ὧν ἔχουσι πλειων ἁπάντων καὶ προσαγγείλαν-
τας ἑα[υ]τοὺς καὶ παραδόντ[ας] ἐνιαυτοῦ ἐκφόριον ἀπολύ-
εσθαι τῶν ἕως τοῦ να (ἔτους) χρόνων κ
κρατεῖν κυ[ρ]ίως.

36—42 行

他们颁布法令:所有被授予土地者和神庙土地所有者或其他土地(私田)所有者,无论侵占王田或是占有合法份额之外土地须放弃非法所得部分土地,作自我申明并支付一年租金,免除第 51 年之前的欠款,保证他们的合法占有权。

Line43 - 49

[τοὺς δὲ ἐπιλέ]κ[τους] καὶ μαχ(ίμους) καὶ (δεκαρούρους) καὶ (ἑπταρούρους) κ[αὶ τοὺς το]ύ-
45[τ]ων ἡ[γου]μέν[ο]υς καὶ τοὺς ἄλλους τοὺς φερομ[ένους ἐν τῆι συντ]ά(ξει)
[καὶ τοὺς] να[υκ]ληρομαχ(ίμους) καὶ τοὺς ἐκ τοῦ πολ
[κρατεῖ]ν ὧν κατεσχήκασι κλή(ρων) ἕως τοῦ [νβ (ἔτους) ἀκατηγο-]
[ρήτου]ς καὶ ἀνεπιλήπτους ὄντας.
[ἀφει]ᾶσει δὲ πάν[τ]ας καὶ τοῦ ὀφειλομένου λειτουργ[ι]κοῦ.

43—49 行

被选中的士兵(埃及雇佣军),以及地方军队(埃及军人 machimoi)占有 10 或者 7 阿鲁拉土地,他们的指挥官和其他同级军官,埃及海军,那些……将获得他们自 X 年至 X 年占有土地的所有权,他们不受指控干涉。他们还免除了所有人的徭役税。①

Line50 - 56

50[προσ]τετάχασι δὲ κ[αὶ τὴν ἱερ]ὰν γῆν καὶ τ[ὰς ἄ]λλας ἱερ[ὰς προσόδους]
[τ]ὰς ὑπαρχούσας τοῖς ἱεροῖς [..] μένιν [κυρί]ως, λ[αμβάνε]σθαι δὲ
[κα]ὶ τὰς ἀπομοίρας ἃς ἐλάμβαν[ο]ν ἔκ τε τ[ῶν κ]τημάτων καὶ τῶν
[π]αρ\α/δεί(σων) καὶ τῶν ἄλλων. ὡσαύτως δὲ καὶ τὰ ὑποκείμενα χρήματα
ἢ ἃ ἐκ τοῦ βα(σιλικοῦ) εἰς τὰς συν[τ]ά[ξεις] τῶν ἱερ[ῶ]ν καὶ τἆλλα τὰ συνκεκρεμένα
55[ἕ]ως [το]ῦ γα (ἔτους) ἀπ[ο]διδόναι εὐτάκτως <ὡς> ἐ[π]ὶ τῶν ἄλλων, {ων} καὶ
μηθεν[ὶ]
[ἐ]ξεῖν[αι] λαμβάνειν τι ἐκ τούτων.

50—56 行

他们颁发法令：神庙土地和神圣收入属于神庙，其所有权仍然受到保证，神庙继续征收他们过去从地产和农园所获得的什一税。同样，截至第 51 年，他们收到的指定数额的神庙服务报酬（*syntaxis*）和其他来自国库的收入仍将定期发放，至于他们的其他收入，任何人不得侵吞这些收入。②

Line57 - 64

μ[η]θ[ένα δὲ] παραιρεῖσθαι μηθὲν τῶν ἀνιερωμένων τοῖς θεοῖς [μ]ετὰ βί[α]ς
μηδὲ [πειθ]ανάγκην [π]ροσάγειν τοῖς προεστηκόσι τῶν ἱερῶν προσόδω[ν,]
ἤτοι κώ(μας) ἢ γᾶς ἢ ἄλλας ἱερὰς πρ(οσόδους) μη[δὲ] κ[οι]νωνι(κὰ) μηδὲ στεφά(νους)
μηδὲ τὰ ἀρτα(βίεια)
60λαμβάνειν ἐκ τῶν ἀνιερωμένων τοῖς θεο[ῖς μηδ]ὲ τὰς
ἱερὰς (ἀρούρας) σκε[π]άζειν
παρε[υ]ρ[έ]σι μηδεμιᾷ, ἐὰν δὲ διὰ τῶν ἱερέ[ων αὐτῶν δ]ιοικεῖσθαι.
——
ἀφείᾶσ[ι] δὲ καὶ τοὺς ἐπιστάτας τῶν ἱερῶν καὶ τοὺς ἀρχιερεῖς καὶ ἱερ[εῖς τῶν]
ὀφε[ι]λομένων πρός τε τὰ ἐπιστατικὰ καὶ τὰς προστιμή[σεις τῶν]
ὀθονίων ἕως τοῦ ν (ἔτους).

---

① 法令中的军人（μάχιμοι）指的是托勒密埃及军队中的埃及本土士兵（包括努比亚人和利比亚人）。公元前三世纪的文献中极少出现埃及军人，但是在公元前二世纪，随着托勒密王朝海外兵源的丧失，大量埃及人得到征召，加入托勒密军队。在西方文献中，希罗多德最早提到法老时代的埃及军人，称之为μάχιμοι，纸草学家一般认为这些士兵为法老时代的军人阶层（machimoi）的后裔，直接被翻译为本土士兵（native soldier）。参见：Herodotus, 7.135；K. Goudriaan, *Ethnicity in Ptolemaic Egypt*, pp. 121 - 123. 这里，法令肯定了埃及军人的土地占有权，国王也免除了埃及军人的徭役，表明他们与希腊军人享有同样的权利。很显然，百年来埃及军人与希腊军人在土地、身份以及经济上的藩篱被打破了。
② Syntaxis 指的是托勒密王室给神庙的一种经济补贴，包括货币和其他形式补助。一般由国王的神庙代理人（epistates）发放，神庙大祭司（lesonis）协助并监督。

57—64 行

任何人不得强占供奉神灵的献祭品,也不得与神圣收入监察者强辩,无论来自村庄或是田产或其他神庙收入,也不得向进献神灵的财物征收行会税、王税和阿尔塔巴税,不得以任何借口占用神庙土地,这些土地应由祭司管理。他们也免除了神庙监督和大祭司以及其他祭司第 50 年之前拖欠的监察税和织衣税。

Line65 – 69

65ὁμοίως δὲ καὶ τοὺς ἔχοντας ἐκ τοῖς ἱεροῖς γέρ[α κα]ὶ προφητείαις καὶ γρ(αμματείας) κ[αὶ ἄλ]λας

λει(τουργίας) τῶν ὀφειλομένων ἐν αὐτοῖς πρὸς τὰς ἐπὶ ἐνίοις καιροῖς ἀπητημέν[α]ς [καρ-]

πείας ἕως τοῦ ν (ἔτους).

——

ὁμοίως δὲ καὶ τοὺς πλείονας καρπείαις ἐξεηνενεγμένους ἕως τοῦ αὐτ[οῦ] [χ]ρόνου τῶν ἐπιτίμων.

65—69 行

同样,他们免除了荣誉官员、或预言者或书吏、或神庙里的其他神职人员第 50 年之前在神庙因特殊情况拖欠的报酬。同样,他们赦免了同样期限内侵吞(多于合法份额)报酬的处罚。

Line70 – 72

70ὡσαύτως δὲ κ[αὶ] τοὺς ἐν τοῖς ἐλάσσοσιν ἱεροῖς καὶ Ἰσιείοις καὶ ἰβίω(ν) τρ(οφαῖς) κ[αὶ ἱ]ερακεί(οις)

καὶ Ἀνουβιείοις [καὶ] τοῖς ἄλλοις τοῖς παραπλήσιον τῶν παραπλ[η]σίων

πρ[ ]τους ἕως τοῦ [α]ὐτοῦ χρόνου.

70—72 行

同样,他们免除了较小神庙,包括伊西斯圣所和伊比斯鸟饲养地和荷鲁斯圣所和阿努比斯圣所等神职人员同样期限内的欠款以及处罚。……

Line77 – 82

[προστε]τάχασι δὲ καὶ τὰ εἰς τὴν ταφὴν τοῦ Ἄπιος καὶ Μνήσιος ζητεῖν ἐκ τοῦ βα(σιλικοῦ)

[ὥ]ς καὶ ἐπὶ τῶν ἀποτεθεωμένων. ὡσαύτως δὲ καὶ τῶν ἄλλων ἱερῶν βα(σιλικοῦ)

[ὡ]ς καὶ ἐπὶ τῶν ἀποτεθεωμένων. ὡσαύτως δὲ καὶ τῶν ἄλλων ἱερῶν

ζῶν τὰ ὑποκείμενα.(parens-punctuation-opening) τὰς ἠγορασμένας προφητείας καὶ

γέρα καὶ γρ(αμματείας) εἰς τὰ ἱερὰ [ἐκ] τῶν

———

80τὰς ἠγορασμένας προφητείας καὶ γέρα καὶ γρ(αμματείας) εἰς τὰ ἱερὰ ἐκ τῶν ἱερῶν

προσόδων [ὧ]ν

τ[ὰ]ς τιμὰς τεταγμέναι εἰσὶν μένειν τοῖς ἱεροῖς κυρίως, ταύτας δὲ [μ]ὴ ἐξ[εῖ]ναι

τοῖς ἱερεῦσι {μη} παραχωρῖν τοῖς ἄλλοις.

77—82 行

他们颁布法令：阿庇斯和姆奈维斯圣牛的葬仪费用由王室支付，圣者的葬仪也是如此。同样，神圣动物所需费用（也由王室承担）。（同样）神庙收入以外购入荣誉官员和预言者或书吏职位以及已经支付的费用，将仍为神庙所有，但祭司们不得将这些职位转让他人。

Line83 - 84

προστεταχισιν δὲ ἐκ τῶν ὑπαρχόντων ἀσύλων τόπων μ[η]θένα [ἐξάγειν]

μήτε ἀποβιάζεσθαι παρευρέσι μηδεμιᾷ.

83—84 行

他们颁布法令：任何人都不得被强制驱逐出避难所。

Line85 - 92

85καὶ [ἐ]πὶ προσπείπτει τοὺς πρὸς ταῖς σιτολο(γίαις) καὶ ἀντιγρ(αφείαις) μίζοσι μέ[τ]ροις [πα]ρὰ τὰ εὺς

ἐν ἑκάστωι νομῶι ἀποδεδει[γμέ]να χα(λκᾶ) ... μέτροις \παραλαγμενου[.] / ....

ἐπ[ιστα]θμ[ᾶσ]θαι τῶν

εἰς τὸ βα(σιλικὸν) καθηκόντων [κ]αὶ κατὰ τοῦτο τοὺς γεω(ργοὺς) μὴ τ[ὰ]ς χοί[νικ]ας

α[ἰτ]εῖσθαι

[π]ροστετάχασι καὶ τοὺς στ[ρ]α(τηγοὺς) καὶ τοὺς ἐπὶ τῶν προ(σόδων) καὶ τοὺς

βα(...σιλικοὺς) γρ(αμματέας) τὰς στάθμας τῶν μ[έ]τρων

[ἀ]πὸ τοῦ βελτίστου ποιεῖσθαι παρόντων τῶν κατὰ τ[ὰ]ς πρ(οσόδους) τῶν [γε]ω(ργῶν)

καὶ τῶν [ἱ]ε[ρ]έων

90καὶ τῶν κληρούχων καὶ τῶν ἄλλων τῶν τὴν ἐν ἀφέσει ν ἐχόντων .... χα(λκ)

καὶ μὴ πλεῖον ἔχειν τῶν εἰς τὰ παραπτώματα ἐ[π]ικεχωρημένω[ν] ...ι..

[..] β, τοὺς δὲ παρὰ ταῦτα ποιοῦντας θαν[άτωι ζ]ημιοῦσθαι.

85—92 行

由于谷物征收官（sitologoi）和书记员（antigrapheis）使用大于制定铜度量的量具在各诺姆时有发生……为了评估国家应得收入，因此耕者需缴纳（比合适的 choinikes 度量更多的数额），他们颁布法令，规定将军（strategoi）和国库监督官以及王室书吏须尽可能在有关国库收入……方面充分地检测度量，祭司和封地军人（cleruchs）以及其他获得土地者……量具不得超过（官方度量）两个单位……可容忍的错误。有违此令者即处以死刑。[①]

Line93－98

προστετάχασι δὲ καὶ τοὺς γεω(ργοῦντας) κατὰ τὴν χώραν γ[ῆν ἀ]μπελῖτιν [ἢ] παραδείσους

.. ἐὰν καταφυτ[ε]ύσωσι ἐν τῆι κατακεκλ[υσ]μ\έν/ηι καὶ κεχερ[σ]ωμενης

95ἀπὸ τοῦ νγ (ἔτους) ἕως τοῦ νζ (ἔτους) ἀτελεῖς ἀφεῖναι ἀφ' οὗ ἂν α[ὐ]τὰς καταφυτεύσωσι ἐφ' ἔτη ε

κ[α]ὶ ἀπ[ὸ το]ῦ ς (ἔτους) εἰς ἄλλα τρία ἔλασσον τοῦ καθήκοντος πράσσειν τῶι τετάρτωι

ἔτ[ε]ι, ἀπὸ δὲ τοῦ θ (ἔτους) πάντας τελεῖν καθὰ καὶ οἱ ἄλλοι [οἱ] τὴν [σπό]ριμον κεκτημένοι, τοῖς

δ' ἐν τῆι Ἀλεξα(νδρέων) χώραι πρὸς τοῖς ἐπὶ τῆ(ς) χώ(ρας) προσδοῦναι ἄ[λλ]α (ἔτη) γ.

93—98 行

他们颁布法令：全国葡萄田或农园的耕者，如果在第 53 年和 57 年耕作的土地遭受了洪灾或旱灾，将自他们开耕时间算起，免税 5 年，从第六年开始，前三年可减少应付税额，税款在第四年支付，但是自第九年开始，他们将

---

① 将军（strategoi）原为军事职务，公元前三世纪中叶托勒密二世税制改革之后，逐渐开始承担地方行政工作，取代了传统的地方行政长官诺马赫。国王将新开发的王室土地划分为小块，分配给骑兵军官租种，给予免税或减税特权，土地收入即为他们的固定收入来源，代替原来支付的报酬。这些军人被安置于军事殖民地（katoikoi），称为封地军人（cleruch）封地军人可能在托勒密一世统治时期已经出现，在托勒密二世的税制改革之后，封地军人体系明确并传承至公元前二世纪晚期。封地军人按照军阶，分别获得 50,70,80 和 100 阿罗拉军事封地，领受封地者从短期雇佣军人转变为终身效忠王室的核心军事支柱。西方学者侧重从经济角度讨论托勒密二世的改革，参见：D, J. Thompson, "Economic Reforms in the Mid-Reign of Ptolemy Philadelphus," in P. Mckechnie and P. Guillaume eds., *Ptolemy II Philadelphus and his World*, 27－38, Leiden and Boston, 2008; J. G. Manning, "Networks, Hierarchies, and Markets in the Ptolemaic Economy," in Z. H. Archibald, J. K. Davies and V. Gabrielsen eds., *The Economies of Hellenistic Societies, Third to First Centuries BC*, 296－323, Oxford University Press, 2011.

缴纳与其他未受损土地所有者一样的税款；所属权为亚历山大里亚的乡村耕者可额外享受三年减税恩典。

Line99 - 101

προστετάχασι δὲ καὶ τοὺς ἠγορασκότας ἐκ βα(σιλικοῦ) οἰκ[ία]ς ἢ ἀμπελῶνας ἢ παραδείσ[ο]υς

100ἢ ἄλλα σταθα ἢ πλοῖα ἢ ἄλλο τι καθ' οὑντινοῦν τρόπον μ[έν]ειν κυρίως, καὶ τὰς

ο[ἰ]κίας μὴ ἐπισταθμεύεσθαι.

99—101 行

他们颁布法令：那些从通过谷物管理处购得葡萄园或农园或其他（不动产）或船只或其他，将继续保有其所有权，而且他们不得使他人入住他们的房子。

Line134 - 146＝147—167

προστε[τάχασι δὲ κα]ὶ τοὺς κυρίους τῶν κατεσπασμ[έν]ων

135καὶ ἐμ[πεπυρισμέν]ων οἰκιῶν ἐὰν οἰκ[ο]μεῖν εἰς τὰ [ὑπ]οκεί-
μενα μέ[τρα· ἐπιχωρ]ῆσ[αι δὲ καὶ τ[οῖ]ς ἰδίᾳ .υ.[...... τ]ῶν
κ(ωμῶν) ἕως [.].[......... τὰς ἰδί]ας καὶ τὰ ἱερὰ ἀνοι[κο]δομεῖν
ἕω[ς ὕ]ψο[υσπ(ηχῶν)ι] πλὴν τ[ῶν] ἐ Πανω πόλ[ε]ως. μηθένα δὲ
λο[γεύε]ιν [παρ]ὰ τῶν γεωργῶν καὶ τῶν ὑποτελῶν καὶ τ[ῶ]ν
140ἐπιπεπλ[εγμ]ένων ταῖς π[ρο]σόδοις καὶ μελισσουργῶν καὶ
τῶν ἄλ[λω]ν ὥστε τοι στ[ρατη]γοῖς καὶ ἐπιτουταις τῶν φυ(λακιτῶν)
ἢ ἀρχιφ[υλα(κίταις)] ἢ οἰκ[ονόμοις ἢ τ]ων παρ' αὐτῶν καὶ τοῖς ἄλλοις
τοῖς {τοῖς} πρὸς την πραγματείαις καθ' ὁντινοῦν τρόπον
144μηδὲ τ[ο]ὺς στρατηοὺς μηδὲ καὶ τοὺς ἐπὶ χρειῶν τετα<γ>τεταμνένους καὶ τοὺς
τού[τοι]ς ὑποτεταμενοις κα[ὶ] τοὺς ἄλλους
πάντας τὴν <ἐν> ἀρετῆι [κε]ιμένην βα(σιλικὴν) γῆ(ν) παραιρεῖσθαι τῶν γεω(ργῶν)

134—146 行＝147—167 行（内容重复）

他们颁布法令：房屋所有者可依据制定度量在房屋倒塌或烧毁之后重建。在村庄里拥有私房者同样可以在规定的高度……建房，重建的神庙高位 10 腕尺，帕诺波利斯（Panopolis）的居民除外。无论农夫、纳税人、其他与王室收入有关者、养蜂人以及将军或护卫指挥官或警察总长（archiphylakitai）或内政官（oikonomoi）或他们的代理或其他官员的下属，任何人都不得从他们那里收取任何东西。将军或官员或他们的下属不得以欺骗的手段从耕者处夺取最富饶的王田，也不能随意选择土地。

Line168 - 177

ἀνεπισταθμους [δ] εἶγ[αι] κạὶ τοὺς στρατευ-
ομένους Ἕλληνας [καὶ τοὺ]ς ἱερεῖς καὶ τοὺς
170γεω(ργοῦντας) βα(σιλικὴν) γῆν καὶ τοὺς [......]ς καὶ τοὺς πυκοφους
καὶ τανυφά[ντας πάντ]ας καὶ τοὺς ὑοφορβοὺς
καὶ χηνοβο(σκοὺς) κ[αὶ χαρτοποιοὺ]ς καὶ ἐλαιουργοὺς καὶ
κικιουργοὺς καὶ με[λισσουργο]ὺς καὶ ζυτοποιοὺς
τοὺς τελοῦντας τὰ καθή(κοντα) εἰς τὸ βασ(ιλικὸν) ἕκαστων αὐ(τῶν)
175οἰκίας μιᾶς ἐν ᾗ αὐτὸς καταγίνεται ,
τῶν δ' ἄλλων τῶν δοσίμων μὴ πλεῖον ἐπι-
σταθμεύεσθαι τοῦ ἡμίσους.

168—177 行

以下群体，军中服役的希腊人（Hellenes），祭司，归属于王田的农夫……，所有羊毛织者和制衣者，猪倌，饲鹅者，制作者包括……橄榄油，蓖麻油，蜂蜜，以及啤酒，向王室支付了适当数额钱款之后，他们的房屋不接受其他人入宿，即使他们的其他建筑被征作军宿，军宿区域不得超过一半。

Line178 - 187

προστετάχασι δὲ μηδὲ τοὺς στρα(τηγοὺς) καὶ τοὺς
ἄλλους τοὺς πρὸς ταῖς πραγματείαις ἕλκειν
180τινὰς τῶν κατοικούντων ἐν τῆι χώρα
εἰς λειτουργίας ἰδίας μηδὲ κτήνη αὐτῶν
ἐγγαρεύειν ἐπί τι τῶν ἰδίων μηδὲ
ἐπιρίπτειν μόσχους μηδὲ ἱερεῖα τρέφειν
μηδὲ χῆνας μηδὲ ὄρνιθας μηδὲ οἰνικὰ
185ἢ σιτικὰ γενή(ματα) ἐπιρίπτειν τιμῆς μηδ' εἰς
ἀνανανεώσεις μηδὲ συναναγκάζειν ἔργα
δωρεὰν συντελεῖν παρευρέσει μηδεμιᾷ.

178—187 行

他们颁布法令：将军和其他官员不得强制征召乡村的居民为他们私人服务，也不得为自己利益使用他们的牲畜，不得强迫他们为献祭饲养小牛和其他动物，或在续约时逼迫他们提供鹅或鸟或酒或谷物作为续约条件，不得以任何借口要求他们无偿工作。

Line188 – 192

ἀφιᾶσει δὲ καὶ τοὺς κατὰ τὴν χώραν φυ(λακίτας) τῶν
παραγραφομένων πρὸς τὰς βα(σιλικὰς) ἐπισκοπείας καὶ
190πρὸς ἃ καταπρόεινται γενή(ματα) καὶ τῶν παρα-
δεδομένων αὐτοῖς πρὸς ὀφει(λήματα) καὶ πρὸς ἄλλας
αἰτίας καὶ διαδεδρακότων(?) ἕως τοῦ ν (ἔτους).

188—192 行

他们赦免了乡村警卫因在政府巡检时错误地折返及遗失农产品所受处
罚;他们免除了已经支付了他们报酬之后的欠款或因其他原因而消失的报
酬,截止时间为第 50 年。①

Line193 – 206

ἀπολῦσαι \δὲ/ καὶ τοὺς μὴ παραδεδωκότας εἰς τὸ βασ(ιλικὸν)
τιμῆς τὰ ἐκ τῆς κληρουχικῆς καὶ τῆς ἱερᾶς
195καὶ τῆς ἄλλης ἐλαικὰ φορτι ὥς τοῦ \αὐτοῦ/ χρόνου, καὶ
τοὺς μὴ παρεστακότας ται πορεῖα πρὸς τὴν
σύνκλητον τῶν ἐξακολουθούντων.

————

ὡσαύτως
δὲ καὶ τοὺς μὴ παραγεωχότας ἐπὶ τὰ χώματα
τὴν καλαμείαν καὶ τὰς κουφεία[ς.]

————

200ὁμοίως δὲ καὶ τοὺς βα(σιλικοὺς) γεω(ργοὺς) καὶ τοὺ[ς ..( )] καὶ {τοὺς}
τοὺς τὴν ἐν ἀφέσει γῆν ἔχ[οντας καὶ] μὴ
καταπεφευκότας τὰς καθη[κούσας ..]
ἕως τοῦ να (ἔτους) τῶν ἐξακολουθούντων προστίμων,
τὴν δὲ φυτείαν ποιεῖσθαι ἀπὸ τοῦ νβ (ἔτους).

————

205καὶ τοὺς κεκοφότας τῶν ἰδίων ξύλα παρὰ <τὰ> ἐκείμενα
προστάγματα.

193—206 行

(他们颁布法令)赦免了那些同时期因未能将从封地军人或神庙或其他
土地上产油作物收购给王室而受的处罚,以及那些未能对军队集结予以交
通支持而受的处罚。同样,未能提供芦苇和照明材料(也被免于处罚)。同
样,王田上的农夫,祭司和其他土地所有者中,截止 51 年,赦免他们因为未

————

① 这项条令字面上含义不明

能按指定种植足额阿鲁拉土地的农作物而受的处罚,但是从第 52 年开始,必须种植(足额)农作物。他们赦免那些因违反已经发布的法砍伐自己土地上的木材者而受的处罚。

Line207 - 220

προστετάχασι δὲ καὶ περὶ τῶν κρινομένων Α[ἰ]γυπτίων
πρὸς Ἕλληνας καὶ περὶ τῶν Ἑλλήνων τῶν [π]ρὸς τοὺς
Αἰγυπτίους ἢ Αἰγυ(πτίων) πρὸς <Αἰγυπτίους καὶ Ἑλλήνων πρὸς> Ἕλληνας γενῶν πάντων
210πλὴν τῶν γεω(ργούντων) βα(σιλικὴν) γῆν καὶ τῶν ὑποτελῶν καὶ τῶν
ἄλλων τῶν ἐπι\πε/πλεγμένων ταῖς προσόδοις τοὺς
μὲν καθ' Ἑλληνικὰ σύμβολα συνηλλαχότας
Ἕλλησιν Αἰγυπτίους ὑπέχειν καὶ λαμβάνειν
τὸ δίκαιον ἐπὶ τῶν χρηματιστῶν. ὅσοι δὲ Ἕλληνες
215ὄντες συνγράφονται κατ' αἰγύ(πτια) συναλλάγματα
ὑπέχειν τὸ δίκαιον ἐπὶ τῶν λαοκριτῶν κατὰ τοὺς
τῆς χώρας νόμους. τὰς δὲ τῶν Αἰγυ(πτίων) πρὸς τοὺς
αὐτοὺς Γυ (πτίους) κρίσεις μὴ ἐπισπᾶσθαι τοὺς χρημα(τιστὰς)
ἀλλ' ἐᾶν κριν διεξάγεσθαι ἐπὶ τῶν λαοκριτῶν κατὰ τοὺς
220τῆς χώρας νόμους

207—220 行

他们颁布法令:除了王室土地上的农民、王室专有行业的农民以及其他涉及王室收入之人,与希腊人达成协议并签署了希腊语契约的埃及人,将在希腊巡回法庭接受仲裁;而那些依照埃及方式签订埃及语契约的希腊人,则在埃及法庭依科拉法接受仲裁。并且,希腊巡回法庭不得将埃及人控告埃及人的案件驳回给当事人,而须交由地方法庭依据科拉法审理。

Line221 - 230

προστετάχασι δὲ καὶ τοὺς τῶν ξενικῶν
πράκτορας μὴ παραλαμβάνειν τοὺς βα(σιλικοὺς) γεω(ργοὺς)

μηδὲ τοὺς ὑποτελεῖς μηδὲ τοὺς ἄλλους
του κωλυομένους διὰ τῶν προεκκειμένων
225προσταγμάτων εἰς προβολὴν τεσθαι
[[μη]] παρευρέσει μηδεμιᾷ, τὰς δὲ
πράξεις τῶν ἐν αὐτοῖς γίνεσθαι
ἐκ τῶν ἄλλων ὑπαρχόντων τῶν μὴ
ἀνειργουμένων δι τοῦ προστάγματος
230τούτου.

221—230 行

他们颁布法令：外债的债务官不得以任何理由支配王田上的耕作者或纳税者或其他之前法令中提到的群体，不受指控；但是，在债务官到来之前的下达了的法令的案件，将依法执行对负债者的不受下述法令保护的剩余财物的扣押。

Line231 - 247

προστετάχα\σι/ δὲ καὶ τῶν βα(σιλικῶν) γεω(ργῶν) μὴ πωλεῖν
ἕως οἰκίας μιᾶς ἐν ᾗ τὴν γεωρ-
γικὴν κατασκευὴν ἀπερίδευσαι [[τὰ]]
μηδὲ τὰ κτήνη μηδὲ τὰ ἄλλα τὰ πρὸς τὴν
235γεωργίαν σκεύη μήτε [π]ρ[ὸς βα(σιλικὸν) μηδὲ]
πρὸς ἱερευτικὸν μηδὲ πρὸς ἄλλο ὀφεί(λημα)
παρευρέσει μηδεμιᾷ, τὸν αὐτὸν δὲ
τρόπον μηδὲ λινυφαντεῖα μηδὲ τῶν
λινύφων καὶ βυσσουργῶν καὶ ἐριουφαντ[ῶν]
240μηδὲ τῶν ἄλλων τῶν παραπλησ[ίω]ν
παρευρέσει μηδεμιᾷ μηδ' ἄλλους
κτᾶσθαι μηδὲ χρῆσθαι τοῖς τε λινυ-
φαντικοῖς καὶ βυσσουργικοῖς ἐργαλείοις
πλὴν αὐτῶν τῶν ὑποτελῶν κ[αὶ] τῶν
245βυσσουργῶν, τούτους δὲ χρῆσθαι ἐν αὐτοῖς
τοῖς ἱεροῖς πρὸς τὴν συντέλειαν τῶν βα(σιλικῶν)
καὶ τὸν στολισμὸν τῶν ἄλλων θεῶν.

231—247 行

他们颁布法令：对于王田上的农夫，外债官不得将带有他们生产工具的房屋出售，或他们的牲畜或其他耕作必备器具，也不得以任何理由将他们的生产工具用于神庙土地或任何其他土地。同样，他们也不得以任何理由出售织衣工，亚麻布织工和羊毛织工等所有从事同类型贸易者的纺织工具；除纳税者本人，任何人不得侵占或使用织衣或亚麻布制作所需之工具，唯有亚麻布织工可在神庙中使用其工具为君主以及其他神灵织衣服务。

Line248 - 251

μηδὲ τοὺς ἐπὶ πραγμάτων τεταγμένους
καὶ τοὺς ἄλλους ἐπιρίπτειν τοῖς λινύφοις
250καὶ βυσσουργοῖς καὶ πλεπούφοις ἔργα δωρεὰν
μηδὲ μισθῶν ὑφειμένων.

248—251 行

（他们颁布法令）任何官员或其他人不得强令织衣工、亚麻布织工和织袍工等免费劳动或减少他们的报酬。

Line252 - 264

προστετάχασι δὲ μηθένα ἐγγαρεύειν
πλοῖα κατὰ μηδεμίαν παρευρεσι
εἰς τὰς ἰδίας χρείας.
——
255μηδὲ τοὺς στρα(τηγοὺς) μηδὲ τοὺς ἄλλος τοὺς
πρὸς χρείαις πάντας τῶν τε βασιλικῶν
καὶ πολιτικῶν καὶ ἱερευτικῶν ἀπαγόμενον
μηθένα πρὸς ἴδιον ὀφείλημα ἢ ἀδίκημα
μηδὲ ἰδίας ἐκθρας ἕνεκεν μηδ᾽ ἐν τα[ῖς]
260οἰκίαις ἢ ἐν ἄλλοις τόποις συνέχειν ἐν εἴ[ρκτῆι]
παρευρέσει μηδεμιᾶ, ἐὰν δ᾽ ἔν τισειν
ἐνκαλῶσειν ἀνάγειν ἐπὶ τὰ ἀποδεδειγμέ[να]
ἐν ἑκάστοις ἀρχεῖα \καὶ λαμβάνειν/ καὶ ὑπέχειν τὸ δίκαιον
κατὰ τὰ προστάγματα καὶ τὰ διαγράμματα.

252—264 行

他们颁布法令：任何人不得以任何理由私自占用船只。将军或任何其他管理王室，城市或神圣财产的官员不得因私人债务或冒犯或私人争端以任何理由逮捕他人并将其拘禁家中；但是，假如他们控告某人，他们应将他带至各诺姆地方官处，并按照法令和法规接受仲裁。

4　译名表

（1）地名对译表：

AbuSimbel	阿布辛拜勒
Aetna	埃特纳
Apollonopolite	阿波罗波利特
Armant	阿尔曼特
Armant	阿尔曼特
Arsinoite	阿尔西诺
Baccias	巴奇亚

Beroea	贝罗亚
Bubastis	布巴斯提斯
Caria	卡利亚
Coptos	科普托斯
Crete	克里特
Croton	克罗顿
Cyprus	塞浦路斯
Deir el-Medina	麦地那
Delphi	德尔菲
Denderah	丹德拉
Dionysias	狄奥尼西亚
Diospolis Mikra	狄奥斯波利斯 米科拉
Edfu	埃德夫
El Hibeh	希贝赫
Elephantine	象岛
Fayum	法雍
Gaza	加沙
Gebelein	基波林
Ghoran	高兰
Hellespont	赫勒斯邦
Herakleides	赫拉克雷德斯
Herakleopolite	赫拉克勒奥波利特
Hermopolite	赫尔墨波利特
Illahun	拉罕
Ionia	伊奥尼亚
Isthmian	伊斯米亚
Kaminoi	卡米诺村
Kaunos	考诺斯
Kerkeosiris	科尔克奥西里斯

Koite	科特
Krokodilonpolis	克罗克狄隆波利斯
Krokodilopolis	克罗克狄洛波利斯
Lagis	拉基斯
Latopolis	拉托波利斯
Leontopolis	莱昂托波利斯
Lykopolite	吕克波利特
Medinet Nehas	麦迪奈特·奈哈斯
Memphis	孟菲斯
Messene	麦西尼
Mouchis	墨基斯
Nag el-Hassaia	纳哈沙亚
Nauctratis	瑙克拉迪斯
Nemean	尼米亚
Ombite	奥姆比特
Oinoparas	奥伊诺巴拉斯
Oxyrhyncha	奥克西林查
Oxyrhynchite	奥克西林切特
Pamphylia	庞菲利亚
Pargamon	帕加马
Pathyris	帕赛里斯
Pelusion	佩琉西翁
Pharos	法罗斯
Philadelphia	菲拉德尔菲亚
Philae	菲莱
Philotera	菲罗特拉
Philoteris	费洛特里斯
Polemon	托勒蒙
Psichis	佩斯基斯

Psinteo	佩辛托
Ptolemais	托勒迈
Raphia	拉菲亚
Rifeh	里斐
Samareia	撒玛利亚
Samareia	萨马雷亚
Samos	萨摩斯
Soknopaiou Nesos	索科诺帕乌·奈索斯
Syracuse	叙拉古
Tapteia	塔帕特亚
Taurinos	陶里诺斯
Tebtynis	特布提尼斯
Teos	泰奥斯
Theadelphia	泰阿德尔菲亚
Thebaid	底比斯
Themistos	特米斯托斯
Thmuis	特木伊斯
Tounahel-Gebel	图纳盖贝勒
Trikomia	特里克米亚

（2）人名、神名对译表：

A	
Achaemenid	阿黑美尼德
Achillas	阿基拉斯
Agathokleia	阿加托克蕾
Agathos Daimon	阿加托斯·代蒙
Aischines	埃斯基涅斯
Akesandros	阿克山德罗斯
Alkibiades	阿基比阿德斯

Amasis	阿玛西斯
Ameinobios	阿梅诺比奥斯
Ammonios	阿蒙尼乌斯
Amun	阿蒙神
Anchiophis	安科菲斯
Anchwennefer	安赫温奈菲尔
Antigonus	安提贡
Apollodoros	阿波罗多罗斯
Appolonia	阿波罗尼娅
Apries	阿普里埃斯
Areus	阿鲁斯
Aristodama	阿里斯托达玛
Aristomenes	阿里斯托门涅
Aristonikos	阿里斯托尼科斯
Artaxerxes III	阿塔薛西斯三世
Asclepiades	阿斯克勒皮阿德斯
Astylos	阿斯提洛斯
Attalid	阿塔利德
Attalos I	阿塔罗斯一世
B	
Bacchylides	巴基利德斯
Belistiche	贝利斯特克
Berenike	贝莱尼克
Biou	比乌
C	
Callimachus	卡里马库斯
D	
Deinokrates	德诺克拉特斯

Deinon	德农
Demetrius	德米特里乌斯
Demotria	德墨特丽雅
Diodorus	狄奥多罗斯
Dion	狄昂
Dionysia	狄奥尼西亚
Dionysios	狄奥尼修斯
Diophanes	狄奥法奈
Diotimus	狄奥提慕斯
Dryton	德吕同
E	
Esoeris	埃索艾丽斯
Esthladas	埃斯特拉达
Etearchos	艾特阿克斯
Eumenes II	欧麦尼斯二世
G	
Gelon	格隆
Geroros	格罗洛斯
Glaukon	格劳孔
H	
Hatheretis	哈特莱提斯
Haynchis	海恩奇斯
Hermokrates	赫尔墨克拉特斯
Herodotus	希罗多德
Herondas	赫隆达斯
Hierokles	希耶罗克勒斯
Hieron	希隆
Hippalos	希帕洛斯

Horos	荷鲁斯
Horwennefer	赫温奈菲尔
I	
Idomeneus	伊多门努斯
Inaros	伊纳罗斯
Isis	伊西斯
K	
Kephalon	凯法隆
Kleandros	克莱安德罗斯
Kleisthenes	克里斯提尼
Kleitomachos	克雷托马科思
Kleomenes	克莱奥门尼
Kleoxenos	科勒奥色诺斯
Korax	考拉克斯
L	
Lysimachos	吕西马库斯
M	
Mandris	曼德里斯
Manetho	曼涅托
Meleagros	梅莱格罗斯
Menches	门西斯
Mnasiads	蒙纳西达斯
Monimos	摩尼莫斯
N	
Nahomsesis	纳赫姆赛西斯
Nektanebo II	奈克塔涅波二世
O	
Onnophris	昂诺弗里斯
Orsenouphis	奥尔赛鲁菲斯

P	
Pachom	帕赫姆
Pa-iw	帕伊乌
Pamenches	帕门基斯
Pamenos	帕莫诺斯
Pamphilos	潘菲罗斯
Panas	帕纳斯
Paniskos	帕尼斯科
Paramonos	法拉莫诺
Pasikles	巴斯克勒斯
Pasis	帕西斯
Patseous	帕特赛奥斯
Patseous	帕特西乌斯
Paues	保埃斯
Peisias	佩西阿斯
Perdiccas	帕迪卡斯
Petechonsis	佩特克西斯
Petesouchos	佩特索库斯
Petobastis	佩托巴斯提斯
Petoserapis	佩托塞拉皮斯
Phagonis	法格尼斯
Phaies	法伊斯
Phanias	法尼阿斯
PhiipII	腓力二世
PhilipV	腓力五世
Philiskos	菲利斯科斯
Philon	菲隆
Philotera	菲罗特拉
Pindar	品达

Plato	柏拉图
Plutarch	普鲁塔克
Polemon	波里曼
Polybius	波利比乌斯
Polycrates	波利克拉特
Pooris	鲍里斯
Posidippos	波斯蒂普斯
Posidippus	波西狄浦斯
Potasimto	波塔西木托
Psammetichos I	普萨美提克一世
Ptolemaios	托勒迈
Pyrrhos	皮洛士
R	
Ramses II	拉美西斯二世
Rekhmire	拉克赫米尔
S	
Sarapion	萨拉皮翁
Sarapis	萨拉匹斯
Scopas	斯科帕
Senmonthis	赛蒙西斯
Senu	赛努
Setne	塞特奈
Simon	西蒙
Sosibios	索斯比奥斯
Sostrate	索斯特拉特
Sostratos	索斯特拉托斯
Souchos	索贝克
Strabo	斯特拉波
T	

Tabubu	塔布布
Tahenise	塔赫尼斯
Taimouthis	泰墨提斯
Tamenos	塔门诺斯
Tearoos	泰罗斯
Theocritus	泰奥克利图斯
Thoeris	图特
Thonis	索尼斯
Thraseas	塞拉西阿斯
Thrason	萨拉森
Thutmosis IV	图特摩斯四世
Tjanouni	查诺乌尼
Tlepolemos	特勒波特摩斯
V	
Vespasianus	韦伯芗
X	
Xanthos	桑索斯
Z	
Zenodoros	泽诺多洛斯
Zenon	芝诺
Zoilos	多伊奥斯

（3）其他专有名词对译表：

Agoranomi	希腊公证处。
Apomoira	从葡萄园和果园征收的专项税。
Aroura	阿鲁拉，面积单位，1 阿鲁拉约等于 0.275 公顷。
Chora	三大希腊城市以外的埃及乡村地区。
Deben	埃及货币单位，等于 20 德拉克马。

Drachma	德拉克马,希腊货币单位,1 德拉克马折合 6 奥波尔。
Kite	埃及货币单位,约等于 2 德拉克马。
Koinodikion	公共法庭,审理希腊人和埃及人的跨族群司法纠纷。
Obol	奥波尔,希腊货币单位。
Talent	塔兰特,1 塔兰特折合 6000 德拉克马。

图书在版编目(CIP)数据

托勒密埃及及族群政策研究/戴鑫著.—上海:上
海三联书店,2024.4
ISBN 978 - 7 - 5426 - 8002 - 0

Ⅰ.①托… Ⅱ.①戴… Ⅲ.①托勒密王朝(前323-前
30)-政治制度史-研究 Ⅳ.①K411.230.7

中国国家版本馆 CIP 数据核字(2023)第 006846 号

托勒密埃及及族群政策研究

著　者 / 戴　鑫

责任编辑 / 郑秀艳
装帧设计 / 一本好书
监　制 / 姚　军
责任校对 / 王凌霄

出版发行 / 上海三联书店

　　　　(200041)中国上海市静安区威海路 755 号 30 楼
邮　箱 / sdxsanlian@sina.com
联系电话 / 编辑部:021 - 22895517
　　　　　发行部:021 - 22895559
印　刷 / 上海颛辉印刷厂有限公司

版　次 / 2024 年 4 月第 1 版
印　次 / 2024 年 4 月第 1 次印刷
开　本 / 710mm×1000mm　1/16
字　数 / 230 千字
印　张 / 14.25
书　号 / ISBN 978 - 7 - 5426 - 8002 - 0/K·708
定　价 / 78.00 元

敬启读者,如发现本书有印装质量问题,请与印刷厂联系 021 - 56152633